中小企业
营业权研究

Research on the SME
Business Rights

钱宇丹◎著

中国社会科学出版社

图书在版编目（CIP）数据

中小企业营业权研究/钱宇丹著.—北京：中国社会科学出版社，2016.10
ISBN 978-7-5161-9185-9

Ⅰ.①中… Ⅱ.①钱… Ⅲ.①中小企业—企业法—研究—中国 Ⅳ.①D922.291.914

中国版本图书馆 CIP 数据核字（2016）第 261130 号

出 版 人	赵剑英
责任编辑	王　曦
责任校对	周晓东
责任印制	戴　宽
出　　版	中国社会科学出版社
社　　址	北京鼓楼西大街甲 158 号
邮　　编	100720
网　　址	http://www.csspw.cn
发 行 部	010-84083685
门 市 部	010-84029450
经　　销	新华书店及其他书店
印　　刷	北京君升印刷有限公司
装　　订	廊坊市广阳区广增装订厂
版　　次	2016 年 10 月第 1 版
印　　次	2016 年 10 月第 1 次印刷
开　　本	710×1000　1/16
印　　张	15.25
插　　页	2
字　　数	228 千字
定　　价	56.00 元

凡购买中国社会科学出版社图书，如有质量问题请与本社营销中心联系调换
电话：010-84083683
版权所有　侵权必究

目　录

第一章　中小企业营业权法律保护问题的提出 …………… 1

　　第一节　中小企业的法律保护问题 ………………………… 1
　　　　一　我国中小企业的生存现状 …………………………… 1
　　　　二　我国中小企业发展面临的主要问题 ………………… 4
　　第二节　中小企业营业权的基本理论 ……………………… 9
　　　　一　营业权的溯源式阐释 ………………………………… 9
　　　　二　营业权的主体 ………………………………………… 20
　　　　三　营业权的客体 ………………………………………… 27
　　　　四　中小企业营业权的特殊性 …………………………… 36
　　　　五　营业权法律保护的特殊语境及含义 ………………… 44

第二章　中小企业营业权平等保护之法律原理 …………… 53

　　第一节　中小企业营业权的体系 …………………………… 53
　　　　一　营业准入的视角 ……………………………………… 53
　　　　二　营业自由的视角 ……………………………………… 58
　　　　三　营业转让的视角 ……………………………………… 62
　　　　四　营业融资的视角 ……………………………………… 67
　　第二节　中小企业法律保护的原理性分析 ………………… 70
　　　　一　中小企业营业权的实现手段分析 …………………… 70
　　　　二　中小企业法律保护的正当性分析 …………………… 73
　　第三节　中小企业营业权保护之域外经验 ………………… 80
　　　　一　美国经验 ……………………………………………… 80
　　　　二　日本经验 ……………………………………………… 83

三　韩国经验 ……………………………………………………… 87
　　　四　其他国家或地区的经验 ……………………………………… 90

第三章　我国中小企业营业权保护失效之殇 ………………………… 93
　第一节　现行制度下中小企业的生存状况 ………………………… 93
　　　一　人才流失问题 ………………………………………………… 93
　　　二　信用缺失问题 ………………………………………………… 97
　　　三　融资困境问题 ……………………………………………… 101
　第二节　法律保护不足的危害性分析 …………………………… 107
　　　一　中小企业法律保护不足的危害性分析 ………………… 107
　　　二　中小企业营业困境的成因分析 …………………………… 110
　　　三　中小企业营业权平等保护的必要性分析 ……………… 114
　　　四　中小企业营业权立法的实现思路 ………………………… 118

第四章　中小企业营业权法律保护方法 …………………………… 123
　第一节　公法体系下的营业权法律保护 ………………………… 123
　　　一　中小企业促进法律体系的构成 …………………………… 123
　　　二　中小企业促进法律制度内容构成 ………………………… 125
　　　三　中小企业促进法律制度的完善目标 ……………………… 125
　第二节　商法体系下的营业权保护手段 ………………………… 127
　　　一　公司法 ……………………………………………………… 128
　　　二　合伙企业法 ………………………………………………… 131
　　　三　个人独资企业法 …………………………………………… 132
　　　四　反不正当竞争法 …………………………………………… 134
　第三节　中小企业营业权相关救济措施 ………………………… 138
　　　一　竞业禁止制度下的营业保护 ……………………………… 138
　　　二　营业侵权救济制度下的营业保护 ………………………… 149
　　　三　知识产权质押融资制度下的营业保护 ………………… 161

第五章　中小企业营业权保护制度完善之路 ……………………… 172
　第一节　经济组织及市场规则下的保护立法 …………………… 172

一　完善《中小企业促进法》，强化政府的法律责任 …… 172
　　二　制定《中小企业银行法》，设立中小企业银行 ……… 175
　　三　创新社会服务体系的法律保障…………………………… 178
　　四　强化政府的财政支持…………………………………… 179
第二节　中小企业市场准入与资源占有权的私法保护………… 181
　　一　工商登记制度，市场准入权的私法保护……………… 181
　　二　竞业禁止制度，资源占有权的私法保护……………… 184
第三节　中小企业市场环境营造与主体的行业约束…………… 187
　　一　发展隐名合伙，吸纳社会闲置资金…………………… 187
　　二　加强金融合作、行业协作……………………………… 194
　　三　重视营业重整，破解倒闭困局………………………… 200
第四节　中小企业受侵害的相应法律救济手段………………… 216
　　一　侵害营业权的救济手段………………………………… 216
　　二　破除融资困境的救济手段……………………………… 219
　　三　维护营业权的诉讼救济手段…………………………… 233

结　语………………………………………………………………… 237

第一章 中小企业营业权法律保护问题的提出

第一节 中小企业的法律保护问题

一 我国中小企业的生存现状

中小企业[①]（Small and Medium – sized Enterprises）是与所处行业大型企业相比，人员规模、资产规模、经营规模较小型的经济单位。2011年6月，我国国家统计局、发改委、财政部、工业和信息化部联合印发了《关于印发中小企业划型标准规定的通知》[②]，对农、林、牧、渔业、工业、建筑业、批发业、零售业、交通运输业、仓储业、邮政业、住宿业、餐饮业、信息传输业、软件和信息技术服务业、房地产开发经营、物业管理、租赁和商务服务业等各行业的中小企业制定了具体的划型标准。该标准解决了原有标准存在的问题，对制定和实施中小企业政策，完善中小企业促进法律、法规，推动中小企业发展具有重要的意义。新标准充分考虑了各行业的特点，有利于建立中小企业信息管理和统计制度，真实反映中小企业的经济运行状况，同

[①] 我国的中小企业长期在国家主导和控制下发展，政府制定的经济政策顺理成章地成为该领域普遍的研究重心，众多学者将视线集中于中小企业的商业融资、信用担保、物权保护、技术创新、商业秘密保护等方面，对法制环境和法律制度的研究较少涉及。相当一部分中国学者以西方发达国家中小企业法律制度为研究目标，对本国的中小企业法立法的情况和趋势并没有更深层的探索，现有的研究也大多侧重于经济学、政治学的角度。

[②] 该规定根据《中华人民共和国中小企业促进法》和《国务院关于进一步促进中小企业发展的若干意见》，将中小企业划分为中型、小型、微型三种类型，具体标准根据企业从业人员、营业收入、资产总额等指标，结合行业特点制定。

时有利于出台更具针对性的政策，加大针对中小企业的扶持力度，提高扶持的针对性和时效性。以民众较为熟悉的零售业为例，中型企业为从业人员 50 人至 300 人、营业收入 500 万元至 2 亿元的企业；小型企业为从业人员 10 人至 50 人、营业收入 100 万元至 500 万元的企业；微型企业为从业人员 10 人以下、营业收入 100 万元以下的企业。可见，中小企业是人们日常生活中最常接触到的企业，同时也是和人们生活、生产乃至整个社会经济息息相关的企业。

中小企业占我国工商注册登记企业总数的 99%，其工业总产值、销售收入、出口总额以及实现利税分别占总量的 60%、57%、60% 和 40%。在流通领域中，中小企业占我国零售网点的 90% 以上，并提供了 75% 以上的城镇就业机会，是我国缓解就业压力，推动经济有效增长的主要力量。此外，中小企业在实现社会化专业协作、科技创新、满足人民对商品多样化和个性化需求、维护社会稳定等方面也起到了至关重要的作用。

全国人大财政经济委员会副主任委员辜胜阻曾用这样一句话形容中小企业的生存状况："在'三荒两高'[①] 压力之下，民营中小企业的利润比刀片还薄。"统计数据表明：我国中小企业的利润率远低于利息率，年利润率不过 1%—3%，而民间借贷的利率年指数已经高达 20%。即便如此，中小企业获得贷款的方式和数额越来越少，融资带来的营业困境是所有问题中最为突出和难以解决的。

2011 年 9 月，北京大学国家发展研究院和阿里巴巴集团联合进行了实地走访，对珠江三角洲的近 100 家中小企业、11 家专业市场、15 家银行以及近 3000 家中小企业进行问卷调查，最终完成《珠三角小企业经营与融资现状》的调研报告。该报告称，在人民币升值、用工成本上升、生产原材料价格大幅上涨、企业融资困难等因素的影响下，大量地处珠江三角洲的中小企业已然或正在面临着极其严重的生

---

① 2011 年 5 月 19 日，在中国国际经济交流中心举办的第二十三期"经济每月谈"上，全国人大内务司法委员会副主任委员、民建中央副主席辜胜阻在会议上指出，目前民营企业，特别是民营中小企业面临着"三荒两高"的发展困境，"三荒"为"用工荒"、"钱荒"（融资难，特别是当前政策，对于民营企业来讲非常艰难）、"电荒"（阶段性的电荒变为常态化），"两高"则是高成本和高税负。

存危机。具体来说,从2011年国家施行银根紧缩的货币政策以来,消费物价指数居高不下,加之外部经济环境的影响,外贸订单的数量也有所下降,使得珠江三角洲地区以外向型经济为主的中小企业营业出现困难。生产成本的大幅上升导致这些中小企业盈利能力减弱,订单数量的下降导致其开工率降低[①],尤其是小型企业和微型企业,不但无法顺利获得来自银行的贷款,在其他融资渠道方面也遇到层层阻碍。在融资方面,同样因为紧缩的货币政策的影响,珠江三角洲中小企业借款利率有所上升,融资期间缩短,贷款满足率有所下降。而以重要资源和原材料供应商、零部件制造生产商为主的"上游企业"通过缩短账期的方式试图加速回笼资金,同样受到影响的大型企业通过延长账期将这种影响转嫁给与其配套的中小企业,使得中小企业可以灵活支配的资金大幅减少甚至出现负债,进而产生新的融资需求。该调查显示,70%以上的中小企业对未来的营业信心较低,预计利润将呈现出持平或者亏损的态势。

　　从促进发展的视角来看,银行之间的竞争带来的客户需求有利于中小企业融资的顺利进行。但实际上,这种竞争因规则的缺陷又会产生新的问题。以中山地区为例,银行业的竞争在近年来愈加激烈,仅2010年至2011年就有20多家银行入驻中山,尽管其中不乏外资银行,但贷款方式还是以抵押贷款为主。融资固然是中小企业的普遍需求,但充分抵押物的缺失导致其难以在这种情形下获得贷款,通常只有年销售额超过7000万元的企业才较为容易获得贷款,甚至众多中小企业业主仍以原始的、亲朋之间的借贷为主要融资方式。

　　以温州为例,在前述背景下,2011年10月,温州中小企业集体

---

① 报告指出:珠三角地区小企业订单量相比2010年下滑30%—40%。与2008年相比,订单由急性下滑改为逐步下滑,然而小企业在2008年对大环境的认识清晰,但当前对后市判断不清,看不到未来,没有方向,经营信心较低。受人民币升值、原材料价格波动影响,小企业接单更加谨慎。订单不足直接导致开工率下滑,平均开工率为70.92%,和往年珠三角企业绝大部分加班生产,开工率一直高于100%的情形相比,2011年的生产萧条许多。

爆发惊动一时的"跑路潮"① 事件。仅 2011 年前 10 个月，先后有 90 多名中小企业业主因企业融资问题无法解决导致负债严重，业主携款出逃，甚至发生多起业主跳楼事件。此后，温州 25 家银行发布联合声明，表示将会对中小企业进行信贷资金方面的政策倾斜。尽管 2011 年 11 月 11 日，央行确认民间信贷具备合法性，但重申民间借贷的利率超过银行同类贷款利率四倍的部分将不予保护。

浙江省人大财经委 2012 年的资料显示，2012 年上半年，温州市约 4000 家工业中小企业中，有 60.43% 的企业减产或停产。

2013 年 3 月 23 日，《华夏时报》以《温州金改一年困境未变，中小企业钱更荒》为题的报道反映出以中小企业较为集中的温州为代表的地区实行金融改革后，理想和现实出现了明显偏差。温州中小企业促进会会长周德文教授直言："我们想通过金改对中小企业融资成本高进行破解，但尚未取得重大突破，中小企业'钱荒'的困境不但没解决，还有所加重。"他还表示，2013 年温州的中小企业将会面临雪上加霜的态势：一方面，信贷危机加重，银行抽贷和压贷现象愈加严重；另一方面，中小企业还面临着严重的信用危机，民间借贷危机向金融机构蔓延，容易造成整个社会信用的崩溃。显然，尽管银监会多次提出要提高对中小企业不良贷款容忍的程度，但从银行的角度来看，由于贷款考核的机制缺乏具体的改善措施，在银监会同银行两个职能部门出台细则、形成具体的配套政策前，中小企业融资的困境不会发生巨大变化。

二 我国中小企业发展面临的主要问题

（一）成本升高

国家统计局上海调查总队的调查显示，我国中小企业的资金使用状态总体上趋于紧张，融资成本持续增长，银行借贷要求高，贷款成功率普遍偏低。另外，资金紧张亦波及上下游产业链，使市场环境的恶化更进一步，而民间融资的风险很大，利息较高，无法得到中小企

---

① 据统计，截至 2012 年 2 月末，温州出走企业 234 家，比年初新增 60 家，其中 1 月发生 24 家，2 月发生 36 家，涉及银行授信的出走企业 152 家，涉及银行授信余额总计 40.72 亿元，已基本形成不良贷款，占全市不良贷款余额的 36.22%。

业业主的广泛认同。此外,"用工荒"和《社会保险法》实施效应的叠加,进一步提高用工的成本,而原材料价格的大幅上涨更是加剧了中小企业的竞争压力。

工业和信息化部总工程师朱宏任表示,当前我国中小企业面临的主要困难,一是原材料价格普遍上涨,铁矿石、棉花、原油等中小企业生产必需的原料价格持续处于高位,表现出生产成本过快上升趋势;二是用工难、用工荒的问题特别突出,长江三角洲、珠江三角洲等沿海地区职工的工资普遍上涨,表现出劳动力成本上升趋势过快。以上两个成本上升过快的趋势,严重挤压了中小企业的利润空间。

2011年,温州市经贸委调查的855家企业中,有74.5%的企业表示用工出现短缺,比上一年同期提高了14个百分点。在受调查的企业中,近90%的企业普通工人工资有所上升,其中近60%的企业普通工人工资比上年同期上涨了约10%。

(二)订单减少

提及中小企业订单减少的问题,就不得不提到"去库存化"[①]的问题。去库存化分为两类,即狭义的去库存化和广义的去库存化。

狭义的去库存化是指降低产品的库存水平,例如,中小企业降低原材料的库存就是一种狭义的去库存化。广义的去库存化是指消化过剩产能的过程在一定时间内延续,产能过剩的严重性从宏观投资与消费的失衡局面中可见一斑。

而从中观层面看,各行业的去库存化现象存在明显的差异,不同行业本身在地区之间也存在差异。无论是大型企业还是中小企业,部分行业产能过剩始终制约着我国经济的发展。习近平主席于2012年在中央经济工作会议上再次指出,包括水泥、煤化工、钢铁、平板玻璃、有色金属、多晶硅、风电设备等行业的产能都显示出过剩的态势,部分行业的能力则明显过剩。

[①] 在经济上行周期,尤其在2006年、2007年,中国企业因原材料商品价格上涨预期、出口形势良好、企业盈利前景看好等原因,增加了大量产成品或原材料库存,甚至扩大投资、购进机器设备,扩充了产能。而在2008年下半年,国际国内宏观经济形势急转直下,形成了库存。导致2009年时,只有消化库存,企业才能重新整装前进,经济才能回到增长的轨道上。

在这样的背景下，包括中小企业在内的企业业主对企业回补库存持有的态度比较谨慎。我国央行的企业家调查问卷显示，2012年第四季度，企业家的宏观经济热度指数为31.6%，较第三季度上升0.2个百分点；企业家的信心指数为60.4%，较第三季度上升1.2个百分点，企业景气度企稳回升。但是，尽管2012年第四季度的经营景气指数、市场需求指数以及国内订单指数较第三季度有所提升，但从实际数据来看这种提升幅度很小，也反映了业主们谨慎的态度。[①]

另外，欧美市场消费低迷，部分经销商也进入了去库存化的状态，部分来自欧美的客户出于成本控制的考量，将以往投放至中国的订单逐步转移到东南亚等地区，导致我国中小企业接到的订单数量普遍下降。根据东莞市对外贸易经济合作局调查，该地区近两年企业订单的降幅达到15%—20%。同时，出于对人民币升值和原材料成本上涨问题的担忧，很多企业对于签订订单持有过于谨慎的态度，仅仅接受中短期的订单。

（三）货币升值

2012年10月，人民币对美元汇率的中间价格连续六个交易日上涨，在18日时创造新高。而美国和欧盟作为中国最大的两个出口市场面临经济疲软期，消费水平有所下降，对以加工贸易为主导的中小企业造成了更大的冲击。

对于中小企业来说，首先，人民币升值提高了我国出口商品的外币价格，使得原本利润有限的中小企业的商品在国际市场的价格优势被进一步削弱，减少了企业的收入；其次，人民币升值导致原本计划在我国投资的企业之投资成本有所上升，部分企业可能会转投资于其他国家，导致中小企业能够引进的投资数量减少；再次，由于我国众多中小企业出口商品都是以劳动密集型为主，创新能力较弱，产品附加值较低，人民币的升值无疑会导致成本的升高，使得依靠低价竞争的中小企业承受更大的压力，甚至面临破产倒闭的态势；最后，我国出口型中小企业的汇率风险防范意识和抵抗能力天生薄弱，而货币汇率的变化本身就具有很强的不确定性，这无疑大大增加了中小企业的

---

① 陈和午：《中国经济去库存化迷局》，《南风窗》2013年第4期。

营业风险，当部分中小企业的交易已经完成，形成了应收账款，但由于汇率的升值，会直接导致汇兑损失①，进一步加大出口产品定价的难度，造成营业状态的恶化。②

尽管人民币升值一定程度上转移了美欧金融危机给其自身带来的经济损失，但在中小企业面临原料价格、劳动力成本上涨等多种困难的情况下，人民币汇率的上升客观上使中小企业的生存空间越来越小。

(四) 高额税收

禁止对中小企业不合理征税一直是我国政府税收政策的一项基本原则，但客观上，我国中小企业仍然处于税费项目较多、税费负担较重的税制环境中。从税收项目方面来看，中小企业在营业过程中所涉及的税种包括营业税、土地使用税、房产税、城建税、各种增值税以及企业所得税等税费项目。从税收负担方面来看，以2012年为例，我国中小企业缴纳税款占营业收入的税收负担率为6.81%，高于全国各类企业6.65%的平均水平；缴纳税款占总利润的119.6%，高于全国99.9%的平均水平；缴纳税款占资产总额的税收负担率为4.9%，高于全国1.91%的平均水平。尽管国家出台了相应的政策和法律对中小企业税收负担进行缓解，但依然存在问题：这些税收政策大多局限于降低税率和降低起征点两种方式，形式上比较单一，起到的效果并不明显；此外，税收政策对中小企业的优惠力度有限，优惠条件较高，很难起到让众多中小企业平等享有优惠政策带来的扶持效果。例如，我国2007年颁行的新《企业所得税法》第二十八条规定，"符合条件的小型微利企业，减按20%税率征收企业所得税。国家需要重点扶持的高新技术类企业，减按15%税率征收企业所得税"，尽管对于小微型企业按照20%的优惠税率进行征税，但新企业所得税法还对该条款设定了从业人数、资产总额、应纳所得税额三个方面的限制条

---

① 汇兑损失是指企业向银行结售或购入外汇产生的银行买入、卖出价合同记账所采用的汇率间的差额，以及月、季、年度终期，各种外币账户外向期末的余额，按照期末规定的汇率折合的记账人民币金额和原账面人民币金额间的差额等。

② 陈若梅：《试论人民币汇率变动的原因及其对我国中小企业的影响》，《经营管理者》2012年第19期。

件,使得大多数中小企业难以享受优惠,并没有实际减轻小微企业的缴税负担。

(五) 融资困难

融资困难或许是所有中小企业面临的营业困境中最为严重也是最难在短时间内找到有效解决途径的问题。随着银根不断地收紧,银行对资金管制的力度加大,"钱荒"现象频频出现,全国范围内中小企业遭遇的融资困难可谓不胜枚举。据江西省中小企业局统计,江西省内约有上千家中小企业具有融资规模为300亿元至400亿元的融资需求,其中大多数企业的资金需求在1000万元以内,而部分仅仅需要100万元以内的融资,目的是挽救企业于破产倒闭的边缘。在深圳,根据《深圳市中小企业发展情况报告》的调查显示,约有75%的中小企业存在融资困难,资金缺口达5700亿元。在上海,调查显示,中小企业业主普遍反映银行贷款利率上升导致企业贷款的成本达到贷款额度的11%以上,即便部分企业享有贴息项目,贷款成本所占比例也达到9%以上。加之中小企业贷款门槛较高,手续烦琐、提交材料复杂、审核时间较长,导致部分中小企业即便最终能够获得贷款,也错失了资金到位的最佳时间,影响企业的正常运行。甚至有部分中小企业业主表示,贷款的利率已非最为关键的事项,最终能否获得贷款才是最值得关注的问题,资金缺乏必将严重影响企业的生产发展。在温州市,温州经信委监测报告称,约有一半的中小企业面临资金短缺的状况,在银行信贷无法满足中小企业融资需求的情况下,民间借贷和内部集资的融资方式仍然占有很高的比例,主要集中在部分小型民营企业和农场小企业中。根据温州人民银行的调查表明,同20世纪80年代相比,民间借贷在温州市中小企业的资金来源中所占的比例从30%下降到了15%左右,但借贷资金总体规模增加了两倍以上。融资结构分析显示,小型企业通过亲友借款和内部集资的比例分别占了68.6%和45.7%,在中型企业中该比例分别为45.8%和41.0%,在农村企业中该比例分别为59.3%和46.5%,在城市企业中该比例分别为48.9%和45.6%,在一定程度上反映出中小企业通过银行等金融机构获取贷款依然存在诸多困难。

第二节 中小企业营业权的基本理论

一 营业权的溯源式阐释

（一）营业权概念溯源

营业权之于营业主体类似人权之于人，是一种概括性保护商事营业经济利益不受一些尚未有明确界定的行为的侵害，同时，又不限于对已然发生的侵害的保护，在营业准入、营业转让等方面也具有重要的作用和意义。

"权利"一词最早由古罗马人在其制定的私法中开始使用，迄今为止，权利的概念到底经过多少位学者定义，恐怕无法确切地统计。首先，权利是一个相当抽象的概念。权利及拥有权利的表现并非一个静止的概念，并非仅存于一个特定的历史时期，其在人类历史长河中始终不断地变化和发展着，植根于其所处的社会之政治、经济和文化中。其次，权利在政治、经济、文化以及历史等学科的研究中同样处于相当重要的地位，而不仅仅是法学的研究对象。因此，学科的不同决定了研究视角的不同，研究视角的不同决定了权利被赋予的定义也不尽相同。再次，即使是同一学科的学者对权利的研究也会受到不同历史时期所处政治经济环境的影响，给予权利不同的定位。在我国，权利被视为法律为了保障民事主体基于实现某种利益的意思而允许其一定作为的界限[①]，权利人对这种利益享有以特定的、正当的、具有法律效力并受到法律保护的自由程度为表现方式，本质上是一种不得侵犯的社会利益。这种定义区分了法律意义上的权利和自然意义上的权利，强调法律意义上的权利和法律之间存在不可分割的关系，即权利被视为主观意义上的法律，而法律被视为客观意义上的权利。我国宋代儒者程颢、程颐提出"明天理，灭人欲"的道德修养目标，把社会伦理看作独立于人的存在，在社会尚未制定出合法的程序确认"天理"之内容的情形下，"天理"被赋予各种规定。这也是我国封建社

[①] 彭万林：《民法学》，中国政法大学出版社2002年版。

会时期的重要思想，抑制了人民对利益的追求，甚至延伸到封建社会末期，乃至新中国成立初期。事实上，对利益的追求是人性本能的选择。生存是人民享有权利的基础，生存的基础则是平等地享有社会资源和个人利益，而人民的自然需求正是追求利益的动机。另外，人对利益的追求又是没有止境的。特别是在现代社会，经济的高速发展、生活质量的提高都一定程度地刺激了人们对利益更多的追求。但无论是古代还是当代，社会资源的总量永远是有限的，这就决定了社会稳定的发展、法律体系的完善都要面对如何平衡社会资源的分配和利益归属等核心问题。[1] 随着我国社会主义法律体系的形成和发展，法律对公民的生命权、财产权、人权的保护以及对交易自由、经营自由、契约自由等权利的确认也在不断发展，强调对公民物质利益保护的同时也逐步重视精神利益的保护。

在现代社会，营业权是指在企业营业过程中概括性保护其利益不受侵害的商事权利，它同法律的关系不仅仅是权利同法律的关系，还能够反映出更深层的经济、政治、社会关系以及所有营业主体和相关主体的文化与道德内涵。尤其在营业主体可能受到的侵害方面，营业权不但能够保护营业主体不受已然发生的、尚未被法律明确界定的行为所侵害，在营业准入、营业转让、营业重整等活动合法进行，在平等的竞争环境中营业自由能够充分得以保障等方面均具有重要的作用和意义。

"营业权"概念的溯源同《德国民法典》的制定以及1904年德国最高法院的一项判例紧密相关，其所指向的利益关系在其本身被创立之前，是由《德国民法典》中的"其他权利"加以界定和保护的。这是因为，即便法律采用列举式制定权利保护的一般条款，也无法穷尽所有可能或者无限扩大侵权责任的范围，制定出不计其数看似有针对性实则复杂烦冗、缺乏司法实践价值的权利和概念。反之，一旦某种权利被不计其数的判例或社会事实赋予了广泛需求的属性，新权利的法律确认便不再是巧合，基于同样的逻辑，营业权概念的出现绝非偶然。回到历史视野内，正如著名法学家耶林（Rudolph von Jhering）

---

[1] 李少伟：《权利的人本主义解释》，《法学杂志》2010年第12期。

在《德国民法典》制定之前针对侵权责任范围的问题写道："如果在非合同关系的领域，一个人既可因故意也可因重大过失而受到起诉，将把世界引向何方？一句不经意的话、一条传言、一条错误信息或是糟糕的建议、轻率的判断、推荐的保姆不称职、回答旅客的时间地点有错误等，如果仅因这些行为属于重大过失便使得行为人为其引致的损害承担责任，而不论其诚信与否，无疑是一个责任扩张的过程，是商业和社会交往真实的噩梦，极大地限制了自由交流，令最无辜的话语成为了可怕的诱饵！"① 对于侵权行为，《德国民法典》草案拟规定因故意或过失的作为或不作为造成他人损害者，应当承担赔偿责任。该条款本身并未对"损害"的概念和范围进行具体的描述或限制，民法典起草委员会对此作出如下解释：在民法中，每个人的权利都应当被尊重，不允许以任何不被认可的方式对他人的合法权利实施侵害行为，任何人违反该法的一般要求、缺乏正当理由的行为都足以构成侵权。最终《德国民法典》第823条第1款的表述为："故意或过失地以违法方式侵害他人的生命、身体、健康、自由、所有权或其他权利的人，负有向他人赔偿因此发生的损害的义务。"当时的起草委员会认为"可能被侵犯的对象"中不包括债权，该条款中的"其他权利"指的是没有被明确列举的其他绝对权。

《德国民法典》实行后第四年，"营业权"的概念诞生于德国最高法院的判例中。1904年2月27日，德国最高法院在一个实用新型纠纷案的判决中首次提到了"营业权"一词。1901年夏天，本案中的被告对原告提出停止使用某实用新型设计的要求，声称如果原告继续使用该实用新型，将提出损害赔偿的要求并提起诉讼。同年9月2日，本案被告明确要求原告停止在地毯和地垫等类似产品的生产环节中使用黄麻纤维桩技术，并在同一日向原告企业的两位纺织主管发送以警告为内容的信函。原告则声称早在1901年6月10日，原告企业已经停止使用黄麻纤维桩技术和相关产品的生产。此后，本案原告对被告提起诉讼，认为黄麻纤维桩技术在被告申报实用新型时已被广泛

---

① 张新宝、张小义：《论纯粹经济损失的几个基本问题》，《法学杂志》2007年第4期。

知悉，不应作为实用新型给予特殊保护，并请求法院判决被告对其企业在黄麻纤维桩技术相关产品停产期间和检察机关侦查期间所遭受的损失承担赔偿责任。原告声称在被告提出停止使用黄麻纤维桩技术的要求时，其专门用于生产的纺织机已从原有的 10 台扩充到 50 台之多，认为被告的行为构成对其财产权的侵犯，非法阻碍了其对生产设施的充分利用。在本案中，原告的重要主张在于其日常营业活动和商业利益因被告的行为受到侵害，造成原材料和生产设备闲置、对交易相关方支付违约金等额外的财产损失。原告认为停业还会造成其面临市场份额流失、商业信誉下降等非物质经济损失。对于原告的事由陈述和诉讼请求，根据《德国民法典》第 823 条第 1 款规定，只有在前述损失属于对主观权利造成损害的前提下才有权获得赔偿，但侵害自由或财产所有权的情况并未出现在本案中。[①] 另外，如果被告针对原告的警告等行为是在明知自己的实用新型设计无法受到法律保护的前提下做出的，原告可以根据《德国民法典》第 826 条关于"违反善良风俗，故意做出侵害行为"的相关规定对被告提出赔偿的要求，但本案中没有足够的证据证明被告行为主观上的故意，导致第 826 条同样不能适用。最终，德国最高法院认定本案被告所侵犯的法益"未被写入法条"，属于"已经设立且运作的营业权"，即便尚无法律的明文规定，但在以往合议庭的判决中同样承认被他人侵害、已经设立并运作的营业权是一项主观权利。至此，营业权被视为主观权利使得援引《德国民法典》第 823 条成为可能，属于该条款中"其他权利"的一种，德国最高法院在随后的判决书中确定了这一概念，用以保护营业主体的相关利益。

和百余年前德国最高法院判例中出现的营业权有所不同，在现代社会，经济水平的发展和经济结构的调整赋予营业权更为具体而丰富的内涵，从对个案中营业利益被侵害时起到相应的保护作用，逐渐发展为对所有营业主体合法经营时具备或产生的权利给予全面保护的基

[①] 马克西米利安·福克斯：《侵权行为法》，齐晓琨译，法律出版社 2006 年版，第 69 页。

本法则。笔者认为，营业权①并非单纯的民法概念，而是典型的商事权利，是营业主体基于平等机会和独立的主体资格，不受法律法规、行政行为和相关主体不合理限制及不恰当干预的，能够自主选择产业领域或商事项目进行经营并达到营利目的之权利，是扶持中小企业发展的重要权利之一。②

那么，将视线从已成历史的德国判例转移到以建设法治社会为重要指导精神的中国，营业权的存在又意味着什么？如果说法治社会强调法律面前，人人平等，从经济发展的角度，是否也应当给予市场竞争中的所有主体平等的营业资格和地位？上述问题的答案尽在商法中。从促进我国市场经济发展的角度来说，根据当今世界各国经济调整和改革的经验，为保证市场经济体制规范、高效地运作，通常需要企业制度独立化、市场竞争有效化、社会信用健康化、政府管理规范化以及法律制度健全化。因此，能够给予各营业主体平等的竞争资格，维持良性、稳定的市场竞争进而促进经济发展是营业权法律保护体系确立的目的和根本意义，既是现代市场经济正常运行的必要条件，也是商法所追求的核心价值。值得强调的是，企业数量占我国企业总数高达99%以上的中小企业在追求营业权法律保护的场合绝非扮演着乞求者的角色，它们在缓解我国城镇就业压力、推动经济发展方面起到的积极作用毋庸置疑，其基本的营业权利理应受到法律平等的对待和保护。然而，成本提高、资源缺乏、人才流失以及严重危及企业存亡的融资困难等问题屡次将中小企业推入政府和公众的视野，极高的关注度并不能证明古代社会几乎代代承袭的轻商倾向已经不复存在。很长一段时间，具有轻商倾向的立法者着力于"商业"却避免将"商人"写入法律。时至今日，将"主体性企业"及其相关概念引入被视为有益于建立适应我国国情的商法体系的做法：对于企业而言，

---

① 关于营业权，国内学者肖海军认为："营业权是一系列具体的权能集合而成的概括性权利，其基本内涵包括营业机会的平等享有，营业资格的自由取得，营业领域的自愿选择，营业事项的自由设定，营业方式的自我决定，营业管理的独立决策，以及营业侵权请求的有效救济等几个方面。"参见肖海军《营业权论》，法律出版社2007年版，第42、43页。

② 钱宇丹：《中小企业营业权研究》，博士学位论文，吉林大学，2013年。

提升主体性有益于企业内生动力的形成；对于法制建设，以主体性企业为基础对商法进行整合，同企业法总则在形式上比较接近，但在内容方面却不应拘泥于企业法，应当包含针对企业具体营业行为规制和权利保护的内容。换言之，解决中小企业问题的经济法手段不可或缺，以经济法为主的宏观经济调控和市场管理模式对中小企业的保护自然具有其优势，而商法在中小企业营业权利的平等保护方面同样具有至关重要的作用，通过建立和完善营业权制度方能营造公平的法律环境。商主体的逻辑元点是经济人[①]，中小企业自然包括于内，而对于中小企业问题，商法视角和研究方式同经济法存在较大差异，尽管两者都对企业组织形式有所关注，前者更侧重于企业内部行为的研究，后者则着力于对企业外部行为的约束同时给予国家政策调整更多的关注。当然，同学术研究不同，立法者更加注重商法和经济法的实际功能，并未将两者的性质差异视为制定法律时需要重点考量的要素，使得多种不同性质的法律条款可能被同一法律条文所容纳[②]，也使得中小企业同商法的关系更加密切。

商法对于中小企业营业权制度的意义首先体现在其对于维护交易公平原则的严格态度，同民法、经济法等法律相比，商法在赋予交易双方更多注意义务的同时，也体现出对交易实力相对弱小主体的特殊保护。在商法的价值体系中，公平既是价值取向又是道德取向，同"商道即人道"具有本质上的一致性。作为最基本的道德品质和要求，在市场经济条件下，公平的含义可以从以下三方面理解：第一，公平的生产活动机会。即公民基于对自由、幸福的追求，在选择不同行业进行从业或选择不同领域进行经济活动、追求经济利益等方面拥有同等的机会。第二，公平的资源分配规则。古人云，"民不患寡而患不均"[③]，政府在制定资源分配政策、调整资源分配结构、落实同资源分

[①] 参见［日］星野英一《私法中的人》，王闯译，中国法制出版社2004年版，第44页。转引自樊涛《商事能力制度初探》，《法学杂志》2010年第4期。

[②] 钱宇丹、徐卫东：《论我国中小企业的营业权制度》，《当代法学》2014年第4期。

[③] 原句为"丘也闻有国有家者，不患寡而患不均，不患贫而患不安。盖均无贫，和无寡，安无倾"，意为不担心分配得少，而是担心分配得不均匀。出自《论语·季氏》第十六篇。

配相关的法律法规时应当保障各类主体能够平等地享有资源，不应存在对个别主体特殊照顾，对其他主体实行不合理或不合法的分配方式，防止资源分配失效和资源占有不均。第三，公平的收入分配结果。强调公平分配收入结果并不意味着所有收入结果都应当相同或等量地进行分配。在市场经济的条件下，收入结果的公平是指在每个营业主体或社会成员对生产要素的投入、利用或者提供的劳动、服务同他们因此获得的利益间寻求最佳的平衡点，这种平衡的价值在于获得合理收入的机会平等，而非绝对意义上的收入均等或收入完全一致。[①]另外，商法将公平纳入自身的核心价值，一方面，能够在制度上赋予各类社会主体平等的营业资格和均等的商业机会；另一方面，也能在各类主体合法权益受到侵害时起到平等保护的作用（给予权利受侵害者平等的救济手段，亦是结果公平的一种体现）。

  商法对于中小企业营业权制度的意义还体现在其对"营利"给予了最高限度的关注，这也是民法、经济法等法律所无法比拟的、法律对营业权的一种承诺。我国实行社会主义市场经济体制，从经济视角看是市场经济，从法律视角看又是法治经济，其显著特征之一即是繁荣的市场经济与发达的法治有机结合，所有参与主体的市场行为均建立在平等的市场规则之上，以保证生产、经营以及商事交易能够公平、高效、有序地进行。现代商法正是规范市场主体和商事行为的基本法律，各种以营利为目的的原料加工、商品生产、商品交换、劳务或信息服务等市场活动都属于商法保护和规制的范畴，通过商法对市场准入和分化制度进行构建，保证营业主体资格的合法取得和利用，保证营业项目或内容合法化、规范化，保证交易安全和交易效率，体现出的法律功能和法律价值可谓不一而足。因此，当代商法的理念应当立足于市场和交易，注重实践，反映市场的内在要求和营业主体的客观需求。回到营利的问题上，包括中小企业在内的营业主体进行经营和交易活动不仅能够增加自身的资产，同样促进了社会财富的积累和增加：对自身利益的追求无疑是营业主体客观积累社会财富的主要动力；反之，如果不能满足利益相关者的期望将使其失去对声誉投资

[①] 于娟：《商法价值指向与经济法价值向度相关度考察》，《求索》2010年第2期。

的累计资本①，这种既是动力又是压力的、对利益最大化的追求可视为促进经济发展和社会进步的充分不必要条件。在上述过程中，商法的重要作用在于将营业主体对营利的追求和商业行为限定在一定的法律规则之内，并在这个合理的限度或制度内给予其最高的平等和自由。具体来说，商法需要确认中小企业的经营动机，指导中小企业选择适合的商业项目并采取合理的营业方式，鼓励中小企业通过合法的途径进行投资或融资，最终通过正当的交易手段和生产方式获取营业利益，一方面能够在充分调动中小企业营业积极性的同时保障其合法获利，另一方面也将促进市场经济的稳定和协调发展。商之根本即是营利，这和中小企业各项营业活动的宗旨和追求完全吻合。

概括而论，法律公平维护是手段，平等竞争权利是条件，而中小企业营利、市场经济繁荣自然就是结果，中小企业营业权制度如何实现无疑是现代商法随着经济发展和时代变迁所面临的、具有现实意义的创新课题。

(二) 营业权的性质

1. 取得方式之视角

从权利的取得方式上看，营业权属于特殊权利。营业权并非由法律直接赋予包括中小企业在内的公司、企业或公民的，而是特定主体具备一定的资格、通过一定的程序取得市场经营之主体资格后，方才享有的营业权利。换言之，营业权的取得必须依据合法的途径和程序，只有在符合了《公司法》《个人独资企业法》《合伙企业法》等市场准入之规范法规限定的条件下，需要登记的经工商管理部门核准登记后，方能取得合法的营业主体资格。根据我国商法的传统和目前国内立法的有关规定，营业主体资格的取得采用申请注册制，包括以下内容：申请营业资格的公司、企业或个人应向工商行政管理机关进行注册登记；工商行政管理机关对符合登记条件的公司、企业或个人核准登记并颁发营业执照；营业执照是取得营业主体资格的凭证，按照法律必须登记而未登记者不得营业。公司、企业或公民只有经过这

---

① Waddock, "The Multiple Bottom Lines of Corporate Citizenship: Social Investing, Reputation, and Responsibility Audits", *Business and Society Review*, No. 3, 2000, p. 345.

样的程序才能成为合格的营业主体，才能在合法从事营业的活动中享有营业权利。

2. 权利属性之视角

从权利的属性上看，营业权具有绝对权的性质，又不完全属于绝对权。营业权不具有人身权那样鲜明的对世性和"排除一切他人对行为人行使权利的干涉"的排他性，但其权利的实现并不依赖义务人的行为，通过营业主体单方面的营业活动即可实现。营业权的义务主体并不是特定的，不仅包括商主体，也包括消费者、行业协会、媒体等，甚至国家公权力也可能对合法营业权造成侵害，这一点是营业权和债权等相对权之间重要的区别之一。而就营业财产上的权利来说，无论其被标记为产权、所有权还是无形财产的权利，其财产权利的性质都属于绝对权。当然，这种财产上的绝对权和传统商法领域的绝对权也存在一定的区别，同时享有对营业资产的部分动产或不动产的所有权，也享有部分无形资产的所有权。而营业活动对利益的追求虽然束缚着上述财产的权利或财产本身，但并不排斥这些财产或权利成为营业权利中相对独立的客体。如果将营业权视为绝对权，会导致营业主体的经营利润、客户关系、营销渠道等利益都归属于营业主体绝对所有的财产和利益，如同自由权、财产权之于人权那样，要求法律对超过其合理利益范围的内容进行保护，免受第三人的侵害。这种假设会导致任何的市场竞争都属于违法行为，显然是不合理的。因此，营业权可以视为不完全的绝对权利。

3. 权利形态之视角

从权利的形态上看，营业权是一种动态的权利。营业权本身并非公民社会生活的前提条件和必备权利，其只存在于营业主体开展营业活动的过程之中，是营业活动所必备的权利。只要营业主体持续地进行经营，意欲在市场竞争中获得更为优势的地位，都无一例外地以营利为目的从事着各种商事营业活动。假设营业主体的经营内容是商品，营业权就以物权至债权再至物权的权利运动轨迹得到实现；假设营业主体的经营内容是服务，营业权就以资源至债权再至服务的资源配置过程得以实现。① 从本质上来说，营业通常状态下是不确定数量的物和权利的集合，是营业活动的客观体现，包含具有相当财产价值的事实上的利益。营业从动态的意义上将营业财产加以把握，并通过营业活动将这种财产转化为营利的有利条件，而营业主体正是通过这种动态的营业，将其法律主体地位和身份以及对利益的追求表现出来，使营业权利的相对人对营业主体之利益需求的真实性具有最大限度的信赖，满足各自的需求。因此，营业的实质是对利益分配的追求，是资源动态的配备，也是经营财产和营利效果以动态之形态变化的过程。

4. 权利内容之视角

从权利的内容上看，营业权是一种经济权利。将营业权定义为经济权利就在于厘清其与政治性权利、一般社会化权利之间的法律界限。营业权是针对生产资料之占有、使用和处分的方式，通过参与社会生产、流通、分配以及消费的过程，以一定财富消耗和人类劳动消耗共同创造出新的价值或提供某种服务，经营者拥有不被他人侵害权利并自身获取利益的资格。而"经营权"虽然离不开包括公民权在内的政治权利，但单就性质而言，通常只和经济利益发生关系。经营权是财富创造和服务创造的行为，参与到社会财富经由人类劳动相结合的生产加工、流通的过程，成为该过程中的一个环节，而不是以成员身份参与到社会财富的第二次分配中，例如社会保障性权利。显然，营业权与经营权有本质性的差别。经济权利，传统宪法上称经济权利为经济自由，主要包括择业自由、营业自由、合同自由以及财产权等有关经济活动的自由和权利。经济权利的内容首先应当包括财产权，该权利是营业主体法律资格的基础，也是营业独立和营业自由的基础。但是，传统意义上的财产权不可能被所有主体平等享有，从经济权利的角度上看，财产权还包括提供主体获取财产的途径，即劳动权，以及在必要情况下提供从财产或工作中不能充分获取的收入途

---

① 王亚静：《论妨碍经营的侵权责任》，硕士学位论文，重庆大学，2011年。

径，即社会保障权。① 这两种途径使经济权利构成一个逻辑完整的公民基础权利，即公民通过劳动获得财产，同时享有对合法取得的财产不受他人干涉的处分权，而当公民因外部经济地位的差别导致其无法获得良好的社会生存水平时，享有国家在财产利益等方面进行补助或救助的权利。收益无疑是营业行为的核心。尽管营业权在外部表现为动态的营业活动，但营业主体从事经营活动的最终目的是获取经济利益，即营利。这也是营业权和财产有所区分的关键。对于营业主体来说，经济权利在法律上体现为营业自由，换言之，营业自由是营业主体经济权利的核心。营业主体的构成虽然包括民事主体、商事主体、无名商主体以及其他可能出现的主体或组织形式，但归根结底都是单一或众多公民依靠自身的智慧、技能和财产进行营业，成为社会经济产品、经济利益和经济价值的创造者。国家给予营业主体充分发展的机会以及全面开放的市场正是以营业权的形式体现出来的。正因如此，为了公民追求更多的财富，更好的社会生活水平，为了市场和经济的更加繁荣，法律对营业主体经济权利的保护也是对营业权的保护才显得尤为重要。

5. 权利实现方式之视角

从权利的实现方式上看，营业权是社会资源的拥有权以及市场竞争的参与权。社会资源的占有是营业主体得以生存的前提。任何的营业行为，哪怕是营业模式相对简单的、提供美容美发服务的个体工商户，也必然要占用社会资源，无论是营业场地的占有权、美发师及徒工的雇佣权，还是电力、水力、美容产品的使用权等，都是社会资源的占有、使用和分配结果。假设营业主体连这样的资源都不具备，何谈营业？可见，无论占有、使用多少社会生产资料，都与主体合法拥有的身份相关联，诸如非法境外滞留劳工等主体就不会享有这种权利。事实上，社会生产资源的拥有权并非一个虚无缥缈的权利，而是实在的利益所在，存在于与其经办的营业项目相匹配的占有限制，不能要求超出自身使用负荷的资源占有，也不能超越社会生产与技术能

---

① 刘海年主编：《〈经济、社会和文化权利国际公约〉研究——中国挪威经社文权利国际公约研讨会文集》，中国法制出版社 2000 年版，第 11 页。

力所能够提供的程度，需要保持在一个合理需求的范围。同时，营业权也是一种市场竞争的参与权，决定市场主体从事项目开发、产品生产、综合性或专门性服务，通过市场获取投资回报的典型经济行为。以中小企业为例，无论其经营的是哪类项目，例如生产商品、提供服务、承揽加工、技术培训等，都具有共同之处：营业均处于经济律动的链条中，是经济运行的环节。因此，它们是真实可得的，包括人力、物力、财力、精力和智力等经济利益形成的要素，并非利用行政或者其他权力占有劳动成果及服务，而是靠市场对其劳动进行社会评价从而拥有劳动回报且要承受市场波动造成的营业失败之后果的。就这一点而言，中小企业从不谋求来自经济制度不公平的照顾与偏爱，只求来自市场的严酷检验。

二 营业权的主体

（一）民事主体

有学者认为，营业之主体，等同于民事主体在营业领域的一种表达方式。从应然权利的范畴出发，以民事主体的潜在权能和权利实现可能来看，任何民事主体均有权进入营业领域，从事营业性投资或经营活动，开展营业活动，进行营业行为。但是，民事主体要实现其营业权利需要具备两个基本条件：一是民事主体存在意欲从事营业之内在的自治意思；二是该民事主体要具备法律或政策所规定的营业准入条件。首先，只有特定民事主体决意处分财产和权利，进入营业领域，将其所有或管理的财产或者财产权利进行营业性投资，民事主体应然具备的营业自由才能转换为现实的营业权。换言之，民事主体只有基于投资或营业决策，决定进入营业领域，且进行了实质性的营业投资，才能成为传统商法意义上的商主体。其次，因法律或政策对营业准入设定了严格的条件和程序，某些营业权受到法律或政策的特许或禁止，民事主体在营业准入时还必须满足这些特定条件。另外，为了避免营业权的滥用以及缓和营业利益与公共利益、竞争秩序与公共秩序、内部最大化与外部经济之间的冲突，基于营业行为同时具备私人性和社会性、营业目的具备私益性和公益性等双重属性，意欲获得某些特殊主体或者特殊领域的营业资格，必须履行前置审查、行政许可、营业登记等程序，保证营业内容的合理合法，保证民事主体的营业自由能够转化为营业能力。同时，从实然权利范畴来看，民事主体是通过营业投资和具体的经营活动来实现应然的营业权的。基于营业的专业性、技术性、职业性等特征，营业投资的主体并不一定是直接从事经营的主体，或者在特定情况下，由于特定民事主体自身法律性质和特殊法律地位，不宜或不能直接以自己的名义从事经营活动；例如公立学校可作为营业投资主体，但不适宜直接从事营业事务的经营；某些国家机关公职人员可以购买股票、债券或基金，可对商事公司等营业主体进行投资，但鉴于其公共管理和服务的职能，不适宜以自己的名义或兼业进行经营。而大多数情况下，具体的营业是由企业为主的营业组织通过营业代表或代理的行为来实施的，民事主体转换为商主体，是通过营业投资主体以及从事经营活动的营业主体两种形式表现出来的。另外，例如个体投资者在个体营业活动中既是投资主体，又是营业主体，或者在公司型营业活动中，股东是投资主体，公司则是营业主体，因此营业投资行为与具体营业行为存在重叠又存在分离，传统商法语境上的商主体在现代市场经济社会中表现出投资主体和营业主体这一二重结构：投资主体是指以独资、合伙、参股等方式，处分其财产或财产权利作为营业资本，为追求营业投资效益最大化而进入营业领域的民事主体；营业主体是指合法取得营业资格、具备营业能力，以独立名义开展营业活动、进行营业交易的民事主体。①

从法学学科的角度来看，商法学固然是一个独立的学科，但仅从我国现行立法的角度来看，商法是否能与民法相并列依然存在争议。民法不仅调整平等的公民之间的法律关系，也调整公民与法人之间、法人与法人之间的法律关系；而商法调整的对象则是商事主体关系、商事交易关系、商事组织关系等，并且必须遵循民法的基本原则，同时又具有商事活动领域的特殊性，实质上是民法的特别法和组成部分。商事主体固然是人类社会经济发展过程中由民事主体演变而来，在存在共性的前提下又有所区别，并不能完全被民事主体的外延涵盖。因此，营业权所保护的权利范围应囊括商事主体的部分，营业权

---

① 肖海军：《论商主体的营业能力——以投资主体与营业主体的二重结构为视角》，《法学评论》2001年第5期。

不仅是民事主体才享受的权利,强调商事主体的营业权同样也应当受到法律的保护。

(二) 商主体

尽管就营业权主体是否属于单一的民事主体或商事主体依然存在争议,但就本书研究视域中的中小企业而言,无疑属于商主体的范畴。

近年来,国内外均有学者以"商法民事化,民法商事化"为由,否定商主体的独立性。甚至有人提出,"民法商事化,商法民事化"是指随着民事关系和商事关系的相互渗透,民法规范吸纳了很多商事法律规则和惯例,其自身的调整范围也扩大到商事领域,不但使得商人的特殊地位消失,使得商法规范具有民法规范的特征,变成适用于平等主体之间商事交易的法律,更使得民商法的关系更加密切,难以用一个确切的标准将两者划分开来。"商法民事化",主张商法的个性小于共性,是指商法典缺少民法典那样的一般原则和内在一致性,后者因此被频繁用于对商法典规范的领域,起到填补和辅助性法律的作用,表明商法仅仅是民法的一个不尽完善的特殊领域。而"民法商事化"正与其相反,试图以现代社会愈加强调商事活动对社会经济的促进作用,强调商事交易以及商法的制度和思想逐渐成为民事、商事法律的基本制度和基本原则为理由,主张用商法的原理统领民法,构建以商法为主要内容的民商事法律制度,将民法融入商法的制度之中。[1] 这两种观点的出现,关键在于随着生产社会化的发展以及参与商业交易之主体的特殊化、多样化,商事交易的范围逐渐扩展到农业、工业、不动产、证券、期货等领域,而究竟由商法还是民法对这些内容进行调整颇难定论。[2] 事实上,民法和商法作为私法的两大支柱,从来就是密不可分的。即便是在民商分离立法模式的国家,尽管形式上存在独立的《民法典》和《商法典》,商法依然是民法的特别法,诸如法人制度、时效制度等制度,依然要适用民法的规定。但是,主要针对特殊的商事制度作出规定的商法典,还是能够与民法典清晰地区

---

[1] 赵万一:《商法基本问题研究》,法律出版社2002年版,第108页。
[2] 张广荣:《民商分立与民商合一的法律思考》,《北京商学院学报》1999年第6期。

分开来。① 因此，所谓的民法商事化，并非指民法有可能取代商法从而逐渐发展出调整商事法律关系的规范，而是指随着经济生活的发展，规范企业的商法在民法体系中占据主导地位，导致民法原理的修正的现象。②

从立法历史的角度看，罗马法在发展的过程中，随着商品经济的发展不断修正和完善，具有较强的生命力。自罗马法以来，民法在私法中具有的基础地位及核心作用使其在法律制度中坚如磐石，同时形成了特有的扩张性和包容性。③ 诸如权利能力、契约、物权、债权等众多民法原理和制度尽管产生于千百年前，却能不断适应新的历史时期的经济关系，以法律原则的形式发挥作用。我国《民法通则》诞生于1986年，由于受到当时我国经济成分状况的影响，通则中民事主体概念的外延将民事主体划分为自然人和法人，将合伙按照个人合伙和法人合伙分别纳入公民的法人范畴。然而，这样的处理方式在其后的司法实践中暴露出很多问题：大量能够独立享受民事权利，承担民事责任的非法人组织的行为，或因主体不适格导致被判定为无效民事行为。这显然是不甚合理的公平缺失，且间接导致通则之后颁行的《民事诉讼法》不得不将民事诉讼主体扩大为三种，即自然人、法人和其他组织。这种处理方式亦被其后的民事单行法律或者部分部门法所采纳。上述法律的处理导致了特别法的主体范围广于基本法的主体范围这一尴尬现象：在实体法上没有主体资格的人却在程序法上拥有主体资格。如同一个自然人没有公民资格，却依照选举的程序法取得了选举权和被选举权。④

基于上述经验，为了防止类似的立法瑕疵，自然有必要对商主体和民事主体的概念和特征进行区别和检视。

民事主体从事交易活动大多是为维系个人或家庭生活的必要，商主体则更多的是以营利为目的，谋求资本的增值。从追求营利这一点

---

① 范健、王建文：《商主体论纲》，《南京大学法律评论》2003年第1期。
② [日] 四宫和夫：《日本民法总则》，唐晖、钱梦珊译，五南图书出版公司1995年版，第21页。
③ 郭锋：《民商分立与民商合一的理论评析》，《中国法学》1996年第5期。
④ 姜莉：《关于商法学中商主体概念的探讨》，《河北法学》2007年第8期。

来看，商主体比民事主体更容易直观地被划分为营业主体所涵盖的范畴。商主体以特殊的组织形式、行为规范和责任承担方式等要件区别于一般民事主体而存在，加之民事主体和商主体追求目标不尽相同等差异，商主体在营业主体和营业权能的视域内有着相对独立的地位。

另外，目前我国实行的是民商合一的立法体制，正如民商分立在实践、理论上均渐趋式微，当今世界各国立法在总体上亦呈现出民商合一的趋势：民法的基本精神和基本原则同样适用于商法，是一般法和特别法的关系。但是，随着经济和科技的发展，从事营业的主体日趋复杂化，民法的主体制度并不能解决商主体的全部问题，商主体的构成要件也不完全等同于民事主体。民法从外部、从形式上赋予民事主体独立的人格，使得民事主体能够以自己的名义从事民事活动，但民事主体资格无法解决其内部的财产关系和组织关系，更无法包容商主体。可以说，传统民事主体概念的界定一定程度地限缩了商主体人格的外延。随着市场经济的发展，商主体和民事主体产生了更加明显的差异和区别。

因此，仅仅依赖传统民事主体的界定，并不能完整地描述具备中小企业营业权能的主体的特征和内容，构建营业主体体系，将营业权主体定位为商主体，更有利于梳理交易过程中产生的关系，有利于营业权制度的构建。

（三）无名商主体

无名商主体，即小商贩、小商人，是指未经工商登记注册，没有固定经营场所，利用路边空地、广场等公共空间进行小规模经营的商业经营者。在我国，小商贩多由失业人员、无固定职业人员、低收入人员和进城农民等组成。他们普遍受教育程度较低，资金、财力极其有限，更不存在营业场所和技术支持，加之目前我国的社会保障体系尚不能保障他们的基本生存条件，他们只能自主创业。在大陆法系国家，对于这种以个体劳作为依托，经营规模较小，未经登记，没有商号、账簿甚至是固定经营场所等商业条件的主体，称为"小商人"。小商人从事小规模商业活动以谋生计是其基本生存权的体现，对这一权利的剥夺，等同于对自然人之人权加以剥夺。根据我国宪法、立法法的规定和基本精神，除非存在特殊规定或足够效力位阶的法律依据，否则任何行政法规、规章均无权剥夺小商人的营业权。在商品经济发展和市场经济形成并发展的过程中，商人以营利为目的追求自身利益，为自己创造财富的同时也使得社会财富的总量得以增加。① 小商人的存在是有其合理性和必然性的，这种营业方式给失业人员、低保人员、农村转移劳动力等弱势群体提供了就业选择，在客观上也给市民带来了价格低廉、获取方便的商品和服务。小商人之所以能够存在，自然也因社会对其存在有所需求。但小商人对于环境卫生、市容市貌、交通秩序的影响也是显而易见的，因此对小商人的保护、支持和规制，都是营业权视域内应当探讨的问题。

有学者认为，小商人是以自然人或家庭为单位从事营业且以此为业的商事主体。② 但从商法的角度来看，小商人没有经过商事登记，并不属于法定的商主体。

小商人作为自然人，如果仅是偶尔签订合同、处分财产却不以此为业，依然属于民事行为的范畴。但若其具备了一定的商事能力，以商事交易为业，以追求营利而进行经营，这种营利性活动就是商法规制范畴的营业行为，其身份也由民法上的民事主体转变为商法上的商个人。这种营业能力，是指为一定的营业目的、运用财产有计划地、反复地进行营业活动的能力。据此，商个人亦可被定义为以自己的名义从事，以营利为目的并以此为业的自然人。③ 小商人的法律地位，可用"无名商主体"的方式进行界定：无名商主体，区别于个人独资企业、合伙企业、公司、合作社等商主体，是指在法定商主体形态之外，拥有营业权利，从事营业活动的民事主体。我国现有的商事主体形态并不能够满足不同投资者的选择需求，部分主体形态之间还存在交叉重合。除个别不适格主体以外，自然人均可通过一定程序获得营业资格，选择法律明文规定的，或者是法定之外的主体形态，按照自己的商业判断选择合适的主体形态从事营业。民事主体自由创设法定外的商主体形态，即是"无名商主体"。这类主体从事营业不但受到

---

① 苗延波：《商法总则立法研究》，知识产权出版社2008年版，第105页。
② 任尔昕、石旭霞：《商法理论探索与制度创新》，法律出版社2005年版，第16页。
③ 林艳琴：《对我国商自然人法律制度的审视》，《政法论坛》2009年第1期。

民法的规范，也要遵守商法总则对于商事登记、商事账簿等事项的规范。相对于商法分则和商事单行法主要从组织的角度对有名商主体进行规范，无名商主体主要受到商法总则从商行为的角度进行的规范。[①] 因此，小商人得以成为严格意义上的营业主体，成为由商法总则加以规范的无名商主体。

如果视自然人的法律身份随出生即享有，显然其法律意义上的权利义务无须登记即可享有和承担。对于无名商主体而言，营业权同样是宪法赋予其的一项基本民商事权利。于是，无名商主体进行商事登记的意义在于对其营业资格的确认，起到排除因身份等原因不得从事营业的人的作用，并向公众公示其营业信息，向公众提供最低限度的保护，并不存在后天赋予权利的过程。[②] 例如在德国，除法律另有规定外，营业登记是对所有商主体的要求，而自由商人或是小规模经营的经营者则可以自由选择是否进行商事登记。《日本商法典》第八条规定："本法关于商业登记、商号和商业账簿的规定，不适用于小商人。"因此，德国、日本的小商人不需要商号，无须在商事注册，无须制作商事账簿，以此作为对一般商主体进行规定的例外。又如我国台湾地区"商业登记法"第三条至第五条规定："本法所称商业，指以营利为目的，以独资或合伙方式经营之事业"；"商业除第五条规定外，非经商业所在地主管机关登记，不得成立"；"下列各款小规模商业，得免依本法申请登记：一、摊贩。二、家庭农、林、渔、牧业者。三、家庭手工业者。四、民宿经营者。五、每月销售额未达营业税起征点者"。[③] 这表明，台湾的商业登记本质上是营业登记，该法针对的对象是非法人的个人独资企业和合伙企业，不包括法人、无名商主体等。我国的商主体登记和营业登记并不作区分，非法人商主体同样适用这种登记方式，其营业权的确认也是通过主管机关的实质审查并颁发营业执照进行确认的。这无形中要求想从事营业的主体必须在

---

① 李建伟：《从小商贩的合法化途径看我国商个人体系的构建》，《中国政法大学学报》2009 年第 6 期。

② 张民安：《商法总则制度研究》，法律出版社 2007 年版，第 431 页。

③ "商业登记法"，http：//law.moj.gov.tw/LawClass/LawAll.aspx? PCode = J0080004, 2009 年 1 月 21 日。

公司、合伙企业、个人独资企业等法定的主体形态中选择一种，在符合这一形态的成立要件后向工商机关申请营业执照。对于前述无名商主体来说，这种登记既是商事登记又是营业登记，其设立成本超过其所能承担的范畴，对小商人等自然人从事营业造成了很多限制和困难，构成了难以逾越的法律障碍。①

因此，若在不违反商行为本质和宪法、商法基本精神和原则的前提下，确保从法律制度上保障民事主体、商事主体乃至无名商主体等营业主体的合法权利，通过对营业权的法律确认和法律实现是毫无疑问的最佳途径。当然，本书的研究核心将以商法的视角，讨论集中于中小企业之商主体营业权的范畴。

三　营业权的客体

营业权的客体即营业，其是由国家行政力量主导和控制的行为，还是基于权利本位，随着经营主体开创产业，自主经营而生的基本权利所保护的行为，一直存在争议。故营业的概念和本质应是先于营业权厘清的问题。

（一）营业的概念

在我国古代汉语中，"营"和"业"的含义独立使用，各自不同。"营"被用作动词的场合较多，通常指经营、谋求、建造之意。《后汉书·东平宪王苍列传》卷四十二载有"至于自所营创，尤为俭省，谦德之美，于斯为盛"。唐朝诗人白居易在《新乐府·卖炭翁》中写有"卖炭得钱何所营？身上衣裳口中食"，几处"营"皆为经营之意。清朝小说家蒲松龄在《聊斋志异·促织》中写有"为人迂讷，遂为猾胥报充里正役，百计营谋不能脱"。《文选·束晳〈补亡诗·白华〉》载有"白华玄足，在丘之曲，堂堂处子，无营无欲……无营无欲，澹尔渊清"，几处"营"皆为谋求之意。南宋词人陆游在《过小孤山大孤山》中写有"绍兴初，张魏公自湖湘还，尝加营葺，有碑载其事"，其"营"为建造之意。

而"业"的古典含义多属名词，有职业、功业、事业、产业之

---

① 李建伟：《从小商贩的合法化途径看我国商个人体系的构建》，《中国政法大学学报》2009年第6期。

意。《三国志·蜀志·诸葛亮传》之《前出师表》写有"先帝创业未半而中道崩殂，今天下三分，益州疲弊，此诚危急存亡之秋也"，《隆中对》写有"益州险塞，沃野千里，天府之土，高祖因之以成帝业"，几处"业"为事业、功业之意。东晋陶渊明《桃花源记》写有"晋太元中，武陵人捕鱼为业"，其"业"为职业、职守之意。《明夷待访录·原君》载有"'我固为子孙创业也。'……'此我产业之花息也'"，其"业"为产业之意。《诚意伯文集·卖柑者言》载有"吾业是有年矣，吾赖是以食吾躯"以及"峨大冠、拖长绅者，昂昂乎庙堂之器也，果能建伊、皋之业耶"，前一处"业"为以某种营生为职业之意，后一处"业"则为功业之意。

从法律规定的角度看，"营业"客观上是一种经营行为，主观上以追求营利为目的。1894年《德国商法典》第一条第二款规定："本法典所称商人是指经营营业的人；营业指任何营利事业，但企业依种类或者范围不要求以商人方式进行经营的不在此限。"① 营业的目的即为追求营利，不问事业的种类和范围，但书的部分说明德国法律视营业本质为商行为。《日本商法典》第四条第一款规定"商人是以自己的名义，以从事商行为为职业的人"，亦将营业和实施商行为视为同一。美国经济学家保罗·萨缪尔森（Paul Samuelson）则认为，"营业"是指企业基于一定的生产函数，在特定的工程技术、知识水平条件下，追求给定投入后所能得到最大产出的生产活动。另有学者强调营业行为的连续性和重复性，认为营业是指商人以营利为目的，反复不间断地实施特定商业活动的行为。② 或者认为营业与传统商法上的商行为不同，具有持续性和特定性，是指商主体持续从事同一性质的商行为状态，偶一从事不能称为营业。③

我国学者吴建斌认为，"营业"作为现代商法的核心概念，虽然不像商人和商行为那样构成商法的基本概念，但从商法属于企业关系法的角度看，其概念的重要性不在商人和商行为之下。而且，营业实

---

① 《德国商法典》，杜景林、卢谌译，中国政法大学出版社2000年版，第3页。
② 施天涛：《商法学》，法律出版社2003年版，第96页。
③ 樊涛、王延川：《商法总论》，知识产权出版社2006年版，第32页。

际上和商人与商行为的概念之间存在密不可分的关系。① 我国学者谢怀栻认为,"营业"一词具有两个方面的含义:其主观含义指的是以营利为目的进行的经营行为,其客观意义指的是供以营业所用的财产(有形财产)以及在营业活动中形成的有价值的事实关系(无形财产)。② 营业活动中涉及的财产包括积极资产(如不动产、动产)和消极资产(债权、债务)两方面内容。而有价值的事实关系包括信誉、信用、相对稳定的合作关系、进货和销售渠道、营销便利的地理位置等内容。故客观含义的营业可成为租赁、转让的客体,而主观含义的营业同保护营业自由理念范畴内的营业是相重叠存在的。这种方式也是日本学者结合《日本商法典》的规定对营业进行定义时使用的。日本法学家我妻荣认为,营业从主观上说,是指连续、集体进行的,同种类的营利行为,即进行营业活动;从客观上说,是指以提供特定营业为目的的综合性财产组织体,即企业组织体,亦可作为整体进行转让和租赁。商法是在企业活动和企业组织体这两种意义之上使用"营业"一词的。③ 日本法学家龙田节认为,营业从主观上说,是指商人为营业的目的而进行的活动,从客观上说,是指商人为一定的营业目的而运用的全部有组织的财产,能够进行转让、租赁、担保。④ 日本法学家大隅健一郎认为,营业是指商人遵循一定的计划,通过人或物的设施实现营利目的的活动,包括营业设施和营业公告等内容。⑤ 这种定义的方式同其他日本学者的观点是基本相同的,即将营业从主观和客观的角度分别进行定义,强调营业设施的财产性。因此,日本学者明确地将营业分为营业活动和营业财产,并肯定了营业的整体性和转让性。

国外法律相关规定和国内学者的相关研究本质上并无冲突,结合而论可以得出,"营业"主观意义上是指以营利为目的,以生产经营

---

① 吴建斌:《现代日本商法研究》,人民出版社2003年版,第82页。
② 谢怀栻:《外国民商法精要》(增补版),法律出版社2006年版,第257页。
③ [日]我妻荣编:《新法律学辞典》,董璠舆译,中国政法大学出版社1991年版,第46页。
④ [日]龙田节编:《商法略说》,谢次昌译,甘肃人民出版社1985年版,第25页。
⑤ 何勤华:《20世纪日本法学》,商务印书馆2003年版,第473页。

或资本运作为基本形式,计划的、连续的、重复的、同种类的进行并向社会输出商品或服务的经营活动。客观意义上是指在营业活动中运用的财产以及各种有经济价值的事实关系。不论是主观意义上的营业和客观意义上的营业,还是营业财产和营业关系,都不是孤立存在的,它们之间有所区别又相互依存,形成相辅相成的关系。

(二)营业的特征

上文提到,营业的客观意义是指营业活动中运用的财产和各种有经济价值的事实关系,那么,营业是否可以视为商事法律关系的存在形式,是首先应当厘清的事实。通说认为,商事法律关系是民事法律关系一种特殊的表现形式,是商主体基于商行为产生的权利义务关系。正因并非商主体所有的法律关系都是商事法律关系,对商事法律关系的判断标准决定着对商主体的界定。商事法律关系由商事主体、商事客体和基本内容构成,而其区别于其他法律关系的理论基础在于,商事的主体特定、客体限定、行为内容为营利。对于商事法律关系的确认,世界各国采取的标准不尽相同:法国采取客观标准,通过立法明确规定商行为的条件和范围,以界定商行为的方式进而界定商事法律关系;德国采取主观标准,通过立法明确商人的条件,以界定商人的方式进而界定商事法律关系。同时,作为两大著名法典,《法国商法典》和《德国商法典》中都以"商人"作为表述方式,均未采用"商主体"的概念。而类似于对营业概念的界定,日本采取的是折中标准,同时采用主观标准和客观标准界定商事法律关系。由于我国尚未出台商法典,从学界研究的角度来说,学者们受民事主体定义的影响,大多将商主体的概念同商事法律关系的概念联系在一起,将商主体的概念置于商事法律关系中定义,认同只要具备营业和营利性质,商主体既可以是个人也可以是经济组织,而商事法律关系必须发生在商主体之间,或至少一方为商主体。[①]

营业作为向社会提供产品或服务的经济行为,具有较为鲜明的特征,包括持续性、专业性、技术性、更替性以及营利性。

(1)营业的持续性。营业的持续性,换言之,即营业的长期性,

---

① 赵万一:《商法基本问题研究》,法律出版社2002年版,第319页。

体现在营业要求主体在特定时期内连续不断地经营某一事项或者投资同一项目，将单次或数次的偶然商业行为排除在外。如前所述，营业客观意义上包括营业所用的财产和营业活动中形成的事实关系，是财产的动态营运，是事实关系的持续和延续。因此，有别于简单的、偶一为之的消费行为、财产处分行为或市场交易行为，行为需具备持续性的特点，才可能称之为营业。

（2）营业的专业性。营业以特定项目的经营为内容，以具体的投资和经营活动为表现。营业的内容是特定的，其营业范围是特定的投资项目，并为其所处的经济环境和社会环境所需要。同时，营业还具有针对性和计划性，其投资和经营行为并非盲目而为，而是具有明确的目标，以及完备的计划和实现措施。

（3）营业的技术性。在商事实践中，营业本身具备经过技术设计的构造，不但包括经济学对其经营理念、经营战略的设计，而且包括法学领域对其营业合法性、合理性的设计，现代化科技亦为营业能够大批量生产、大规模运作以及远程运输和交易提供了条件。

（4）营业的更替性。在商业经济领域，优胜劣汰的基本生存法则从未消失。从营业伊始，衰败、起伏和革新始终紧随其左右。一旦特定的营业方式或内容不能适应市场的需求或实现营业的目的，这种方式或内容终将面临淘汰。随着商业社会的发展，新的营业方式代替旧的方式，新的营业制度代替旧的制度，新的营业主体代替旧的主体，甚至在同一营业主体方面，内部也存在着变革和创新。而营业法律规则的更替和完善，更是营业保护重要的环节。

（5）营业的营利性。营利性是营业主体通过营业活动获取经济利益的特性。营利性既是区分商行为和民事行为的要素，是商法最根本的价值追求，是商法调整市场经济的价值基础，是评价市场经济本质的价值标准，也是营业的核心特征。营业主体以追求利益最大化、财富不断增加为目的进行投资和经营，"天下熙熙，皆为利来；天下攘攘，皆为利往"[1]，每一次交易活动都具有鲜明的营利目的。营业首先要保障营利的实现，经济效益的好与坏、营利的多与少、交易是否简

---

[1] 司马迁：《史记·货殖列传》卷一百二十九，列传第六十九。

便、迅捷、稳妥，都是营业主体所关注的重点，从某种意义上说，正因营利如此举足轻重，商法才需要依赖营利的调节机制对营业主体的交易行为和营业方式进行调节和规范。正如王宝树教授所言，商法的营利性并非表现在指导人们如何营利上，而是在于以法律制度构造出自身营利的、统一的有机体。①

（三）营业的基本内涵

营利性是营业最根本的属性特征，追求利润进而积累和增值财产正是营业主体进行营业活动的动机。营业的基本内涵如下：

（1）营业是营业主体追求利益最大化的经济活动。正如前文所述，人的自然需求是追求利益的动机，而对利益的追求又是没有止境的。利益最大化是以最少的投入得到最多的收益，任何正常经营或运作的营业主体都以追求利益最大化为基本原则，其所从事任何经济活动的目的也都指向利益二字。但是，在讨论营业主体以利益最大化为目标的同时我们必须认识到以下三点：首先，营业个体之营利最大化并不会必然导致整个社会利益的最大化；其次，利益最大化显然是企业等营业主体经济活动的重要目标，但并非其唯一的目标，从一定意义上说也并非营业主体的最高目标；最后，利润和最终营利是营业主体经济活动能够健康地、持续地发展下去的必要条件，但并非充分条件。因此，营业所追求的利益最大化并不是营业主体唯一的、最终的目标，当然，其对于营业主体的重要性不论在何种条件限定的议题框架下都是富有重要而积极的意义的。从经济学的角度来看，市场是商品交易顺利进行的必备条件，也是商品流通领域中任何商品交换活动的总和，在提供商品或服务的企业产生供给以满足消费者对该商品或服务产生的需求的过程中形成。处于市场中的企业的行为首先取决于其目标，一个企业可能有多种目标，但正如效用最大化的目标是消费者行为理论中的假定一样，从企业在社会经济活动中起到的经济作用和承担的经济责任出发，经济学假定利润最大化是企业的首要目标。尽管现实中企业可能还有销售量最大化、公益事业投资等其他目标，但利润最大化仍是最为合理的假定。因此，以商主体为主要组成部分

---

① 王宝树：《中国商事法》，人民法院出版社2001年版，第22页。

的营业主体所追求的是合理的项目和资金来源、科学高效的生产或运行模式、可持续增长的经济效益并最终达到营利的最大化。与此同时，市场中的消费者追求的则是消费欲望的满足、消费目的的达成并最终获取高性价比的商品和服务。因此，营业是营业主体追求利益最大化的生产、经营活动，实际参与市场交易活动但不追求营利的消费者的行为自然被排除在营业的范畴之外。

（2）营业是将产品或服务等营业成果输出给市场的经营活动。英国经济学家科斯（Ronald H. Coase）将"市场"分为商品市场和思想市场，前者属于传统概念上的市场，例如生产资料市场、消费品或商品市场、服务市场等；后者相对来说比较特殊，科斯援引美国《宪法第一修正案》规定"国会不允许制定有关下列事项的法律：确定一种宗教或者禁止信仰之自由；限制言论之自由或者出版之自由；限制人民和平地进行集会的权利，限制向政府请愿之自由"的内容将其中涉及的"演讲、写作、宗教信仰和仪式的自由"等活动概括为"思想市场"。① 虽然科斯本人也在质疑这种区分方式的必要性，认为从本质上来说，两种市场的生产者和消费者并无差别，正因人是本性屈从利益的动物，不管在商品市场还是思想市场，不管是营业主体还是消费主体，追求自身利益最大化这一点是别无二致的。从政府的规定和法律的规律视角来看，不管市场如何分类，政府和法律对其的管理和促进作用相对恒定。当然，由于我们所讨论的营业最根本的属性是以营利为前提的，思想市场显然不属于营业所面对的市场的范畴。但是，随着社会经济的发展、科学技术的进步、文化形式的革新，同演讲、写作等事实行为相关联的活动是否有可能同营业产生交集或者以营业的形式出现和发展也无法全然否定，单就本书所讨论的营业而言，"市场"取商品市场的概念为讨论的界限。从法律对"市场"的定义来看，市场是由无数在法律框架内发生的、包含一定的产权关系和竞争关系的交易组成的，是一种商品交易的可能形态，包含多种多样的买方和卖方，不同程度的合作和竞争关系。而随着市场经济的发展，商品的范围突破了"劳动之产品"的范畴，用于交换的商品不仅包括

---

① ［英］科斯：《论生产的制度结构》，上海三联书店1994年版，第333页。

劳动产品，还包括稀有的天然物品；不仅包括物质产品，还包括智力产品以及多种多样的服务。"商品首先是外界的对象，是一种靠自身属性满足人之需求的物"①，也是营业成果最基本的表现形式。产品和服务显然是营业最直观的成果，体现了营业的社会功能，它们作为市场交易的主要对象，更是市场得以运行、交易得以进行以及实现市场功能的前提。

（3）营业的实质是生产资料和商品以及服务之价值的转换活动。上文提到，营业最原始的成果即是商品和服务，而营业主体向商品市场输出的商品和服务的使用价值是营业成果之价值的最终状态；反之亦决定了最基本的营业行为是商品的生产或服务的提供。正如马克思所言，劳动产品是在交换的过程中取得社会等同的价值对象性，此种对象性是与劳动产品在感觉上各不相同的使用对象性相互分离的。②商品的生产和服务的提供都是经过特定的营业环节由资金、劳动力、自然资源、科技资源以及管理和经营手段等广义上的生产资料转化而成。商品在生产过程中主要耗费劳动资源和劳动对象两种价值转移方式不同的生产材料。其中劳动资料能够保持独立的形态进入经营过程，相对稳定地转化为最终的产品或服务；劳动对象则失去了独立的使用价值，被损耗掉的价值由产生的产品或服务吸收。当然，成为新商品价值之组成部分的那些被消耗掉的生产资料价值必须是社会所必要的，而非个别或特例的消耗。如果一个营业主体生产的商品或提供的服务所消耗的资料或资源大大超过社会的平均消耗，多出来的那部分价值自然不会被社会所承认，不能成为商品或服务的价值，也不会理所当然地受到法律的保护。相反，如果一个营业主体产生的产品或提供的服务所消耗的资料或资源低于社会平均消耗，其商品或服务的价值转移会超过其实际转移了的价值。③各营业主体的生产条件、管理水平、劳动的强度、生产的熟练程度都影响着该经营过程的结果，但不会影响营业本身依照这样的规律运行下去，各种生产资料正是通

---

① 《资本论》（第一卷），人民出版社 1975 年版，第 47 页。
② 同上书，第 90 页。
③ 雍文远：《社会必要产品论》，上海人民出版社 1985 年版，第 60 页。

过营业主体的经营活动形成了新的价值，进入到流通或消费的环节。因此，有效营业的最终目标即是将其所拥有的生产资料、劳动资料和社会资源的价值通过加工、使用、融合、更新、创造等手段，转移到产出的商品或服务之上，从而实现该营业主体所预期的营利最大化。

（4）营业的社会意义在于创造新的价值并使社会财富不断增加。"社会财富"是指劳动者创造于生产过程中的、能够进入生活领域的、具有使用价值的劳动产品，包括自然资源、知识技术产品、劳动产品等形式，具有自身价值和使用价值。按照物质存在形式划分，社会财富包括有形财富和无形财富；按照能否满足人们需要的内容划分，社会财富包括以物质形式满足人们需要的财富和以意识形式满足人们需要的财富。[①] 不同的主体在不同的领域所创造的不同劳动成果都是社会财富的组成部分，即社会中所有主体的有效劳动成果共同组成了社会的财富。无论是企业生产的产品还是科学家创新的技术，都属于社会财富的部分，都具有其社会价值，金钱并不是评价社会财富价值的唯一标准。当这种能够创造社会财富的领域越多，为其所在国家创造的财富价值的范围也就越大，相应地，能够解决更多的就业问题，促进经济的增长。因此，单一的社会财富价值体系会阻碍社会财富的创造和积累，不同领域拥有不同的社会财富价值判断体系是该领域健康发展的重要条件。营业创造的社会财富，按照经过量化和现实化的经济利益计算，在所有领域中名列前茅。例如，企业在追求利润的过程中会客观地使得社会财富不断增加，而自由市场经济体制中企业的存在价值即是营利。营业的重要目标固然是实现自身利益最大化，实现其股东利益最大化，增强自身的竞争力和整体实力，而其所承担的社会责任固然会增加经营的成本。但是，营业不仅仅是社会财富的创造者，同时也是自然资源的消耗者。营业行为本身是否能够履行社会责任不仅关系到营业主体自身的成长，也关系到其他利益相关者的经济利益，乃至影响到社会财富总量的变动，不能因为社会责任的承担引起经营成本的增加就对社会责任置若罔闻，"公司的社会责任在于决

---

① 白暴力：《社会财富的基本性质、实体与分类》，《中国人民大学学报》2003 年第 5 期。

策谋求企业利益的同时承担保护和增加整个社会财富的义务"。① 因此，任何合法、健康进行中的营业活动，都应当承担相应的社会责任，遵守社会和法律规则，通过经营过程中的生产环节完成价值转换甚至是增值，完成商品和服务的供应，创造新的使用价值和社会财富，满足营业主体自身发展需求的同时满足消费者的需求和社会需求，最终使得社会财富不断地增加。

四　中小企业营业权的特殊性

营业之权利是我国公民享有的基本权利之一。公民基本权利是指法律所保障的，公民能够实现某种愿望或获得某种利益的可能性。享有公民基本权利的主体，有权基于公民权利要求他人作出或不作出某种行为，以及当其权利受到或可能受到侵犯时，有权要求国家履行保护的义务。通说认为，公民基本权利具有三种含义：第一，法国1789年由制宪会议通过的《人和公民权利宣言》认为，公民基本权利和人权相并列，前者是指国家通过法律确认的、为公民所保障的权利，后者则是自然法上人类享有的自然权利；第二，公民基本权利是宪法规定的权利，无论哪一国家的宪法所规定，都是该国国籍人必然享有的基本权利；第三，公民基本权利是社会权、文化权和经济权。不仅包括人身安全、言论自由等实质性权利，也包括为实体权利服务的程序权利。②

本书所要讨论的中小企业之营业权，属于第三种权利的范畴：既是营业主体享有的社会权，也是一种典型的经济权；既是一种实体权利，也是一种程序权利。但基于这种权利尚未经过宪法甚至是专门法律的确认，因此产生了分析和论证的必要性。当今的法学研究几乎所有议题都与权利有关，无法脱离权利而讨论问题，在一个经济市场化、政治民主化、社会人道化和价值多元化的现代社会，基本权利的

---

① Davis K., Robert l., *Blomstrom, Business and Society: Environment and Responsibility* (3rd ed). New York: McGraw-Hill, 1975, p. 39.
② 沈宗灵：《比较宪法——对八国宪法的比较研究》，北京大学出版社2002年版，第56页。

明确是至关重要的。① 从整体上看，西方国家无论是权利之观念和意识还是权利的法律保障制度都是当今世界上最为发达和完备的，以中国为代表的东方国家不仅在传统上缺乏权利观念、缺少平等自由的权利意识，更缺乏基本权利制度和相应的法律保障制度。

我国 1949 年制定的《中国人民政治协商会议共同纲领》规定了选举权、被选举权，男女平等权，思想、言论、人身、宗教、示威游行等自由权。1954 年宪法将公民的权利调整为"法律面前，人人平等"，并增加了通讯自由、劳动权、休息权、受教育权等内容。1975 年宪法则缩小了 1954 年宪法规定的权利体系的范围，取消了若干基本权利的内容，直到 1978 年宪法加以恢复和扩大，并规定了基本权利实现的相关保障条款。而 1982 年宪法对之前的权利体系作出了较大调整，增加"公民人格尊严不受侵犯"、"残疾公民有权受到物质帮助"等权利，规范了基本权利的内涵。

可见，不同时代的宪法对公民基本权利的主张有所不同，法定权利作为反映时代要求的重要标准也应不断地调整和变化。正如英国著名法律史学家梅因指出，社会之需要和社会之意见经常是或多或少地走在"法律"之前的。我们可能非常接近它们之间缺口的连接处，但把这个缺口重新打开则是永远存在的趋向。因为"法律"是稳定的，我们所提及的"社会"则是进步的。② 目前，在我国的法律体系中，营业权之权，尚属稀缺之物。我们在配置营业权的过程中必然要遵守效率原则，即通过何种权利安排，能够加强营业的积极性，创造更多的效益和社会财富？通过何种权利配置，能够最大限度地利用现有的劳动资源和物质资源，使权利的实现更加高效？通过何种保障措施和制度，防止营业权利分配的不公，保障所有人的营业权利？另外，就像其他大部分公民权利具有选择性那样，营业权是否应当同样具有放弃或者转让的权利，而一旦这些权利行使不当，会产生怎样在所难免的侵害和危害以及这些侵害和危害的救济或处理方式等，都是法律面

---

① 王妍：《作为宪法权利的自由经商权及其本质探究》，《比较法研究》2010 年第 3 期。

② 朱应平：《新中国成立以来我国宪法基本权利的变迁及评析》，《法制现代化研究》2006 年第 10 期。

对营业之权所要回答的问题。

而对于中小企业问题，我国各级政府并非未加以重视；相反，惠及中小企业的规章条例频频出台，管理机构和帮扶政策不在少数，单就企业政治环境的营造可谓无可厚非，缺失严重的无疑是企业的法律环境，也是我国中小企业出现营业困局、问题丛生的重要原因之一。法律环境分为表里两层结构，首先强调与所处时代和社会发展阶段相适应的里层结构，即法律意识形态，表层结构则是符合意识形态的法律规则、制度、机构、设施，形成统一的、有机的整体。对于营业权制度而言，对营业主体影响最为直接和具体的法律环境要素即是国家或地方政府颁布的法律、法规和各项政策，既是企业营业活动的准则，也是依法经营的前提下受到国家法律有效保护的依据。因此，营业权制度的建立不仅能够为中小企业营造良好的企业环境，还将起到发挥法律调节功能，强化对市场经济运行中产生的各种困境进行规范和破除的作用[①]，保证各类营业主体平等享有权利和承担义务。基于以上思路，厘清营业权概念在我国法律体系中的研究脉络显得尤为必要：目前我国法律并未对营业权做出明确规定，多以"经营权"的概念散见于法条中。

例如，《民法通则》第八十二条规定，全民所有制的企业对国家授予其经营管理的财产依法享有经营权，受到法律的保护。《工业企业法》第二条规定，全民所有制的工业企业是依法自主经营、自负盈亏、独立核算的社会主义商品生产及经营单位。企业的财产属全民所有，国家依照所有权及经营权分离的原则授予企业经营和管理。企业对国家授予其经营和管理的财产享有占有、使用及依法处分的权利。《全民所有制工业企业转换经营机制条例》第六条和第七条规定，企业经营权是指企业对国家授予的经营管理的企业财产享有占有、使用、依法处分的权利。企业按照国家规定的资产经营形式依法行使经营权。企业资产的经营形式，是指规范国家与企业的责、权、利关系，企业经营管理国有资产之责任制形式。《全民所有制工业企业转

[①] 张立锋：《完善法律环境促进中小企业国际化经营——以"河北省中小企业促进条例"为依托》，《河北法学》2009 年第 5 期。

换经营机制条例》具体规定了经营权的 14 项内容，包括企业享有生产经营决策权，享有产品、劳务定价权，享有产品销售权，享有物资采购权，享有进出口权，享有投资决策权，享有留用资金支配权，享有资产处置权，享有联营、兼并权，享有劳动用工权，享有人事管理权，享有工资、奖金分配权，享有内部机构设置权，享有拒绝摊派权①，并规定企业之经营权受法律保护，任何部门、单位、个人不得干预和侵犯。②

20 世纪 80 年代，"经营权"常见于探讨国有企业所有权与经营权是否应当分离、如何进行分离的场合，对于经营权概念界定，经营权究竟属于债权、物权还是其他权利的范畴等问题，一度成为学者们热议的焦点。有学者认为企业经营权具有独立性和排他性，在法律规定的范围内受到严格保护，对于国有企业而言，企业营业权的客体是国家财产，即所有权人授予经营权人的管理、经营其财产的权利。国家作为行政权的主体，依法享受对企业征收产品税、营业税、增值税等税种的权利；国家作为财产所有权人，依法管理、指导企业活动，监督企业经营者对国家法律、政策和经济计划的执行情况，保证其经营活动符合国民经济整体发展要求。③ 同期研究中，也有学者从民法的角度论证经营权属于物权的范畴，既可以是所有权人对自有财产经营管理的权能，也可以是非所有权人（如占有人、管理人）对所有权人的财产进行经营并获取收益的权能，本质上是权利的作用或实现方式。④ 这同民法通则中关于全民所有制企业对国家授予其经营管理的财产依法享有经营权的规定区别甚微，和前述国企改革进程中的企业经营权同属两权分离范畴下的概念，且仅针对全民所有制企业而言。另外，还有学者认为全民所有制企业的经营权在法律上既不是物权也

---

① 参见《全民所有制工业企业转换经营机制条例》第八条至第二十一条。
② 参见《全民所有制工业企业转换经营机制条例》第二十二条。
③ 王忠、姜德源：《论国家所有权、行政权与企业经营权的分离》，《法学研究》1988 年第 2 期。
④ 寇志新：《从民法理论谈国家所有权和企业经营权的关系及其模式设想》，《西北政法学院学报》1987 年第 3 期。

不是债权，而是一种不完全的代理权。① 事实上，在 20 世纪 80 年代初到 90 年代初这段时间，经济发展水平和改革进程的逐步推进性决定了经营权的模式是复杂多样的，包括承包经营、资产经营、租赁经营等方式在不同行业、不同规模的企业中演变和优化，但两权分离毕竟是经营权体系设立的前提，尽管受制约程度有所不同，经营权总体上必须受到所有制制约是不争的事实，使得各种经营权模式均体现出这样的特点：一方面，经营权主体自主进行生产和经营，对所有者的财产具有占有、使用、收益和处分的权利；另一方面，经营者必须缴纳部分收益，同时其经营活动的各个环节都应接受所有者的监督。20 世纪 90 年代至 21 世纪初，两权分离理论随着国企改革进入第二阶段、第三阶段，相关讨论的频度明显降低。②

在特定时期内，经营权的概念被国家政策和法律确认，成为企业经营活动的基本依据，对我国经济起到了一定的积极作用。一方面，经营权与所有权相互分离被视为对政府和国有企业之间的权利义务进行了划分：传统的计划经济体制将经营权连同所有权集中于政府之手，相当于将全民所有与国家直接经营企业画上等号，不符合市场经济发展的客观要求，不利于经济的复苏和繁荣。处于经济转型期的国有企业从改革所有制的内部关系入手，分离政府和国有企业的权利义务，使国家持有所有权，企业获得经营权，既在整体上把握公有制的属性，又在企业运营方面充分发挥自身生产经营的自主性和积极性，在一定程度上促进了当时我国市场经济的发展，发挥出全民所有制的优越性。另一方面，两权分离的理论将国家作为所有者同企业作为经营者的相互关系进行了科学的划分，企业对于国有资产的经营管理具有国家的授权，在国家政策的引导下，接受国家的间接控制和宏观调控，使长期以来因国家全面直接地控制企业所造成的企业活力缺失的

---

① 李铸国：《全民企业经营权性质浅探》，《中国法学》1989 年第 2 期。
② 1984 年 10 月党的十二届三中全会颁布了《中共中央关于经济体制改革的决定》，确立了国企改革第一阶段的重点，即在保持国家所有权的前提下，经营权开始下放给企业。邓小平南方谈话后，国企改革进入第二阶段，开始向建立"产权清晰、权责明确、政企分开、管理科学"的现代企业制度努力。2003 年，中央、省、市三级国有资产监管机构相继组建，国企改革进入以国有资产管理体制改革推动改革发展的第三阶段。

局面有所缓解,有益于对国有经济本质的揭示。值得说明的是,经营权的提出并非否认国家对国有企业的所有权:首先,国家具有主权者和所有者双重身份,经营权的性质、构成、范围、效力等内容均由国家决策和规定,通过一定的方式进行授权,使企业经营权得以形成并为企业所享有,在特定的情况下还可能撤销对企业的授权,根据政策需要或法律规定对企业做出合并、分立等决议;其次,国家通过指导性或指令性的政策和法律,按照法定的程序,在宏观层面上监督国有企业的经营活动,引导企业行使经营权;最后,即便所有权和经营权相互分离,国家依然可以行使所有权的部分权能。国家享有的收益权优先于企业收益权,可以通过税收等方式共享企业的收益。从相互关系的角度来看,这一时期的"经营权"本质上从属于国家所有权。①

在对企业经营权分离产生积极作用给予肯定的同时,实践证明,新的矛盾接踵而至,两权分离理论指导下的国企改革并未能达到理想效果。两权分离理论之所以成为国企改革的核心理念在于当时我国国有企业亏损严重,经济体制面临不得不改且刻不容缓的僵局,所有制结构进行调整、产权制度进行改革势在必行,以产权制度非国有化作为促进国有企业活力的方式,遏制亏损和国有资产流失。然而最终改革方案未能解决国企的实际问题,反而导致改革面临两难的困境:为提高企业运营和管理效率,给予经营者充分的自主经营权固然是现代企业制度的客观要求,但是所有者和经营者分离必然导致的信息不对称或信息不完全对称致使内部管理失控问题频发,所有者的权益因缺乏有效监督和制约遭到不同程度的损害;反之,从保障所有者权益的角度出发,作为最大股东的政府加强对企业的监管和控制,也会引申出监管力度难以把握、行政干预过度等问题。这种分离带来的矛盾无疑会严重影响国有企业的经营和管理效率,经营过程中产生的负债、亏损甚至是社会负面评价和影响均由国家承担,人为导致资产闲置、专项资金超支或挪用,造成国有资产的大量流失。

因此可见,遵循历史轨迹,"经营权"的概念最早是在改革开放

---

① 刘凯湘:《论经营权与国有企业产权制度改革》,《北京商学院学报》1992年第2期。

初期国有企业改革的背景下，为促进两权分离理论的顺利实施而被置于法律研究的场域之内的，"经营"二字除了有经营、管理、执行等意义，还传递了另一层信息：企业经营者享有并仅享有经营权，国家是企业的所有者，政府对企业经营活动具有直接干预和控制的权利。这也意味着经营权在本质上相当于经管性质的权利，是企业依法从事经营活动的行动权、事务执行权，具体包含两方面含义：一方面，经营权的主体必须具备商主体资格，国有企业经营权的客体更是单一局限于所有权人的财产；另一方面，享有经营权的企业或其他商主体从事的营业行为之范围和内容受到法律严格规定。换言之，经营权是对商主体行为能力和权利能力的概括总结，如果特定主体没有同时具备行为能力和权利能力，或者经营内容或范围超过法律规定限度，即可能构成违法行为甚至是刑事犯罪。这同西方公司法中"所有权和控制权分离"理论中的"控制权"相类似，也为本该属于法律概念的经营权赋予了一定的政治色彩。此外，关于经营权相当一部分理论知识脱胎于经济学，在国有企业改革的政策背景下产生，和我国的法律体系缺乏兼容性，在一定程度上制约了法律在营业权利保护方面的发展。因此，传统意义上的经营权的概念和性质较为狭窄，难以界定。① 时过境迁，在市场经济前提下，企业参与经济竞争自然会受到市场的影响和调控，国家也必然会对企业的营业活动实行宏观管理并进行约束，这种管理和约束除行政手段以外，法律的规范手段同样具有显著的效果。

在对经营权的概念、特征、积极意义、局限性等内容进行上述分析后不难发现，对于我国当前的社会、经济以及法制发展阶段，经营权的先进性、科学性和普适性已有欠缺，正如经济学家托尔斯腾·贝克（Thorsten Beck）的观点：如果法律扮演的总是追赶的角色并总是被程序推向低效率的方向，就会阻碍公司金融以及一国金融的发展。目前，营业权尚未成为我国法律体系的组成部分。于是，法律在营业权确立的过程中首要遵守效率原则，即如何对营业权进行界定并规定，能够真正起到提高企业的营业积极性去创造更多的社会财富？通过何种方式对营业权进行配置，能够实现对现有社会资源最大限度的

---

① 杨立新、蔡颖雯：《论妨害经营侵权行为及其责任》，《法学论坛》2004年第2期。

利用？通过何种制度设计，能够防止权利分配不均，保障所有规模、类型的营业主体平等享有营业权？最后，营业权是否应当赋予企业对部分权能享有自主选择权，可以选择放弃或进行转让，而这些权利一旦被不正当地行使，会产生何种结果以及相应的救济或处罚方式，都是我国法律面对营业权需要回答的问题。

尽管我国目前法律并未对中小企业营业权作出具体的规定，从宪法修正案的精神来看，可以视其为我国宪法鼓励个体经营自由的佐证。但是，包括宪法在内的现行法律、法规和政策中显然还存在由于历史原因导致的、对营业权冠以"经营权"名义从而对营业主体行使营业自由产生的限制。这种滞后性的限制体现在多部法律中。例如，国外立法表明，目前国际立法的通行做法是规定个体企业可以承担无限责任，亦得承担有限的责任。而我国《个人独资企业法》第二条规定，所称个人独资企业，是指在中国境内设立的，由一个自然人投资，财产为投资人个人所有的，投资人以其个人财产对企业的债务承担无限责任的经营实体。可见，单就个人独资企业承担的是单一的无限责任来看，投资者承担风险如此之大显然与宪法鼓励非公有制经济发展的初衷不符，即我国《个人独资企业法》在促进和扶植非公有制经济发展的同时，也传递出对其的限制、不能充分信任的信息，尤其是该法的出台并未使《私营企业暂行条例》退出众多对非公有制经济制约的法律规范之阵营，导致该法较之该条例所体现的宪法修正精神以及促进非公有制经济发展的举措也有所折扣。另外，我国刑法对非公有制经济也存在不甚合理的规定：早期的刑法规定了专门针对私营经济的投机倒把罪，修订后的刑法将针对非公有制经济组织实施的犯罪的惩处更为细化，例如"破坏金融管理秩序罪"、"扰乱市场秩序罪"、"妨害对公司、企业的管理秩序罪"等都是针对民营企业等非公有制经济组织的、所谓新类型的犯罪。与此同时，刑法总则和分则中对公有财产予以保护的规定数目众多，有专门针对国有公司、国有企业、事业单位之利益的保护条款，甚至运用死刑在内的较重刑法加以保护。可见，刑法对不同所有制经济态度一致进行保护的法意尚未形成。①从法律发展和更新的角度来看，即便上述法律或条例是根据我国国情的需要作出这样的规定，但无论是公有制经济还是非公有制经济，无论是大型国有企业还是个人独资企业，作为我国经济的组成部分，其营业的权利都应当通过相应的立法获取足够的保护和扶持。

五 营业权法律保护的特殊语境及含义

权利发展，是我国当代政治发展与法治发展的主题。如何看待当前我国权利发展面临的语境，理解当代我国权利发展语境中面临的问题和挑战，更好地在经济政治社会文化发展过程中为权利发展创造良好的氛围和环境，是当前政治建设和法治建设的重点所在：在权利发展过程中，仍然面临着一些现实的条件性的、背景性的、环境性的困难和前提，正确认识和理解这些前提，把握权利发展的现实境遇，对于切实推动权利发展有着十分重要的现实意义。

在权利发展这个时代主题面前，源远流长的中华传统文化依然有着强大的影响力和辐射力。一方面，中国复杂的自然条件和历史因素，造就了诸多复杂、深刻的历史和现实问题，这些历史和现实问题折射出权利发展的中国要素的特殊性和复杂性。另一方面，由这种文化复杂性和特殊性影响下形成的中国文化也在直接或者间接地影响着当代中国政治建设和法治建设中的权利发展问题。应当说，这种文化背景在某种程度上构成了影响和制约我国权利发展的民族文化语境。

随着时间的推移和社会的发展，国际化、全球化逐渐成为我国经济发展崭新的关键词，个性自由、平等法治的现代权利文化是当代中国权利发展面临的现实语境。在这个进程中，现代文化中强调的个性自由、追求个体意识和个性解放的观念开始影响中国，同时追求平等、主张法治等现代理念也成为中国文化的重要组成部分。在这个过程中，人权、民主、法治也成为中国特色社会主义法治建设的重要内容，这些思想观念在某种程度上也成为消解传统文化消极因素的重要力量和因素，成为构成现代权利发展的真实的现实语境。

应当说，权利发展的现实文化语境中，最重要的是对个体价值的重视与尊重。经济体制改革同时推动了个别化利益的增长和利益的个

---

① 樊涛：《我国营业权制度的评析与重构》，《甘肃社会科学》2008年第4期。

别化，将相当活跃的利益基础赋予原本缺乏独立主体的法定权利；对个体资格、利益、主张给予肯定的社会评价和道德评价因思想的解放而成为可能；为谋求超越实在法制度和权利正义，人权受到更多的重视，且为以个人为中心的正义提供了动力；为使更多的权利得以真正被享有，立法尽可能将合理的愿望和利益转变为权利，由司法机制和法律职业进行保护和实现。①

其中，生存权的发展是我国权利发展语境中的首要问题。没有生存权②的发展，就没有真正的权利发展。没有生存权的发展，其他一切权利的发展均无从谈起。在生存权利发展问题上，应当破除两个认识上的误区。一是认为只有牺牲政治上的各种权利，才能发展社会经济权利和生存权。这种观点的错误在于，它把政治权利发展与社会经济权利发展对立起来，过分强调政治权利发展的能动作用，忽视社会经济权利发展的重要性。事实上，经济社会权利发展是政治权利发展的前提，人民政治权利发展是社会经济权利的保障。只有首先实现经济社会权利的发展，提高广大人民群众的基本的生活条件，"衣食足而知荣辱"，才能进一步推动政治上的权利发展。二是把生存权作为社会经济权利的一种，认为只有在经济发展到一定程度以后才发展人们的生存权。在社会高度发展的今天，生存权问题已经不是简单的一个社会经济问题，而是与政治生态、政治发展与政治文明紧密相关的权利范畴，如果一个国家的政治生态环境不好，人们的生存权也会受到严重的影响。各国必须高度重视在生存权发展问题上的政治因素和政治影响，在实现政治发展的过程中保障人的生存权。因此，生存权的发展，既是经济社会权利发展的题中应有之义，也是政治权利发展的要义所在。

---

① 夏勇：《走向权利的时代：中国公民权利发展研究》，中国政法大学出版社2000年版，第38页。

② 对生存权的理解目前已形成三种释义：广义的生存权，指包括生命在内的诸权利总称；中义的生存权，指解决丰衣足食问题，即解决贫困人口的温饱问题；而狭义的生存权，指社会弱者的请求权，即那些不能通过自己的劳动获得稳定生活来源而向政府提出物质请求，政府有义务来满足其请求从而保障其生存尊严的权利。参见徐显明《人权研究》（第2卷），山东人民出版社2002年版，第4页。

和谐与稳定是中国发展的基本格局。在权利发展的语境上，影响和谐与稳定的因素既有来自国内的，也有来自国际的。权利发展的国内性和国际性的统一，就是要在权利发展中，以强调和谐和维护稳定的发展大局出发，正视和确认影响权利发展的各种因素，使国内社会成员和大多数国际社会成员能够理解、认可和接受权利发展的客观条件，推动和促进权利的主观要求与客观进步的统一。没有国内社会成员的要求为基础的某种强行"许可"带来的发展是专制强权，而没有国际社会成员的共同要求为基础的强行"许可"就可能是国际霸权。这种通过某种强行"许可"方式带来的无论是国内权利的发展还是国际权利的发展，都是不可能获得法律的承认的，是不合法的权利发展，不具有正当性。权利发展的真实意蕴是，在现实的权利发展过程中，要体现权利发展的双重许可，一是权利主体对于权利发展的主观许可，二是权利发展的现实条件许可。这两个方面的具体表现就是以法律文件来确认和维护人们的权利主观要求和权利客观条件。这个双重许可构成了权利发展的真实的制度基础和法律基础。因此，当现实的社会条件尚不具备时，就亟须发展现实的社会生产条件，推动社会进步，带动权利发展，同时也要在观念上提高人们对于权利的认识和重视程度。在这个过程中，把权利的发展与国内法律完善和国际法律接轨相联系，高度重视权利发展的国际形象，重视国内公民与外国人、外国企业的同等的法律地位和法律权利，实现中国人与外国人在国际法律地位上的同步的权利发展，重视权利发展的国内性与国际性的统一，应当是未来中国权利发展的基本方向。

营业权作为中小企业法律保护的核心昭示着整个中小企业保护体系依然以权利为本位。这意味着：第一，在权利与义务的关系中，权利是首要的，是义务得以存在的前提和根据；义务来源于权利，从属于权利。第二，在权利和义务的关系中，权利是目的，义务是手段；权利的实现和保障必须依赖义务的设立和履行，义务的设立和履行服务于权利的实现和保障。第三，权利仅受制于权利，即使表现上受制于义务和法，由于限制权利的义务和法也是为权利服务的，因而它最终也只受制于权利，服从于权利。第四，权利是法学的最基本的概念和范畴，法学应是权利之学。①

在权利发展语境中，营业权法律化问题上坚持"权利本位"的价值取向，意味着坚持"营业权是各种权利要素建构起来的体系"中"权利要素"在应然的价值取向上的重要性，这个"权利要素"，应当是重要的，但是，对权利要素的坚持，仍然要坚持与义务性要素的平衡，"不能只主张主体的权利和自由，而忽略主体的义务和责任"。因此，强调权利性与义务性的统一，才是权利发展语境中的要害。它既构成了法律上权利发展的内容性要素，也是权利本位价值观念的必然反映。营业权发展面临着复杂的国际、国内的社会背景，因此，必须从法治中国建设的当下出发，理性对待，选择一条符合中国国情的基本道路，构建中国的权利发展语境：

第一，应当建立稳定明确的权利发展的规范体系语境。保障公民基本权利是国家权力的功能和义务这一基本原则既是基本权利固有内涵的内在规律又是宪法规范发挥作用的逻辑原点和基本目标。宪法权利运行塑造的宪法权利文化，构成了宪法权利价值体系的现实基础，而民主政治理念逐步深化，借助公权力建立平等、自由、人民主权的冲突管理机制和社会秩序已经成为公民普遍的认知和诉求，尤其在对自身合法权益的保障方面，随着社会主义市场经济的发展，不仅局限于普通法律保护的范畴，更应重视宪法在权利保护方面可以且应当起到的重要作用，通过宪法对各项基本权利进行确认，进而使营业主体基本权利和"宪法是权利的宪法"理念同时得以充分实现。当然，强调宪法的重要意义并非对部门法的功能加以否定或取代。与部门法相比，宪法对于权利的规定具有一定的指导性和框架性，并不涉及具体的规定。反之，部门法也无法代替宪法在权利保障方面起到的作用，但由于部门法本身在基本权利保障方面的具体内容尚不完善，导致已然经过宪法确认的权利并没有完整体现在部门法的具体规定中，在司法实践中自然无法实现部门法的保护作用，形成基本权利的虚置状态。因此，建立明确的权利发展规范体系语境成为必然。

第二，应当建立理性、有序、和谐的权利发展的经济社会文化环

---

① 卓泽渊：《法的价值论》，法律出版社1999年版，第306、384、385、388页。

境语境。权利的发展有赖于经济、社会、文化发展与政治法治发展的同步推进和全面提升。当前，尽管我国已经建立了比较完整的中国特色的社会主义市场经济体系和相对完善的社会主义文化，但在形成与之相适应的法治文化特别是权利文化方面还存在着明显的不足。尤其是把权利发展置于这样的经济社会发展和文化发展之中的语境和条件尚未完全具备，亟须在经济建设、社会建设和文化建设中融入权利发展的基本要求，使得法治建设过程中权利发展与经济社会文化发展同步。基于多元经济结构和多元社会利益之上的权利文化内涵的自由、平等观念必然要求司法程序的中立性、平等性和终局性。[①] 因此，在当前的社会主义法治建设和完善过程中，首先应当把保障人们享有相当数量和质量的权利列入法治建设的整体规划和制度设计之中，通过宪法和相关法律的完善来逐步实现人们在权利发展上的制度保障，并在现实的执法、司法和法制监督过程中赋予人们更多的权利救济和权利实现机会，在我国社会主义法治文化的宣传、教育和培养过程中，不断强化人们的权利意识和权利观念，构建理性的权利诉求表达机制，教育全社会依法维权、理性维权，促进权利的发展。要在文化营造和社会文化构建过程中，建立和健全一个保护和保障既有权利的社会环境和法律机制，使权利发展能够在公平、合理、和谐、公正的社会文化氛围中得以充分实现。

第三，应当增强深化权利发展的法治参与的现实程序语境。随着社会主义民主法治建设的深入，"开门立法"[②] 的概念逐步确立，公民的参与权日益得到重视，为立法过程中的民主化、群众路线化的实现提供了条件。在当代法治社会，公民具备规则制定的参与者和规则的遵守者双重身份，强调公民的法治参与既是权利平等的客观要求，也是社会公正的体现方式之一，能够保证法律规则更加符合理性、公平的内在规律以及人权和社会发展的诉求。反之，如果法治参与权利长期遭受冷遇将引发公民对政府的认同危机，认为自身的正当权利被

[①] 季金华：《论司法权威的权利文化基础》，《河北法学》2008 年第 11 期。

[②] 强调"开门立法"，不仅应当充分倾诉公民的意见，还应设定民意汲取的法定程序，使公民表达中的合理部分最终得以体现在法律中，才能为法律的顺利实施消除潜在障碍，同时提升公民对法治的信任和信心。

立法机关边缘化，进而出现逆反心理并采取一定的手段表达异议，而公民的表达通常以非制度化、冲突化的方式体现，不但无法理性地解决问题，还会造成社会多方利益的损失，甚至影响整个社会的稳定发展。同样置于民主性和理性之间关系的视域内，同行政环节更为强调理性的正当性相比，立法环节更为强调民主的正当性，政府负有保证在形成民主的过程中各种理性因素得以实现的责任。①

第四，应当完善权利发展的救济制度保障语境。我国宪法关于基本权利原则和内容的规定同样对政治生活和社会生活具有根本性的影响，这意味着如果宪法的政治性被过度强调，其法律性仍然被排除在司法程序之外，无法成为案件审理的依据，将导致营业主体受到侵害的、尚无具体部门法条款进行规制的部分基本权利形成无法可依的局面。另外，较为完备的违宪审查制度及相应的救济机制依然从缺的现状也导致公民很难在上述情况发生时获取有效的诉讼和维权途径，或将导致侵权损害进一步扩大。换言之，宪法有关规定无法在司法领域得以贯彻直接导致了宪法权威的减损及宪法直接约束力的降低。宪法的直接约束力能够保证国家机关直接适用该法的具体内容，并作为裁判公权力是否合宪的重要依据，具有最高的法律效力，违反宪法的行为均为无效。但是，最高法律效力原理并未推动我国违宪审查制度的构建，仍需以宪法的司法实用性为前提，以宪法的直接法律效力为依据，方可将违宪审查机制引入法律体制之内。②

权利从来不会孤立、静止地存在于人类社会的历史当中，它必然与人类社会发展的历史同步。中小企业营业权的构建同样需要发展的眼光和包容的文化。人类治国的历史不仅是权利发展的历史，同时也是权利体系化的历史。人类治国历史上从人治到法治的过程，实际上是从不保护人或只保护少数人发展到保护大多数人权利的过程，是权利保护体系化、制度化、完整化的过程。我国中小企业营业权体系构建的过程，也要重视健康、秩序的良性权利发展环境的营造，提倡权

---

① 杨利敏：《论现代政府体系的理性》，《学习与探索》2012年第10期。
② 朱福惠：《违宪审查制度的法理基础——论宪法对立法权的限制和约束》，《厦门大学法律评论》2003年第1期。

利观念同法律观念同步发展，共同进步，从而实现营业主体的全面自由和发展。法治建设的最高目标就是全方位、多层次、系统化实现人的权利并推动权利的发展，实质也是以法治的方式促进人类和社会的发展。因此，营业权发展语境的构建符合法治发展逻辑的必然反映，是法治文化的内在统一①，既是权利发展的客观需要，也是法治建设的内在需求。

同时，营业权的法律保护是现代市场经济运行的必要前提，也是商法追求的核心价值，更是全面推动国家经济贸易发展的重要原则。值得明确的是，中小企业绝非乞求法律的保护，作为我国企业数量最多，对缓解就业压力和推动经济发展起着无法替代作用的企业类型而言，其正当的竞争权利和营业权利理应受到法律的平等保护。

事实上，宏观经济管理法对中小企业的保护自然有其优势，以产业政策法律制度调整和解决中小企业相关问题的经济法手段必不可少，但同时，商法在平等保护中小企业营业利益方面有着至关重要的作用，同样需要政府通过法律，建立完善的法律环境和一系列相对应的法律制度。在中小企业问题上，商法研究同经济法研究存在较大差异，尽管无论是商法还是经济法都对企业的组织形式有所关注，但商法更侧重于企业内部行为的研究，经济法更多地关注国家政策和法律对企业外部行为的约束。同学术研究不同，我国的立法者并未将商法和经济法性质差异视为制定法律时的重要考量要素，而更多地着眼于两者的实际功能，使得同一法律条文中或容纳多种不同性质的法律条款②，也使得商法同中小企业的关系更为密切。

从商法价值的角度来说，在商法的价值体系中，同"商道即人道"在本质上具有一致性的是公平价值带有较为明显的道德取向。公平作为一种道德要求和道德品质，按照一定的社会标准、正当的社会秩序合理地对待公民，是制度、系统、国家重要活动的关键道德品质，在市场经济条件下，公平主要包括以下三个方面：首先，要求机

---

① 尹奎杰：《权利发展研究》，吉林大学出版社2014年版，第287、288页。
② 叶林：《企业的商法意义及"企业进入商法"的新趋势》，《中国法学》2012年第4期。

会的公平，即人们在生活和生产活动中追求自由、追求幸福、追求经济效益的权利平等的基础上，拥有同等的机会选择和从事不同领域和种类的经济活动。其次，要求收入分配规则的公平："民不患贫而患不均"，社会资源的公平分配是根本上的公平。国家在制定各种资源分配政策、相关法律法规时应当充分保障其平等地对待各种主体，不应存在对部分主体特别关照，对另一部分主体实行不合理或不合法的限制。最后，要求收入分配结果的公平：这里的结果公平并不意味着分配结果是相同或等量的，市场经济条件下，结果的公平只能尽量做到每个经营主体或社会成员都能够获得同其提供的劳动或其他生产要素相当的收入。当然，这种公平价值在于机会的平等，并不保证结果的完全一致。① 可见，商法将公平纳入自身的价值，在制度上赋予社会各类主体平等的商业资格和均等的商业机会，使商主体受到平等对待，当其合法权益受到侵害时，能够获得平等的救济。

从商法现代理念的角度来说，我国实行的是社会主义市场经济体制，市场经济是法治经济，要求在商品交易和商主体营业的过程中必须做到高效、秩序和公平，要求所有参与主体和市场行为建立在共同的、平等的市场规则之上。商事的范围则非常广泛，包括各种以营利为目的的原材料供应和加工、商品交换、商业服务等相关活动，现代商法正是规范现代商事主体和商事行为的基本法律，通过构建市场准入和市场分化制度来对商事主体资格的取得、营业的具体内容等方面进行规范，保证交易的安全和效率。故商法的现代理念必须立足于市场、立足于交易、立足于实践，反映其内在的要求。

商主体的营业活动不仅能够增加个体的资产，客观上也能增进社会财富的积累。商主体对个体利益的追求无疑是推动社会财富增加的动力之一，正是这种对营利的追求才能真正促进社会进步和经济发展。商法在上述过程中起到了通过将这种追求以一定法律规则的形式表现出来的作用，通过商法的理念、原则和实际作用将社会经济主体的行为限定在一定的制度之内，在合理的制度内给予其最大的平等和自由。商法需要确认和保护中小企业的营利动机，需要鼓励并保护中

---

① 于娟：《商法价值指向与经济法价值向度相关度考察》，《求索》2010 年第 2 期。

小企业通过合法的投资途径、合理的营业方式、正当的交易手段获取营业利益，调动中小企业的商业积极性，一方面确保中小企业获得利益，另一方面促进整个社会经济的发展。因此，商法的现代理念应当体现出商事关系的特点，从本质上来说，也是由市场交易的特点所决定的。因此，商之本质即是营利，追求效益、追求营利是商法的基本理念，同时也是中小企业全部营业活动中最为重要的宗旨和追求。

如果说公平是手段，平等就是结果。对于中小企业来说，能够受到商法平等的保护，不受来自政府、大型企业、金融机构的歧视，享有社会资源平等分配的权利，平等实现营业权利，创造收益和商业价值，才是现代商法随着经济发展和时代变迁所应面对的、具有现实性的创新课题。

第二章 中小企业营业权平等保护之法律原理

第一节 中小企业营业权的体系

一 营业准入的视角

（一）营业准入的概念

对于"营业准入"的概念，目前国内学者通常是从"市场准入"（Market Access 或者 Market Entry）的角度加以界定的，该词汇在国内最早的使用也是来自英文翻译，意指进口国市场自由开放，出口国的商品、服务和投资可自由进入某国市场。从经济学的角度说，市场准入类似经济学概念中的进入壁垒[1]，是指政府部门或行业组织出于公共利益的需要，为矫正和改善市场机制的内在问题制定的，对社会经济活动主体加以限制的各种规则。[2] 从法律的角度说，市场准入是市场准入制度的简称，是指政府规制市场主体和交易对象进入市场相关的法律规范的总称。[3]

可见，市场准入和本书所要论述的营业准入有着较大的区别，使用市场准入的概念并不能具体勾勒出国内营业准入制度的内涵和外

---

[1] 进入壁垒（barriers to entry）是影响市场结构的重要因素，是指产业内既存企业对于潜在进入企业和刚刚进入这个产业的新企业所具有的某种优势的程度。换言之，是指潜在进入企业和新企业若与既存企业竞争可能遇到的种种不利因素。进入壁垒具有保护产业内已有企业的作用，也是潜在进入者成为现实进入者时必须首先克服的困难。

[2] 焦玉良：《对市场准入制度的经济学分析》，《改革》2004年第2期。

[3] 刘丹、侯茜：《中国市场准入制度的现状及完善》，《商业研究》2005年第12期。

延。首先,"市场准入"一词常用于对外贸易、货物进出口、国际双边或多边贸易谈判等语境,用于描述某一国或某一特定区域对域外资金、资源、商品、服务进入本国或本地区市场时获得的条件或受到的限制。营业准入中营业所指的内容则大大超过区域或跨国经济贸易的范畴。其次,市场准入所针对的问题主要是本国或本区域市场的开放问题和管理问题,中国作为发展中国家,对民族产业的保护是否得当和充分直接决定了中国的核心竞争力。市场准入制度的存在,市场准入体系的建立,可以防止其他国家,尤其是发达国家对中国本土产业的冲击,还可有效利用发达国家的产业优势,推进中国民族产业的发展。因此,市场准入探讨更多的是外力、内力的制衡关系。最后,市场准入的概念无法涵盖国内特定投资者发起营业的利益,其所反映的是特定国家或区域进行对外贸易时产生的与交易相关的利益关系,例如贸易准入、资本准入、技术准入、环境准入等。然而不论是国外市场还是国内市场,都属于营业行为的平台,并不能代表营业本身,不论这一市场对特定营业项目有多么深远的重要性。因此,市场准入不能等同于营业准入。

有学者认为,所谓营业准入,是民事主体进入营业领域,进行营业投资或从事营利活动受法律或政策预设的条件和程序之限制程度的概称,集中反映了特定国家或地区通过制度和政策,对应形成的民事主体进入营业领域的自由选择程度与限制措施状况,体现了民事主体与通过国家机关表现出的国家,在营业机会分配以及营业进入条件设置过程中,形成的权利与权力、利益与责任的分配关系。[①] 这种定义方式突出了两个重点,一是自由,二是限制,也可以理解为营业准入制度应当规范的权利和义务关系。就营业主体一方而言,营业准入即一国国民进入营业领域的资格、条件、机会、程序之自由状况;就国家一方而言,是特定国家或地区通过机会分配、资格确认、企业登记、市场开放等手段,对除国家外的民事主体进入营业领域以开展经营活动及市场交易所持的鼓励、限制或禁止等立法态度、制度安排,

---

① 肖海军:《营业准入制度研究》,博士学位论文,湖南大学,2007年。

以及为其设置的一系列条件和程序的总称。① 综合营业权基础权能论证的部分，笔者认为此处的主体应为营业主体，方能更全面地支撑营业准入权的完整性和严谨程度。

（二）营业准入的本质

营业准入权是营业权概念内最为基础的权能，是营业权所有内容实现的前提。同时，营业准入权也是特定国家或地区经济建设环节中最为基础的部分，反映了该国家或地区的营业主体营业机会的享有以及营业利益的初始分配情况。可以说没有营业准入权就没有营业的存在，没有营业就没有市场的存在，没有市场就没有经济的存在，没有经济，国家何谈存续与发展。因此，在营业准入权行使的过程中，营业准入的成本和收益，决定着几乎所有营业主体和其营业方式的出现和存在。一旦一定数量的营业主体的营业准入成本超过了预期，甚至收益，不但会出现政府规制失灵的状况，市场失灵现象也会接踵而至。

营业准入的成本一部分由营业主体自身承担，包括经营方式、经营内容、经营场所的调研和确认，原始资本的采集和积累等；另一部分则是由政府承担，主要包括政府管理和规制营业主体的各种成本费用，相对于营业主体需要承担的事项而言，这一部分的成本相对容易估量。

福利经济学（welfare economics）② 认为，计算消费者剩余和生产者剩余之总增加量，是衡量政府管制之收益的最佳办法。但这种方法相当于从人们的心理感觉出发，缺乏可操作性。为此，有学者提出一种容易操作的衡量方法，即通过消费者支出减少的数量和生产者因提高效率而增加的数量相加，以得出的总数衡量政府管制的收益。③ 政府通过设立管制机构可以指导和间接干预营业主体的营业活动，起到强化政府管制的作用，对强化营业准入权的合法性、合理性也起到一定的作用，因此，政府制定营业准入的法律规制很有必要。同时，营业产业的技术经济特征等因素在不断发生变化，例如在自然垄断业务

---

① 肖海军：《营业准入制度研究》，博士学位论文，湖南大学，2007年。
② 福利经济学是研究社会经济福利的一种经济学理论体系，由英国经济学家霍布斯和庇古于20世纪20年代创立。
③ 王俊豪：《政府管制经济学导论》，商务印书馆2001年版，第51页。

的领域，改变自然垄断的一个重要因素就是技术的进步。政府对营业准入的规制应以动态的方式发展，适应营业技术的革新、营业领域的拓宽和营业主体的多样化。

（1）营业准入本质上是政府对市场进行宏观调控或者微观管理的重要手段之一。政府机关通过立法或其他形式行使营业准入权之准许权，并以此作为对本国或本地区经济以及中小企业的干预手段。例如，营业主体的条件限定、资格确认以及登记程序都是政府干预经济的表现，是公权力对营业主体进入市场的初始干预。综观目前世界各国的立法，并不存在绝对自由的营业准入制度，主要分为相对而言的自由主义营业准入制度和准则主义营业准入制度两种模式。在自由主义营业准入制度下，国家或政府对本国或本区域营业主体进入营业领域的方式不进行任何干预或者只进行少量易行的程序性安排，或者只针对部分特殊营业主体进行干预和规制。在准则主义营业准入制度下，国家或政府对本区域营业主体进入营业领域有着严格的、明文的法律规范或政策规定，包括实体的内容和程序上的要求，对部分特殊营业事项更有着严格的准入条件和规范制度。目前我国采取的规制方式接近准则主义营业准入制度的特征，但并不绝对禁止自由主义营业准入方式，例如我国《无照经营查处取缔办法》第四条规定："下列违法行为，由工商行政管理部门依照本办法之规定予以查处：（一）应取得而未依法取得许可证或其他批准文件和营业执照，擅自从事经营活动的无照经营行为……"，是体现准则主义营业准入制度的条款，但该法第二十一条规定："农民在集贸市场或地方人民政府指定区域内销售自产的农副产品，不属于本办法规定的无照经营行为"，说明农民在特定条件下的营业行为无须进行工商登记，又是自由主义营业准入制度的体现。可见，我国对营业准入权立法规制采取的是折中主义的干预方式，不要求所有主体或交易对象进入市场都需审批。

（2）营业准入也是克服市场配置资源缺陷的一种制度安排。营业市场的需求和供给是营业准入权实现的前提，两者保持平衡自然是营业准入的理想目标，而需求和供给一直处于动态的变化中。同时，营业准入条件宽松与否，决定着一个国家或地区的总体投资规模。营业准入条件相对宽松，意味着投资受到较少的限制，刺激投资和鼓励交易的经济效果随之产生,并最终推动社会资本进入营业领域和交易领域,刺激经济的总体增长。相反,营业准入条件相对严格,或者法律和政策对民间营业主体的投资持有严格限制或禁止的态度,即投资受到国家或政府较多的限制,抑制投资和限制交易的经济效果即会出现,阻碍了社会资本进入营业和交易领域,最终滞缓经济的增长。公权力在市场范围应弥补市场的缺陷和不足,即在市场机制能够发挥功能进行优化资源配置的领域,政府的权力不必介入;在市场机制不能有效配置资源且自身不能有效克服之时,外在的抑制力量对其进行干预才具备可能性,才需要政府进行干预。因此,当市场自身也无法有效分配商品和劳务或者营业主体的经营或交易出现垄断、信息不对称等情况,政府通过政策、法律加以调整和规制成为必然。营业准入的主要依据正是这些规则,以基本制度或法律、法规、规章为具体形式。

(3) 营业准入是一种综合的评价机制。一个国家或地区的经济发展水平、市场发育程度、社会对经济的认识程度、国家或政府干预经济的水平等因素制约着该国家或地区营业准入之原则、范围、宽松程度。这样,营业准入涉及营业过程中主体资格的取得、营业组织的设立、营业领域的选择、其他国家或地区的市场进入等很多方面的内容,全面反映了该国家或地区在营业领域的限制或者开放程度,反映了该国家或地区的营业主体进入营业领域的自由程度,更反映了该国家或地区社会资源、机会分配的公平程度,反映了经济体制和市场开放的广度和深度。例如,理论研究表明电信市场准入制度依赖于产业特性、市场结构和制度基础。① 电信行业随着科技的发展,无线寻呼、移动通信、增值业务等从过去的自然垄断向自由竞争转变。在市场经济相对成熟的国家,准入的立法也经历了从早期的自由放任到政府管制再到相对放松的过程。这种转变最终带来更多营业主体的进入,产业的相互融合,使进入成本有所降低。铁路、电力、电信、自来水、广播、邮政等自然垄断产业均具有先以竞争的姿态出现,后经历政府赋予其法定的垄断地位,实现国有化,再到放宽规制、引入竞争和竞争性再现的特点。这些自然垄断产业不再具有自然垄断的特点,政府

---

① 马骏:《谈电信市场准入的改革问题》,《中国经济时报》2004年6月22日。

逐步放松规制。① 正因为这些因素的存在，加之科学技术的发展和市场经济的变化，营业准入制度也随之发生变化。一方面其本身持续受到科技发展、经济增长的影响；另一方面也反映一国或地区经济环境是否健康和稳定，法律和制度是否具有足够的包容度和与时俱进的态度。

二　营业自由的视角

（一）营业自由的概念

营业权的本质特征和要求是营业自由和平等竞争。脱离了自由或平等，营业权的保护也就失去了讨论的价值。

法律意义上的营业自由，是指以营业为目的从事自主活动之自由，即参与市场经济的主体可以根据自己的意愿设立和经营企业或者从事合法的职业之自由，同时也包括拒绝违背自己意愿从事营业或者拒绝从事自己不愿意的职业之自由。② 早在民国时期，我国宪法学者张知本有言道："如营业不能自由，则个人不能发展己之财力，以行其交易上之自由竞争，势必使工商业无显著进步。"③ 营业自由对交易和经济的发展之重要性可见一斑。

当今世界各国无论宪法基本法还是相关部门法均未对营业自由和营业自由权有着完整的描述和确定的法律规制，因此从立法的层面理解营业自由存在一定的难度，但绝非无迹可寻。

《德国基本法》并不存在营业自由的明文规定，但该法第十二条规定："所有德国人均享有自由选择职业、工作地点、训练地点的权利。"德国联邦法院通过判例确认该条款主要目的是保证立法者在私法系统中应制定若干防范规定，尤其在双方势力显失平衡之时，保护职业自由免受私法契约的限制。以这一条款为基础，是否可以推导出营业自由的含义，通说和德国的司法实践均采取肯定的态度。④ 依据

---

① 戴霞：《市场准入法律制度研究》，博士学位论文，西南政法大学，2006 年。
② 吴越：《经济宪法学导论：转型中国经济权利与权力之博弈》，法律出版社 2007 年版，第 141 页。
③ 张知本：《宪法论》，中国方正出版社 2004 年版，第 116 页。
④ Vgl. Konrad Hesse, Gründzuge des Verfassungsrechts der Bundesrepublik Deutschland, 14. Aufl., 1984, S. 162; Maunz - Dürig, Komm. z, GG, 6. Aufl., 1987, Art. 12, Rdnr. 6, 136; BVerfGE7, 377.

德国学者的观点,该条款具有面向未来的开放性①,认为该条款定义的职业选择自由不仅是由一种客观的法价值决定,也是公民的基本权利之一,具有约束立法机关的作用。因此,德国立法体系中职业自由的概念既包括选择职业的自由,又包括选择经营的自由。这种派生出的营业自由本质上是为防范国家公权力对公民权利的侵害而设立的。由此可以看出德国立法对营业自由权利同样给予了高度重视。

日本《宪法》第二十二条第一款规定:"在不违反公共福利之范围内,任何人均有居住、迁移和选择职业的自由。"类似德国基本法的规定,这里的选择职业的自由,也可拓展成以营业自由为内容加以解读。相较于精神自由,营业自由固然会受到更多的规制。首先,营业的社会关联性很强,出于维护社会公共安全和秩序的目的,对营业的限制自然不能草率规定;其次,对营业积极的规制也是实现福利社会理念的必要。我国目前多采用登记制、资格制、特许经营制、国家垄断经营制等方式对营业进行规制,分别体现了积极目的的规制和消极目的的规制两种方式。积极目的的规制主要是为了确保经济协调的发展,尤其是对经济环节上的弱者进行保护;消极目的的规制主要是防止或降低对公民生命权、健康权的危害。因此,特许经营制、国家垄断经营制属于积极目的的规制;登记制、资格制等属于消极目的的规制。日本《宪法》对营业自由的积极规制和消极规制分别采取了宽松和严厉两种标准:对前者,日本法律采用"明显原则",即承认立法机关的立法裁量之宽泛程度,当然这并非意味着积极目的规制可以排除违宪审查,而是指对规制立法是否合理进行较为宽松的审查,即只有当限制措施明显不合理时才可认定其违反了宪法基本法。对后者,日本法律则采取"严格合理性"标准,法院较为严格地审查立法的必要性及合理性,同时审查是否存在可以达到同样目的,但更为宽松的规制方式。可见,日本立法在法律合宪性的判断方面体现了对营业自由的保护。②

我国台湾地区"基本法"第十五条规定:"人民的生存权、工作

---

① [德]乌茨·施利斯基:《经济公法》,俞文光译,法律出版社2006年版,第81页。
② 郑书前:《企业营业自由法律制度研究》,《经济与社会发展》2010年第12期。

权、财产权，应予保障"，并未直接规定营业自由权的内容。我国台湾学者林纪东认为，该条款中的工作权分消极意义和积极意义两种理解方式，从消极意义来说，人民具有选择工作的权利，具有从事某种工作的自由，对此政府不应加以不合理的干涉和侵害，也即选择职业的自由；从积极意义来说，失业人员有权利基于工作权请求政府给予适当的救济，例如提供一定的就业机会，以维持生存。依照消极意义，工作权实则是一种自由权；依照积极意义，工作权是一种受益权，但亦未明确阐明职业自由是否包含营业自由权的含义。我国台湾学者大多将工作权以劳动权的含义进行解读，并未对营业自由权给予应有的重视和地位。而在实务方面，台湾"司法院"大法官会议所作的司法解释，已从实质意义上对营业自由权给予了肯定的态度。

我国台湾"司法院"释字206号规定："'医师法'第二十八条之一规定：'未取得合法医师资格为医疗广告者，由卫生主管机关处以五千元以上五万元以下罚锾'，旨在禁止未取得合法医师资格者为属于医师业务的医疗广告，既未限制镶牙生悬挂镶补牙业务之市招，自不致影响其工作机会，与'宪法'第十五条、第二十二条、第二十三条及第一百五十二条之规定，尚无抵触。"本解释条文体现了前述"基本法"第十五条之工作权的内容，使用了"业务"二字，除了职业工作的含义，也可理解为包含经营事务的含义，是对营业权利的一种确认。另外，释字514号规定："人民营业自由为宪法上工作权和财产权所保障。有关营业许可的条件，营业应遵守的义务和违反义务应受的制裁，依'宪法'第二十三条规定，均应以法律定之，其内容须符合该条规定的要件。若其限制，于性质上得由法律授权以命令补充规定时，授权的目的、内容及范围应具体明确，始得据以发布命令，迭经本院解释在案……"也可做如上理解。

（二）营业自由的本质

营业自由本身不是权利，是营业自由权的客体，既是一种营业选择的状态，又是营业选择的效果。

（1）营业自由是营业权的核心内容，在营业权权能体系中占据主导地位，而营业自由权在其框架内则可派生出一系列的营业权利。自由权是指在法律规定的范围内，公民不受外在的约束和妨害，能够依照自己的意志，遵从自己的利益进行思维或行动的权利。自由权的内容相当广泛，主要可以分为政治自由权和民事自由权两类。前者诸如言论自由、集会自由、宗教信仰自由等，属于国家法的范畴，通常由宪法规定；后者诸如人身自由、契约自由、婚姻自由等，属于私法范畴，由民法依据宪法的基本原则加以规定。对于营业主体，营业自由权是和人身自由权同等重要的基础权能。以目前的立法形态看，同生育权、受教育权、言论自由权等人权权能不同，营业自由权并没有经过宪法的确认，不属于固有或者不可或缺的权利，为了防止社会关系失衡，国家对前述权利负有积极作为的义务，而对于营业自由权，国家积极作为义务的存在显得十分模糊。公民自然也无法基于营业自由权而享有向国家积极的请求权，而国家作为的范畴，依然是以必要为限，在特定的条件下有限地进行干预。

（2）营业自由是经济自由的重要组成部分。所谓经济自由化，于资本主义经济体制下并非新鲜的名词，它是由经济自由主义衍生而出的经济发展趋势。经济自由主义（economic liberalism）提倡市场机制，最初是由法国国王路易十五的外交大臣达让逊作为一种口号提出的，在日后直至当今，在资本主义世界长期发挥着作用。英国经济学家亚当·斯密（Adam Smith）以"看不见的手"隐喻的经济学理论，也对经济自由思想进行了一定的发挥，据此建立了古典政治经济学的体系。自由主义经济思想更是斯密经济学说的核心，在其著名著作《国富论》中，几乎每个原理的阐述都显露出他对经济自由思想的推崇，并强调在商品经济中，追求自己的利益是每个个体的目标，在一只"看不见的手"的指引下，即市场机制自发地发挥着调节作用的同时，社会个体为追求自身利益而做出的选择自然使得社会资源达到最优配置。经济自由主义包括斯密的经济自由主义以及新自由主义，后者和前者的不同点在于强调在国家干预之下的经济自由。德国法学家F.伯姆认为，因自由市场经济的法律仅在秩序的范围内承认自由，故在自由同秩序出现冲突时秩序具有绝对的优先性。这表明，秩序自由主义所讨论的自由实为法律秩序意义的自由。但秩序自由主义依然是一种自由主义思想，而营业自由自然也不是无限的自由，而是指营业自由不能被任意地加以限制，不能受到任意不合理的干预。① 经济自由中，营业的自由是其根本。无营业自由，即无经济自由可言。

三 营业转让的视角

(一) 营业转让的概念

营业转让是指营业主体通过签订转让合同的方式将客观意义上的全部财产或部分财产作为有机的组织体对外转让的行为。客观意义上的财产组织体不仅包括原材料、半成品、生产设备、办公用品、办公楼和厂房等动产和不动产，还包括优良的商业信誉、优越的地理位置、一定数量的客户关系或客户名单和进货或销售渠道等无法用货币准确衡量的财产，甚至可能包括营业产生的债权债务。

任何社会组织本质上都是按照一定的宗旨和条件建立的，具有明确的活动目的和内容，是具有一定组织机构的有机整体②，营业主体亦不例外。营业主体如果由于客观原因不能继续经营即可选择将企业或其他营业财产作为整体进行转让，但由于法律在营业转让方面的规制并不完善，在转让过程中难免出现很多纠纷，主要集中在营业转让时企业或其他营业主体的债权债务关系纠纷、转让主体相关的劳动合同纠纷、转让人竞业禁止等问题上。③

在我国现行商事立法中，《公司法》第一百〇五条规定："本法和公司章程规定的公司转让、受让重大资产或对外提供担保等事项须经股东大会作出决议的，董事会应及时召集股东大会会议，由股东大会对上述事项进行表决"，第一百二十二条规定："上市公司在一年内购买、出售重大资产或担保金额超过公司资产总额百分之三十的，应由股东大会作出决议，并经出席会议股东所持表决权的三分之二以上通过"，是公司法中对重大资产转让的有关规定；《证券法》第七十五条规定："证券交易活动中，涉及公司之经营、财务或对该公司证券之市场价格有重大影响且尚未公开的信息，为内幕信息。下列信息皆

---

① 陶敏、沈冬军:《秩序自由主义视野下营业自由初探》，《商场现代化》2008 年第 6 期。

② 魏振瀛主编:《民法》，北京大学出版社 2000 年版。

③ 蔡永民、张完连:《营业转让制度初探》，《江南大学学报》（人文社会科学版）2007 年第 4 期。

属内幕信息：……（五）公司营业用主要资产的抵押、出售或报废一次超过该资产的百分之三十……"提到营业资产的转让属于重大资产转让的一种类型；《反垄断法》第四十八条规定："经营者违反本法规定实施集中者，由国务院反垄断执法机构责令停止实施集中、限期处分股份或资产、限期转让营业及采取其他必要措施恢复到集中前状态，可处五十万元以下的罚款"，提到了转让营业的内容；《企业破产法》第六十九条规定："管理人实施下列行为应及时报告债权人委员会：……（三）全部库存或营业的转让"，提到了库存财产或营业的转让。上述法律规定的存在一方面证明营业转让确有进行法律规制之必要，另一方面也表明目前我国立法尚未对营业转让问题形成相对完整的体系。

合同标的物是指合同当事人权利义务指向的对象，是合同之债的债务人之行为作用的对象，即合同给付之标的。营业转让合同的标的物并非传统民法意义上作为法律关系客体存在的物或智力成果，营业转让也不同于普通的买卖行为，是一种特别的营业组织体的交易行为。

（1）营业作为营业转让合同的标的物具有复合性的特征。首先，营业意味着多种权利客体的复合：在一般的财产转让中，合同的标的物通常是物或者智力成果等单一的权利客体或权利，例如商品买卖合同中的标的物是商品物件，专利权转让合同中的标的物是该项发明创造享有的专有权。而营业并非性质单一的权利客体，作为一个能够独立运行的组织体，营业由物、知识产权等积极财产以及债务等消极财产构成，既包括物权客体、知识产权客体，也包括债权、债务等多重权利客体，是一个复合性质的组织体。因此，营业转让的对象并非独立存在的个体，也不仅是财产的简单集合，而是能够相对独立转移权属，权属转移后又可以正常运行的组织体，不论是有形财产还是无形财产，不论是积极财产还是消极财产，均由受让方承继并使用，甚至包括营业转让前存在的各种人事关系、部门协作关系和法律关系等。这意味着营业转让合同之履行在法律适用方面同样存在复合性，对于营业转让涉及的内容，应当按照动产、不动产、知识产权等具体构成之法律性质，分别适用与其性质相适的法律规范。其次，营业复合的不仅是法律权利的客体，也包括非法律权利客体的商誉等具有其他经济利益的事实关系。营业复合的事实关系包括营业主体的劳资关系、客户关系、供销商关系、独占特权、经营模式和经营秘诀、地理位置等能够为营业主体带来潜在经济价值的要素。这些事实关系也是营业基本的、必备的条件，营业转让必然会涉及事实关系的转移。例如，我国澳门地区对于营业转让的规定相对于其他地区较为完备，《澳门商法典》第一百○六条规定："转让人必须按照善意之原则作出根据习惯以及被转让企业的种类所要求的一切行为；转让人之义务为交付顾客名单、供应商名单、融资人名单以及合作人名单；于五年内提供和企业相关的账簿以及信件，以便被转让企业查阅或复制；交付非专利商业秘密和制造秘密；将被转让营业之受让人介绍予企业的顾客、供应商和融资人"①，对转让合同中的事实关系作出了较为具体的规定。日本学者龙田节认为，在营业财产的转移过程中，对于事实关系，转让主体有必要采取介绍客户以及传授经营秘诀等措施。② 这意味着营业转让合同涉及的事实关系和法律权利的客体不同，需要更为有针对性的、具体的、特殊的法律规则加以规范。

（2）营业转让具有整体性的特征。按照现代市场经济的法律理念，营业主体作为市场的有机组成部分，有维护社会整体利益稳定的义务，因此营业转让的整体性亦是其固有和必然的属性，要求营业转让尽可能减小对企业等营业主体内部产生的影响，在营业转让时保证企业等主体依然处在运作当中，或能够尽快地恢复经营，要求营业转让合同考虑到营业转让的特殊性。

不论营业主体转让的是全部还是部分财产，营业转让的核心特征是其转让的对象均为一个可以在转让完成后继续独立运作的有机整体。单就"转让"而言，我们可将其视为以转让合同承载的买卖行为，但本质上营业转让有别于普通的、单一的财产转让，后者的转让程序通常表现为：出卖人转移标的物于买受人，买受人依照合同约定

---

① 中国政法大学澳门研究中心、澳门政府法律翻译办公室编：《澳门商法典》，中国政法大学出版社1999年版，第29页。

② ［日］龙田节：《商法略说》，谢次昌译，甘肃人民出版社1985年版，第26页。

支付相应的价款，合同履行完毕，转让完毕。但是，买受人或者受让人在接收单一财产的转移后并不能直接利用它们进行新的营业活动，还需结合其他的要素，重整财产和资源使其与自己现有的经营方式和经营资料相匹配，方能开展营业。而营业转让的客体相对完整，是由双方或多方主体按照特定的资源配置组合而成的，甚至是依然运行或运营之中的整体财产，其转让涉及该企业或其他营业主体的各个方面，以受让方在转让完毕后可直接开展营业为特征。

同时，营业转让的整体性导致了营业转让合同具有两个特点：一是在合同标的物方面，普通的财产转让中，合同未作明确约定的财产通常不属于合同标的物的范围，但营业转让之交易双方因转让财产范围不明产生纠纷时，法律推定营业为一个有机的整体，丧失任何一部分都可能影响到营业主体营业活动的进行，因此为了维护营业的整体性，应当将合同未作约定的财产视为营业的一部分。德国商法采用通过营业转让契约之解释来确定转让标的物范围的方式，相当于承认了营业的整体性，一旦对契约之解释产生了争议或纠纷，全部资产和债务关系都会被视为转让标的物的一部分。[①] 二是营业转让合同是债权合同，而且是一个不可分的混同合同。通常的财产转让合同客观上只存在一个合同，但只要被转让的标的物可分，合同即可分，实际上是若干不具有依存关系的合同的简单结合。混同合同则不然，它是由若干有名合同或无名合同构成的，与营业转让并非若干财产集中转让相类似，混同合同也并非若干具有结合关系的合同相联合，而仅仅是单一合同的存在。[②] 因此，营业主体的资产转让合同和营业转让合同差别较大，资产转让是个别权利物和权利的集体转让，并不存在一个法律意义上的整体，是若干独立合同的联合，而后者则具有鲜明的整体性，是一个合同中完整整体的营业转让。[③]

（二）营业转让的本质

营业转让是营业的下位概念。对于营业转让的本质学术界目前有

[①] 范健：《德国商法：传统框架与新规则》，法律出版社2003年版，第127页。
[②] 王泽鉴：《债法原理》（第一册），中国政法大学出版社2001年版，第111—112页。
[③] 胡斯怡：《论营业转让基本规则》，硕士学位论文，华东政法大学，2009年。

以下四种不同的观点：第一种是营业财产转让说，将营业转让视为营业财产作为统一体的转移，认为营业转让是特定营业财产的概括转让，包括权利和财物等营业财产，这些财产由事实关系组织起来，本质上属于买卖行为；第二种是营业组织转让说，将营业当作一个组织转让，认为营业转让是营业主体所支配的、营业固有的事实关系的转让；第三种是地位交替继承说，认为营业转让是营业地位的更替和继承；第四种是地位财产转移说，认为营业转让是营业主体地位的继承以及营业财产转让的合二为一。① 第三种、第四种观点因过于重视营业主体地位的切换，忽视地位切换只是财产转移之后果的问题而没有被普遍认同，多数学者倾向于认同第一种观点：营业转让本质上是一种债权行为②，是复合性的合同行为。营业转让可以按照财产的不同类型分别签订转让合同，也可以统一签订合同，但不管是否以合同方式签订，营业并非单纯的财产转让，均以整体的方式被转让，否则就不构成营业转让。这表明，营业转让并不是要求将营业涉及的所有财务和事项进行转让，但构成营业基础、能够维持营业方式的必备财产和其他主要财产应当被纳入转让合同之内，一旦构成营业的必备财产转让但其他主要财产未予转让，或者反之的情况，都属于营业转让存在瑕疵。

因此，营业转让之标的必须是具有独立完成营业目的之功能的财产组织体或经营地位，即便被转让的财产可以细分为若干个独立存在的物件或项目，但营业转让绝非这种独立财产的简单叠加。可见，营业转让过程中产生的法律问题既会涉及合同法等民法基本问题，也存在商法问题的部分，或出现民法基本规则和商法特殊规则交叉适用的情况。在尚未存在专门立法的情况下，有偿的营业转让法律纠纷可以援引买卖合同的相关规定，无偿的营业转让法律纠纷则可比照赠予合同进行判定，除了上文提到的《公司法》《企业破产法》等规定，《民法通则》《合同法》等自然也具有适用的余地。

---

① ［日］服部荣三：《商法大要》，劲草书房1980年版，第34页。
② 王保树：《商法总论》，清华大学出版社2007年版，第185页。

四 营业融资的视角

(一) 营业融资的概念

营业融资亦是融资，是指中小企业等营业主体为支付超过现金的购货款或为取得资产而集资所采取的货币手段，通常表现为货币资金的持有者和需求者之间发生的、直接或者间接进行的资金融通活动。广义上的营业融资也叫金融，即货币资金的融通，是指资金在持有者之间流转，通过以余补缺的形态发生作用的经济行为，以资金双向流转为特点，包括资金的融入和融出，其中，资金的融入即资金的来源，资金的融出即资金的运用。而狭义的融资仅指资金的融入，本书所述的营业融资取狭义的融资，即指中小企业根据自身的生产经营状况、资金的占有和使用状况以及企业未来营业发展的需要，通过科学的计划和决策，采用不同的方式，从不同的渠道，组织资金的筹集和供应，以保障企业正常营业的行为和过程。融资可以说是现代经济的核心，中小企业的发展离不开资金的支持，其融资的手段离不开政策和法律的规制和支持。

营业融资按照金融中介机构介入的有无分为直接融资和间接融资两种。直接融资多见于中小企业创业初期，受到资产和资金规模的限制，在没有金融中介机构介入的情况下进行资金的通融。在直接融资的过程中，一定时期内，资金盈余的主体与有资金需求的中小企业直接签订协议，或者在金融市场上购买其发行的有价证券，将货币资金直接提供给该中小企业。股票和债券、企业之间的借贷、个人之间的借贷均属于直接融资。同间接融资相比，直接融资的双方都有较多的选择权利，对中小企业来说，直接融资受到法律的限制较少，筹措资金的成本也比较低。但是，由于中小企业的信用程度良莠不齐，从债权人的立场来说，直接融资所要承担的风险也比较高。相对于直接融资，间接融资在我国是国有企业、大型企业筹措资金不可或缺的手段，通过金融中介机构的介入，能够保证贷款的数目和效率，对于中小企业的发展同样具有重要的作用。

此外，随着国际经验的借鉴与我国经济改革进程的推进，我国已经确立对资本市场发展的重视，逐步扩大融资途径和融资效率，营业融资还有以下几种主要的渠道：

(1) 资产融资。资产融资是以中小企业已有资产为基础的融资方式，既包括库存货物、应收账款等流动资产，也包括厂房、设备等固定资产。资产融资可以保证中小企业凭借自身的资产满足一定时期内的融资需求，使企业充分利用现有资产，保证资产和负债能够配合资金流动的需求，也是欧美中小企业的重要融资方式，具有以下优点：首先，资产融资以资产的信用代替中小企业的整体信用，能够降低企业融资的成本。与其他依赖企业整体营业状况为评价标准的融资方式不同，资产融资对资产的价值评价较为直观，利于在信息不对称的背景下，避免中小企业整体营业信用不佳带来的融资歧视。其次，资产融资实现了中小企业资产价值的充分利用，无论是从固定资产、流动资产还是有形资产、无形资产的分类角度进行价值评估，都能够保证对其进行有效的利用，开辟新的融资方式。最后，资产融资不同于其他资金运用方式，不会体现在企业资产负债表中，只体现原有资产结构的变化，有利于中小企业财务结构的优化。

(2) 政府支持。世界范围内，很多经济发达国家的政府对于中小企业的扶持项目非常重视，普遍采用多种金融手段协调中小企业的融资困难，其中最为常见的方式即是政府担保贷款。[①] 例如，美国小企业管理局的中小企业贷款计划早在 2005 年即为总价值约为 140 亿美元的贷款提供了担保；2009 年 3 月，美国总统奥巴马上任后，从美元经济刺激方案中划拨了约 7.3 亿美元的款项专门用于解决小企业贷款困难的问题，计划将小企业管理局贷款项目覆盖的贷款担保比例提升至 90%，以降低金融机构向小企业发放贷款的风险，并于 2011 年 2 月发表演说之际再次强调，美国政府要为中小企业提供更多贷款渠道，避免增加针对性的税收，强调中小企业是美国经济复苏的重要助力。在我国，中小企业信用担保业从 1998 年开始试点至今，已经发展成为新兴的行业，由政府主导型逐渐向市场主导、政府引导型方向

[①] 政府担保贷款是指借款人不能足额提供抵押或质押时，由贷款人认可的政府提供承担连带责任的保证。

发展。①

（3）风险基金。风险基金在我国起步较晚，在国外则比较普遍，它又称为创业基金，是指该类基金通过对机构和个人资金的吸收，将资金投入上市资格不足的新兴企业和中小企业中，尤其重视高新技术类型的企业。风险基金的运营理念正是在较高的风险中追求较多的收益，多以股份的形式参与投资，以帮助所投资的企业尽快发展，取得上市资格为目标，最终获得资本的增值。一旦扶持目标的股票上市，风险基金即可通过证券市场转让股权，从而收回投入的资金，继续投向其他企业，"企业孵化器"② 即可用来形容风险基金公司。在风险基金较为发达的国家，通常是通过私募的公司风险投资基金或向社会投资人公开募集资金并上市流通投资基金两种方式进行发行。在我国，直至20世纪80年代末90年代初风险基金才陆续出现。目前，越来越多的风险基金公司对中小企业加以关注，对其投资占风险投资总额的比例也逐年上升。

（二）营业融资的本质

营业融资权利的平等享有要求我国融资制度结构的优化，多层次融资体系的建立，能够为包括中小企业在内的各类营业主体提供平等的融资机会。尽管近年来我国融资制度的结构发生了深刻的变化，金融工具、金融产品和融资渠道的数量、种类日益增多，但依然存在严重的问题，无法满足各类营业主体对融资机会平等享有的要求。我国现有的商业银行大多以国有企业、大型企业或者大机构客户为主要的

---

① 工信部《关于加强中小企业信用担保体系建设工作的意见》（工信部企业〔2010〕225号）称，各级中小企业管理部门要深刻领会国发36号文精神，将中小企业信用担保体系建设作为本地区促进中小企业发展工作的一项重要任务，采取切实有效措施，支持和引导中小企业信用担保（再担保）机构为促进中小企业和地方经济发展发挥更大作用。各级中小企业管理部门要按照国发36号文和国办发90号文要求，采取中央财政、地方财政出资与社会资本联合组建等形式，重点推进省级中小企业信用再担保机构（再担保基金）设立与发展，积极完善多层次担保体系建设。

② "企业孵化器"也称为高新技术创业服务中心，是指通过提供研发、生产、营业的场地，通讯、网络等方面的共享设施，系统培训和咨询，政策、融资、法律以及市场推广等方面支持，降低创业企业的风险和成本，提高企业的成活率。企业孵化器通过政策引导和资金导入，帮助新成立的、相对较弱的企业和公司成长，增强小企业生存和发展的能力，通过渠道沟通和平台架设，为风险基金提供优质的投资项目和初创企业，同时，也解决了部分社会就业问题。

贷款对象，国有商业银行、股份制商业银行，甚至资产规模较小的城市商业银行都是如此，综观整个经济社会，以中小企业为融资服务对象的银行或其他类型的金融机构仍然处于稀缺的状态。尽管商业银行近年来强化了针对中小企业的融资服务，但由于贷款抵押担保等事项的要求依然比较严格，缺乏灵活性，中小企业依然难以从银行获取贷款。

笔者认为，营业融资的本质即是"融信"，此处的"信"既包括中小企业自身发展状况体现出的信用水平，也包括我国政府和社会对中小企业发展所持的信心和信任。根据中国证券网公布的调查数据显示，企业的信用等级同盈利状况有着明显的关系，其中，A级及以上信用企业的盈利比例占69.3%，其他企业该项比例为49.8%；A级及以上信用企业的亏损比例占17.8%，其他企业该项比例为32.1%；A级及以上信用企业的融资遇到困难的比例占55.6%，其他企业该项比例为65%。显然，企业信用状况直接影响到盈利状况的优劣；反之，盈利状况也利于更优级别信用状况的确立和维持，而信用等级高的企业在融资方面遇到的紧张状况也相对缓和。

毋庸置疑，资金是包括中小企业在内的所有企业生产发展最为重要的条件，作为众多资源和价值的综合体，不同发展阶段和不同规模的企业都离不开对融资的需求，通常来说，中小企业业主耗费大量的精力用于融资信用的建设、融资方案的制订和执行，而政府同样将大量精力、财力用于解决中小企业的融资问题。因此，营业融资的核心是解决中小企业自身的信用问题以及政府平等保护中小企业营业融资权利的问题。中小企业是否能够平等享有营业融资权，能否提高自身营业水平和融资信用水平，用于回报政府和社会对其的扶持和信任，同时也为自身追求利益最大化强化资金基础，其重要性不言而喻，对此，中小企业自身的努力和政府的扶持可谓缺一不可。

第二节 中小企业法律保护的原理性分析

一 中小企业营业权的实现手段分析

营业权归根结底是社会经济体享有的众多权利中的一种，权利一直是法学研究的核心问题之一，营业权亦是中小企业法律保护问题的核心问题，事实上也是所有社会经济参与者在市场竞争中享有平等的待遇、对正义保护的关键所在。营业权学理探讨的意义不仅仅在于能够保证中小企业营业权利主观上的确认，更在于其能够帮助营业权的实践和实现，真正发挥营业权的价值，达到保护中小企业的目的。

依据法理学对权利的阐释，从法律功能和社会价值的角度来看，权利是被规定或者隐含在法律规范当中、实现于法律关系当中、主体以相对自由的作为或者不作为的方式，获取利益的一种手段。这一概念说明，利益是权利的基本要素之一，既是权利的基础，又是权利目标的指向，是中小企业等营业主体享有营业权所要达到的目的所在。一方面，营业权的内容和体系决定于社会经济的利益结构，而任何的准则或法律均表示着特定的人类社会的联系，法律是对自然或社会的陈述，准则或法律之所以被遵守，就是因为其代表着特定的关系。这种关系的内容之一即是利益关系。可见，法律作为一种社会规则，内容同样受制于一定的社会经济利益结构。另一方面，法律又是利益的特殊载体，能够确认和调整利益结构。法律所保护的利益某种意义上说等同于权利本身，中小企业的营业权，包括其体系内的各种权利和义务在内，都以利益为核心，法律正是通过对中小企业等营业主体的社会经济关系的调整，实现了对营业权所指向利益的界定和保护。

对依法治国的基本方略而言，权利的保障是现代法治的基本任务。法律的存在目的不是限制自由，而是保护并扩大自由。在当今社会，法律是包括营业权在内的各种权利最为有力的保障，法治亦是市场经济中所有营业主体实现权利不可或缺的途径。法律对营业权的保障主要有两种方式：一是通过法律体系的完善，对营业权进行确认，将其纳入法律保护的范围之内；二是通过国家权力的运行，将相关的立法、司法和行政行为纳入法律调整的范围之内。尽管前者的方式较为直观和积极，却并不代表后者在营业权保护方面不如前者有力。事实上，国家权力天生具有不平等性，在特殊的情况下，法律正是为了实现其他主体面对国家权力时能够在不平等中实现平等对话而进行的一种权利义务的重新分配，对于要同国有企业、大型企业等具有垄断地位的企业在同一市场环境中竞争的中小企业来说，亦是同样道理，法律起到的作用也相类似。

具体而言,法律对于营业权的实现主要通过三个途径完成:首先,法律对营业利益的表达。法律不会创造或者发明利益,而是对社会经济生活中的利益关系加以梳理和选择,对特定的利益给予确认或者否认。现实经济生活中,各类营业主体的权利和自由都不是单向度的,法律无法将某一营业主体的所有权利都加以反映或不加以反映,只能有选择地进行表达,这种表达利益的过程,也是对利益选择的过程。其次,法律对营业利益进行平衡。利益平衡也称为利益均衡,是在特定利益格局和利益体系下显现出来的,利益体系相对平和、相对均势的状态。利益平衡既是立法原则,也是司法原则。所有的法律、法规甚至是制度体系都是建立在利益平衡基础之上的。从法律层面上说,利益平衡本质上是利用法律的权威协调各方相冲突的因素,使冲突各方的利益能够在共存、相容的基础上,达到合理的优化状态。[1] 当然,立法和司法实践表明,利益平衡追求的并非绝对的平衡,而是利益相对的平衡,从中小企业的角度来说,和国有企业、大型企业享有法律、政策完全一致的对待并不现实,亦没有必要。之所以强调法律对营业权的保护,也并非意图赋予中小企业特殊的竞争手段,而是赋予中小企业平等的法律保护和竞争环境,相对地,平衡社会经济竞争中各方的利益,保证各类营业主体在追求利益的过程中,能够贯彻平等、正义、秩序等法律的基本价值,更好实现法律平衡利益的社会功能。最后,法律可以保证营业利益的实现。并非所有的利益都能够通过法律的强制得以实现,但若没有法律,利益的实现必然会存在障碍。当中小企业包括平等竞争权利等合法权益遭受侵害时,通过法律进行恢复、修补,以法律的手段惩罚违法行为,弥补受到损害的利益关系,同样是对侵害中小企业营业权、破坏正常市场竞争关系的一种预防。法律的实施可以为营业权的实现创造条件,同时,由于各种利益之间具有一定的关联性,营业利益的实现还将促进其他利益的实现。诚然,法律本身不能创造利益,但法律可以引导利益关系向利于社会和经济稳定的方向发展,如果法律知识被动地反映社会经济生

---

[1] 陶鑫良、袁真富:《知识产权法总论》,知识产权出版社 2005 年版,第 17 页。

活，则没有尽到应有的功能。实现权利的最大化是法律调整原则中重要的目标之一，同样也是中小企业营业权之于法律的重要诉求。

此外，法律并非营业权保护机制中唯一的方式，还存在其他权利保护方式和社会调整机制。例如，一些社会规范，或者中小企业商会、共济会、金融合作社等组织形式的章程或行业要求在一定程度上也能起到保障企业获得正当利益、实现营业权的作用。在现代法治社会中，中小企业自身的协调机制和相关规范是法律的有力补充，能够让其在营业过程中遇到的困难或纠纷在进入法律程序前得以解决，减轻法律调整机制的负担，节约司法成本。换言之，营业权的实现并非只有法律一种途径，很多正当的利益是通过非政府组织推动和保护的，但是，法律依然是起主导作用的权利保护机制。

因此，在权利的各种保障机制中，法律的调整对于营业权的实现具有最为重要的意义。法律对营业权的保障，一方面能够确认营业权具体的内容和范围，另一方面能够通过法律限制政府、金融机构、国有企业、大型企业等主体对中小企业的歧视或挤压，真正意义上地实现中小企业的营业权利。从法理学的角度来说，权利的实现唯有在社会中才有意义，营业权也只有通过社会经济生活方才能够体现和实现。法律的真正目的在于保护中小企业在特定的社会经济条件下能够最大限度地享有营业的自由，以及其他相关的营业权利。换言之，法律只有确认并实现营业权时，才能将国家对于中小企业的扶持切实有效地落实。

二 中小企业法律保护的正当性分析

在笔者分析该问题的视域内常常呈现出逻辑的悖论：竞争环境和营业选择的问题本来应当由市场运行解决，却反而引发强化政府保护的请求是解决途径的倒退，是将行政干预大规模引入当前市场竞争环境之非正常的思路。行政权力在这种状态下介入，看似是对非市场化处理方式的强化，但事实上并非如此。要解决这个问题必须具备确定的领域以及观察问题的视角，应当就该问题给予明确的、内涵层面的界定以达成共识，为此，首先应当厘清的问题是，中小企业法律保护是在何种情况下的保护：

(一) 中小企业身份之正当性

营业投资人拥有一般性的政治权利和民事权利，其在基本法和身份法方面不存在任何瑕疵。无论是中国公民或是外国公民，城市居民或是农村居民，个体经营者或是知识分子，在中国境内依法进行任何形式的投资、开展任何形式的营业，即依法从事各种经济活动，都被视为受到法律保护的、有益于社会经济发展与进步的行为。任何正常的社会形态都不会鼓励只希望能够享受劳动成果的纯消费主义和食利思想，却不愿通过付出个体劳动从而增加社会财富的做法。因而，无论构成社会成员的任何一分子实际上拥有多高的能力，只有积极参与社会物质财富的创造过程，为社会经济提供力所能及的有益服务，方符合社会主义各尽所能、按劳分配的基本分配原则，也是社会文明进步与繁荣的伦理性基础，不但得到法律的确认，也构成了社会主义法律原则中最为突出的、进步性的表现。而被认为是与封建主义身份特权存在内在相连的，依据身份差异区分民事行为资格的做法，甚至早在资产阶级革命初期就被明确地否定。我国社会主义初级阶段实行的是以公有制为基础，多种经济成分并存的经济制度，强调共同富裕，但鼓励一部分人先富起来的政策亦完全符合我国国情。因此，法律制度的基本设计都要从这一点出发，形成符合生产力发展客观需求的政治上层建筑，即各种类型的经济主体之营业权利不应当区分出不同的对待方式，应当一视同仁。道理十分简单：国家制度为经济运行开辟了广阔的发展空间，物质财富与精神财富的创造，满足人们基本的生产生活需求，期待所有社会成员进行自觉的、富有创造性的劳动。法律给予社会成员拥有对于社会资源合理占有的主体资格，是从事一系列经济活动的基本前提，是从整体发展规划上的战略性方面进行的选择，或者依据性质的不同而对营业项目的总体设计、技术含量、收益分析，以及对于经济社会的贡献率、产业布局、区域布局、市场影响、核心竞争力提升等角度进行的考虑，呈现出趋大附重的倾向。这里使用的"趋大附重"之内涵，指的是国家或地区重大发展规划与产业布局的顶层设计，着眼于重要资源开发、产业优化、结构调整、市场衔接，甚至包括国家安全等方面，必然会做出众多战略性布局安排。例如，基础设施的建设，能源开发项目与重大产业之核心企业的审批，通常反映出影响经济长远发展的重大问题，是集中国家实力实现整体提升目标的政府行为。就此而言，正如我国投资几千亿元人民币建设快速铁路的规划，发展新能源产业的战略规划，以及着眼于改变的新疆维吾尔自治区面貌与造血能力的大规模援疆工程，等等。在这些方面，国有大型企业集团、国有控股企业显然会占据很大优势，政府的投入主要通过这些企业同先进技术、营业经验、产业规划、经济效益等因素相结合，从而达到最大产出的效果。也就是说，政府推动的重大建设项目、工程与大型企业的联手是经济效益指标衡量评定与比较分析的一种客观结果，是实现政府经济成就或社会目标的最佳方案，并没有刻意地排斥中小投资者。事实上，产业政策与国家产业规划，必须充分地利用资源优化组合，以谁为主能够达到设定的目标，就是选择的唯一考虑。显然，体现出集约优势的大企业具有一般投资者无法比拟的条件，甚至如三峡水电总公司那样，国家还须专门建设某种特殊的企业。从这个角度来说，这种趋大附重的现象并不是以利己为出发点，更不是歧视性质的。

但是，必须明确指出，上述涉及国家战略调整与布局的长期发展规划，并不是在每个领域都将产业政策与大型企业结合视为最佳的选择。仅以社会主义新农村建设为例，要改变目前城乡发展相脱节的局面，振兴农村经济，加快小城镇建设，推进农村的产业调整，以订单农业①、设施农业②、农工贸发展模式去塑造我国农村与农业的整体进步，仅仅依靠大型企业的力量根本无法完成。因此，在提出产业、地区与行业的发展政策时，实行宜大则大、宜小则小的原则符合科学发展观的要求。正是对社会主义经济本质要求片面的理解，以及追求国有经济主体地位及比重的衡量标准，反而将中小企业错误地排斥到

---

① 订单农业又称合同农业、契约农业，是近年来出现的一种新型农业生产经营模式。所谓订单农业，是指农户根据其本身或所在的乡村组织同农产品的购买者之间所签订的订单，组织安排农产品生产的一种农业产销模式，能够适应市场需要，避免盲目生产。

② 设施农业属于高投入高产出，资金、技术、劳动力密集型的产业。它是利用人工建造的设施，使传统农业逐步摆脱自然的束缚，走向现代工厂化农业、环境安全型农业生产、无毒农业的必由之路，同时也是农产品打破传统农业的季节性，实现农产品的反季节上市，进一步满足多元化、多层次消费需求的有效方法。

我国经济建设可依靠的力量之外。

(二) 资源分配之正当性

社会资源和经济主体的结合是市场与经济效益的试金石，是纯粹的技术评判标准，主观臆断不但违背科学又影响效率，尊重市场自身运行才是建立规范体系的根本依据，必须通过政策法律手段从根本上加以解决。往往我们会被以往经验或理论推导所驱使，仿佛这种铁律是颠扑不破的真理，不可动摇。尽管何为技术评判标准的问题目前尚无答案，但缺乏的仅仅是科学性的总结，毕竟众多有益的经验已经逐步地积累和形成了，笔者认为，至少有以下几个标准值得参考：

(1) 社会资源的均衡分配和利用。社会资源，包括生产资料、土地资源、市场产业布局资源、劳动力资源、环境资源、资金与技术资源、投资机会资源、综合服务资源、文化传统资源以及管理经验等，均为可以量化细分的生产要素。这些资源由社会所有，为社会之福祉而存在。社会资源并非简单地由长官意志加以确认，其合理成分是通过使生产要素进行最佳组合的论证与检验方法加以展现的，相当于在讨论该问题的立场上假定一个理论前提：西方经济学中提及的信息对称、交易无成本以及市场充分竞争。这种理论假定的前提尽管仅具有目标、方向的表示，并不具备完全典型的外观，但同样存在理论和逻辑的根据，因其确实存在相当的现实基础积累。就市场竞争者而言，他们当然希望能够最大限度地满足营业所需，希望有足够的社会资源供其使用，在常态下亦会为符合法律设定的条件而从事某种作为，为拥有稀缺资源进行计划并创造条件。这时，客观标准的存在显得极为重要。问题在于，谁能公正地决定资源与主体结合的最佳方案？显然该方案的确定思路既包括客观性又必然包括主观性，因为，与事情发展到最终结果时的总结归纳不同，在初始的竞价和衡量过程中无法准确地预见结果，使所谓的科学检验成为一种理想化的尺度。如果可以能动地看待此问题，或会支持一种经验类比法推导出最佳方案，并确信其科学性，从而取得形式上的正义。例如，以消费者和中小企业之需求为主要业务的汽车空车配货业务，就是适合于以个体企业形态组织营业的典型项目。这种空车配货业务充分利用了现有跨地区运输车辆空驶及搭运能力所闲置的资源与信息，为消费者、中小营业者提供运输服务，由掌握货运资源信息又具有一定实力的经营者提供商业中介服务，辅助运输交易合同订立的完成。该营业项目适合个体或小企业组织营业，足以说明其经验及效果成为设定某种结合方式的一个重要选择。相反，价值重大的批量货物运输的中介服务，必然包含超出寻常的技术含量，需要企业集团具备最充分的物质条件、人力资源和团队进行承担，而巨大的前期投入费用，以及包括设计、包装、公司治理、融资、保险、承运、税收减负、国际联运等综合服务的技术手段，也使其具有明显的优势。这样，跨国公司对于物流产业经营的优势要比中小企业明确得多。因此，对有限的社会资源是否达到充分的利用，成为评价中小企业受到平等保护法律的价值标准之一。反之，法律能否为中小企业提供健康的竞争领域和环境，也是中小企业能否充分、合理利用现有社会资源的前提之一。

（2）综合效益评定标准的正确衡量。综合效益评定标准不应当仅以定性分析和其结果为标准，从而产生不公正的导向。单纯地以提供大规模产品及服务、增强自主创新能力、提高国际竞争能力以及维护国家安全等指标为参照，我国国务院直属的一百多家大型企业集团毫无争议地居于优势地位。但如前文所述，并非所有产业政策和资源分配政策都应当鼓励其同国有大企业组合。之所以强调综合效益评定的标准，不仅要参照国家支柱产业经济的重要地位等要素，还要从使中小企业发挥整体作用的角度进行分析。事实上，中小企业在整体上的惊人实力与重要地位足以说明它们发展壮大的作用与价值。多被定性为个体私营经济又包括采用有限责任形式而组成的中小企业，占据着工贸产业的半壁江山，以中小企业与国有大型企业相比较不存在任何意义，最重要的原因就是综合衡量企业效益的标准是全然不同的。以拥有百万员工的大型国有企业中国石油为例，作为影响整个世界的巨型企业集团，拥有很多国家资源独占的使用权，在采油、炼油、定价、销售方面进行垄断性质的营业，在海外拓展业务方面以全国财政收入为资金支持作为财政上的担保，更不用担心破产清算的问题而鲜有资产储备的顾虑。在这样的营业条件下，自然会增加资金流动方面的数量及品质，给予海外拓展业务建立采掘、勘探、石油出售、提炼加工等项目充足的资金，满足土地、工商、税务、规范、金融、发展改革委等部门对国有企业的期待和要求。但是，尽管这类企业独占战略资源，又具备几乎无限的投资冲动和条件，但其不完全成正比的劳动产出以及在与其他企业之优势相比时出现的统计误差，使其在与小规模家族企业等自营中小企业之经济效益进行对比时显现出明显的劣势，对千百万的股票持有出资人并没有太多的红利回报。实际上，我国江浙一带的中小企业，深圳、厦门、温州、中山等地高科技类型小企业的劳动生产率往往超出国有大型企业的水平，就这个角度而言，大型企业显然缺乏对中小企业经济效益漠视态度的立场：不论是吸纳劳动力，扩大社会就业人数方面的贡献[①]，还是甚少依赖国家财政支持进行营业的独立性，抑或是将创造出的财富绝大部分都以积极的方式投入社会，都是中小企业重要价值的切实体现。不仅如此，中小企业的生产与服务以及与国有企业的对接使我国国民经济体系达到前所未有的协调状态。一些中小企业还积极采用高新科学技术，或者经过社会和时间的检验成为生命力旺盛的传统老字号商铺，或者根据自身的营业状况，超越现有的企业规格上升为具有竞争优势的大型民族骨干企业，均具有相当可观的营利能力和良好的发展前景。因此，对中小企业如果不给予足够的发展空间以及良好的法律保护，导致企业组织传承出现问题，在未来将会对中国的可持续发展乃至经济发展产生更多的不利影响。

（3）社会不利评价不应成为中小企业无法公平享受政策和法律保护的依据。利益的驱动，有待提高的诚信水平，行业执着追求与坚守的缺失等问题不仅仅是中小企业这一企业类型所独有的社会不利评价，不应成为歧视性的政策法律的理论依托。中小企业在某些场合显现出的对规矩的漠视或者对商业伦理底线恣意的挑战，不排除来自对政策法律不公正对待的一种泄愤，对此应当给予正确的认识与公平的看待。由于缺乏长期积累形成的商业诚信和公民的商业伦理观，加之处在社会转型时期，很多中小企业业主确实实施过违法行为：他们漠

[①] 中小企业不但是为社会提供就业机会的主要渠道，也是新增就业机会的重要来源。在国有企业结构调整，裁员减员的情况下，已有新成立的中小企业甚至成为唯一吸收大量就业人员的渠道。

视职业道德，唯利是图，违背基本的良知，实施了令人难以接受与宽恕的商业违法行为。在此，并非从为这些中小企业业主辩护的立场出发，但我们应当承认出现这种状况确有深刻的社会原因，甚至说目前整个社会都没有形成适合于现代商业的文化传统与社会伦理发展的健康环境，因此一定要求道德品质严重参差不齐的中小企业业主们拥有高尚的品德，恐怕只能是主观臆想。不仅如此，政府监管制度的遗漏与粗放亦难辞其咎。仅仅由于部分方面的不良表现就简单地下结论说，个体私营经济为主体的中小企业多以逐利为其本性，难能承担社会责任，故而给予它们以营业条件方面的限制，苛求其毫无怨言地服从，的确是有违公理的。具体而言，可以从以下两个方面进行理解：一方面，不能单纯强调中小企业追逐利润的迫切心态和表现而予以责难，毕竟其存在和生存都与营业业绩息息相关，而营业项目一般又不具备市场独占性，任何的懈怠都可能引起总体收益下降甚至破产倒闭的灾难性后果。同时，也无法强求中小企业承担超出其商业道德素质和营业能力的社会责任。事实上，只要中小企业做到守法营业，依法纳税，产品保真，服务真诚，善待员工等内容，就已达到合格企业的要求。当然，没有尽到企业业主责任。违反劳动法、产品责任法和社会保障法等相关法律，亦应当追究其责任。另一方面，国有企业或国有控股企业所承担的社会责任是由企业性质所决定的，为国家整体经济发展和社会基础建设服务，增强国家实力是大型国企的根本属性，正因其作为国家财政的后盾才有资格进行独占经营，才有资格享受资源使用的优先权，才受到政治因素的考量与特殊的救助制度。同时，至关重要的社会责任自然也意味着更加严厉的社会监督，甚至要接受国家最为严格的财务审计。不过，目前我国或许对于大型国有企业持有过度的宽容与维护的态度，成为少数受托经营者们追求企业或部门利益的一种合法的借口，而这些企业和部门甚至主动要求更加严格的监管，目的是防止用以营业的国有资产的流失。除此之外，应当明确纠正的观点，是中小企业在营业过程似有资本主义性质的经营行为，正是其非社会主义成分所导致的，关乎劳动条件、工资水平、劳动保障等内容，似有剥削劳动者之嫌。对此应当承认，社会主义初级阶段无法将劳动者创造剩余价值扣除生产消耗后的全部以工资和福利待遇等形式返还给劳动者，资本、技术、管理等要素仍是参与分配的重要参数。因此，不能否定包括纯粹的个体私营经济或是外商独资企业等中小企业是社会主义经济活动中的合法主体，他们依然应当依法享有一定的权利且获得必要的保障，法律应当维护按劳分配的原则，对不同要素在创造价值基础上的差异给予肯定。中小企业在我国经济与法律体制下的守法营业，没有任何理由对其因所有制性质决定的经营行为之合法性作出否定的判断。换句话说，中小企业的合法存在也是法律上的判断标准，任何以意识形态作为标准的行为都是不成熟也是不客观的。

第三节 中小企业营业权保护之域外经验

现代工商业体制下的中小企业面临的问题是具有世界性的，不仅发展中国家深陷困境，即使是工业化国家也同样面临着政策性倾斜保护的改革措施。身处现代大工业、世界市场和电子信息技术相连接的生产环节，中小企业自身的缺陷使其在有限的生存空间遇到众多困难和阻碍，虽然能够维持生计，但展望未来则前景黯淡，对于政策从维护劳动就业和稳定秩序之角度进行干预有着迫切的需求。在这样的背景和情况下，中小企业促进立法在第二次世界大战后席卷欧美乃至全球。

一 美国经验

公平原则是当今世界各国各项立法都十分重视，给予充分考虑的基本原则。在美国的经济生活中，受到公平的对待，享有平等的、同等的就业和创业机会，已经作为一种基础性价值观念深植于每个公民的头脑中。当然，公平原则在不同时期具有不同的含义，受到制约的程度也不尽相同。就中小企业问题而言，公民对政府在经济政策上对大企业倾斜作出责难，不但因政府实际地违反了基本的公平原则，也说明公民的法律意识和维权意识逐渐增强，不甘心因仅靠自身力量不可控制的原因被政府忽视。

美国对于小企业的界定主要从质与量两个方面进行衡量：从质的

方面来说，凡是独立所有和营业，且在某些事业领域不处于支配地位的企业均属中小企业；以质为前提，根据制造业、批发业、零售业、服务业、建设业等不同行业的不同情况，对量也作出了具体的规定。[①]美国中小企业占全国企业总数的 99%。可以说，中小企业是美国经济极为重要的组成部分，在国民生产总值和总销售额的比例中均占 50% 左右，全国半数以上的技术创新和 2/3 的就业机会均是由中小企业完成和提供的。美国的中小企业大多以独立或合伙经营作为营业形式，尽管经历了艰难的过程，但它们的发展始终随着美国经济的发展不断进行着。客观来看，美国政府对中小企业的发展是十分重视的，通过联邦立法的形式，强化对中小企业提供专门保障的法律，防止其在与大企业市场竞争中被歧视对待，形成了商业性的保护制度。

1953 年，美国制定了《小企业法》，成为美国保护中小企业的基本法，构建了防止中小企业因不正当市场竞争而破产倒闭的产业扶持政策。正如上文提到了平等原则在各国立法中占有重要的地位，该法案以法律的形式表明政府的政策，明确指出：自由竞争是美国私营企业经济制度的本质，只有通过充分的、自由的竞争，才能保证市场的自由、企业扩张的自由以及为个人创造和发明提供机会；维护和扩大自由竞争不仅是经济福利之基础，同时也是国家安全的基础，而不对小企业现实和潜在的能力进行帮助和促进，就无法实现经济的福利和国家的安全。[②] 为鼓励中小企业创新，美国政府还专门制定了《小企业创新发展法》，并相继颁布《机会均等法》《小企业投资法》《小企业经济政策法》《小企业投资奖励法》《扩大中小企业商品出口法》《中小企业投资奖励法》等法律，使保护与扶持制度达到完善，形成专门的法律体系。而在《联邦政府采购法》以及《购买美国货法案》中，同样体现出美国在政府采购方面对中小企业的特殊扶持政策。美国政府通过政策规定，要求联邦政府 10 万美元以下的采购项目必须

---

① 制造业中从业人员在 250 人以下者；批发业中，年销售额为 100 万美元以下者；零售业和服务业中，年销售额和营业额为 100 万美元以下者；建设业中，三年营业额为 500 万美元以下者均为中小企业。

② 机械工业部科学技术情报研究所综合情报研究室编译：《美国小企业法》，机械工业出版社 1987 年版，第 1 页。

集中面向于中小企业进行，超过 10 万美元的采购项目，则由采购官员通过对市场情况的调查和衡量，决定是否要兼顾中小企业的参与。同时，依据《联邦政府采购法》的规定，联邦政府应当给予至少 1/5 的采购份额给中小企业。《购买美国货法案》本质上是美国一部鼓励采购部门优先选购本国生产的商品的、具有保护性质的法规，通过对外国商品的排斥，给予本国商品供应商以优惠的价格进行采购报价的竞争，达到支持本国产业发展的最终目的。在该法案实施的过程中，相比大型企业而言，美国政府显然给予了中小企业更多的优惠：该法案规定，如果本国供应商报价超过外国供应商报价的幅度不高于 6%，则必须优先选购本国供应商的商品。对于中小企业，这个幅度甚至可以达到 12%。换言之，本国大型供应商的报价不超过外国供应商的 6%，中小型供应商的报价不超过外国供应商的 12%，即可获得采购合同的订单，对增加中小企业在采购市场的竞争力起到了十分重要的作用。而美国地方政府采购的优惠计划，更是偏爱中小企业，在政府采购的信息披露方面、报价方面、降低竞争门槛方面，均体现出扶持中小企业发展的核心思想。①

《小企业法》对于美国中小企业和经济发展带来的一个重要贡献，是通过法律对特殊扶持机构和扶持内容进行了明确的规定。美国根据《小企业法》设立了隶属于政府的独立机构，即小企业管理局（SBA），是为小企业创立、营业、发展提供资金、管理、技术服务以及倡导小企业扶持政策的专门机构。小企业管理局在全美设有 10 个区域办公室，70 个地区办公室以及接近 100 个服务点，由总统直接对其总负责人和高级管理人员进行任命，并由国会进行确认。小企业管理局每年编制资金预算的方案，经由总统提交给国会两院进行审议，得到通过后即可获得来自政府的资金支持和拨付。依据规定，小企业管理局局长必须定期向总统和国会两院分社的小企业委员会进行工作的总结和报告，同时接受政府各部门专门设立的检查员对有关服务小企业的相关措施进行检查。这样，小企业管理局一方面听取小企业意

---

① 黄河：《美国政府采购中的中小企业政策及其启示》，《当代经济管理》2007 年第 6 期。

见，向总统呈交相关市场与产业状况报告，向政府提出专门针对小企业发展的政策和具体措施的建议；另一方面直面小企业，为小企业提供营业策略等方面的咨询，帮助小企业制订企业发展之规划，向小企业提供管理人员和雇员培训方面的服务，为小企业提供国内外技术和市场的信息，向小企业提供各种财政支持等，全方位地为小企业提供帮助，解决困难。具体来说，小企业管理局在全美设立了近千个小企业发展中心，利用社会资源为中小企业提供咨询、培训等服务，既包括为中小企业提供专业性和学术性较强的信息，也包括科技和商业方面的咨询，遍布全美大中小城市的各个商业信息中心都可以为中小企业免费提供信息和资料服务。小企业管理局还通过对退休专家和退休专业技术人员的组织，为中小企业提供技术方面的咨询和培训，可以说看似以小众的力量帮助小企业，实际上则是对社会闲置人力资源最有效的调动，并充分作用于中小企业的扶持和发展方面。

可见，尽管美国向来十分重视以规模化大生产为主要特征的大型企业之发展战略，但在扶持中小企业的问题上，提出了"摆平竞技场"的重要思想，通过明确中小企业法律保护的立法思想和制定中小企业相关立法，体现了对中小企业发展问题的态度和认识水平。所谓"摆平竞技场"本质上提倡的是公平的企业竞争环境，强调政府对外部环境进行干预，尽量弥补中小企业先天不足带来的缺陷。值得一提的是，正如美国前总统小布什乔治·沃克（Georaer Walker Bush）的观点所强调的那样，"政府的任务并非创造财富，而是为创造财富的企业去创造必要的环境"①，美国政府对于企业直接管理的参与度是相当低的，着力点在于为企业创造健康、平等的竞争环境，通过法律明确对中小企业的基本认知，改善中小企业薄弱的基础环节和发展动力欠缺的状况，强调政府在信息、技术和管理等方面对中小企业提供的扶持和相关服务，并最终达到为其营造良好发展环境的目的，确保中小企业在国民经济中占有一席之地，为国家和社会创造更多的财富。

二　日本经验

日本之所以能够快速摆脱战后的萧条，跻身全球发达国家之列，

---

① 陈向平：《SBA——美国小企业的保护神》，《创新科技》2007 年第 4 期。

与日本政府对于中小企业采取了高度重视的态度和大力扶持的政策具有密切关系。日本的中小企业法律体系注重对中小企业营业条件的改善，在保护弱势小企业的同时强调和维护良性的竞争，鼓励中小企业建立现代化的营业方式，促进中小企业之间的经济合作，重视企业文化以及企业技术的创新。第二次世界大战后，正是基于现代化的企业管理制度和强有力的国家领导和经济干预，日本以世界注目的速度对经济的恢复和发展做出调整并最终跻身全球经济强国之林。在日本经济复苏之初，由于战后资源严重匮乏，企业技术层次回落、生产设备落后、营业效率较低等原因，日本政府和国民对急于振兴经济的中小企业的印象并不好，甚至日本各界普遍认为中小企业应当是被取消的企业类型，只有大力发展大型企业才能有效带动和刺激经济重整。不过，通过十余年的发展，日本的中小企业逐渐体现出其在日本经济生活中的重要地位，无论在总体数量、就业人数、营业总额、生产总值方面，其在日本整体经济中所占的比重均超过50%，用事实改变了人们的看法。

日本特殊的经济体制通常被定义为典型的政府主导型市场经济，政府在中小企业的发展进程中起着不可或缺的推动作用。为了促进中小企业的发展，日本很早即形成了独特的、大企业居于支配地位的中小企业政策。这种关系模式对于当时的日本经济以及日本各大企业和中小企业而言是一种"双赢"的处理：在日本经济发展的初期阶段，其产业具有典型的二重性特征，体现出农业与工业、大型企业与中小型企业的互动关系。对这些关系所带来问题之解决方式，农业与工业关系表现为农业的现代化，大型企业与中小型企业关系则表现为中小企业的现代化。具体对于农业和中小企业现代化的有关政策以及作为政策实现手段之一的法律制度，主要是和产业结构改进有关的问题。①随着经济的发展和中小企业逐渐壮大，日本的中小企业政策亦从保护性政策向促进现代化政策逐步转化，形成了重视科技应用、重视产品质量，注重中小企业和大企业之间的合作以及中小企业和大企业并行

---

① ［日］金泽良雄：《经济法概论》，满达人译，甘肃人民出版社1985年版，第285页。

发展的，具有日本特色的中小企业发展政策。

日本的中小企业立法制度是当今世界各国中最为发达和完备的，既包括基本法，又包括与其配套的单行法；既包括政策法的类型，又包括组织法、促进法的内容，属于典型的系统立法模式。第二次世界大战后的十数年间，日本政府根据不同时期的经济发展方针，衡量中小企业预期承担的经济职能和其自身的优势、劣势，制定了《中小企业稳定法》《中小企业金融公库法》《小规模企业者等设备导入资金助成法》《中小企业保险公库法》《中小企业协同组合法》等一系列相关法律对其进行调整，形成了一套较为完善的，促进中小企业发展的政策法律体系，意图缓解中小企业的衰退趋势，竭力扭转企业营业不够稳定的局面，改善中小企业的外部环境，增强企业活力。

代表日本中小企业保护法律体系方面最高的立法成就是1963年公布的《中小企业基本法》，它以法律的形式固化了相关法律保障制度，形成了彻底的、以政府主导为特征的中小企业振兴与支持的制度体系[1]，意图通过这种基本法立法的方式，确立中小企业保护的纲领性法规，确保中小企业融资政策和税收政策的落实，防止不正当竞争或过度竞争，支持中小企业发展，促进本国经济的复苏。在其后的40年间，日本政府又相继颁布《中小企业团体组织法》《中小企业现代化促进法》《中小企业技术开发促进临时措施法》《中小企业进入新领域顺利化法》等相关法律，意图推动中小企业克服时代发展带来的新型不利因素，鼓励陷入困境的中小企业进行相应的行业转换，并促进创新型中小企业进行生产技术的革新。事实上，日本中小企业的发展也不是一帆风顺的。20世纪70年代，日本在实现重化工业化、推动经济转型、克服石油危机、治理通货膨胀等方面取得了卓越的成就，但也导致了经济环境发生剧烈的变化，消费需求趋于饱和，市场投资过剩等问题接踵而至，企业破产数量逐年增加。自70年代中期起，日本平均每年有15000家企业破产倒闭，中小企业倒闭的事件更是频有发生。正因中小企业就业人数占全国就业总人数的比重相当

---

[1] 韩娜：《中日中小企业基本政策法规比较研究》，博士学位论文，西北农村科技大学，2008年。

高，其倒闭自然也会带来失业人口的激增，在这样的背景下，日本政府于1977年颁布了《防止中小企业倒闭共济法》①，以法律的形式对防止中小企业破产互助制度进行确认：中小企业业主以自愿的形式进行申请，获准后按月缴纳防止倒闭共济金，以及同"中小企业综合事业团"②签订了委托合同的金融机构和商工会等组织作为窗口，在共济理由发生时，由中小企业综合事业团依照约定支付共济金，防止大批中小企业因突发事件发生破产和倒闭。

随着经济的发展，日本政府对《中小企业基本法》也逐步进行了修改和完善。2009年，修改后的《中小企业基本法》在三个方面强化扶持的重点：首先，加强了对创业的支持，力求更大限度发挥企业的独立精神和创造精神，扶持企业增强自主能力；其次，充实、巩固了企业营业基础，在资金、人才、技术等方面全面提供支持，着力促进交易市场的公平竞争，使中小企业更好地承担"自由竞争担当"的角色；最后，建立了安全保证体系，使中小企业对经济环境剧变的应变能力有所加强。

目前，日本涉及中小企业的法规总数已达50多部，是这方面的世界之最。

从整体制度的构架和革新角度来看，自20世纪60年代起，日本政府先是加强对中小企业组织化的建设，而后发展为强化企业协作化的政策，使中小企业单一的力量能够汇聚在一起，在生产、销售、信息沟通等方面相互合作，以适当的企业规模为基础提高生产效率，谋求共同利益。正是通过这种企业的组织化、协作化起到了补充产业政策以及消除逐渐不适应经济法发展的、现代化程度较高的大型企业与相对落后的中小企业并存之二重结构的作用。同时，综观日本中小企业立法，既贯穿着保护弱势企业、防止大企业对其排挤吞并以及从根本上提高中小企业素质的指导思想，又结合了不同时期的产业政策，对不同类别和规模的中小企业分别予以程度不同的扶持，使中小企业

---

① 《防止中小企业倒闭共济法》（昭和五十二年十二月五日法律第八十四号）。
② 1958年9月，日本政府颁布了《中小企业信用保险公库法》，并依据该法设立了中小企业信用保险公库，现为中小企业综合事业团。

相关立法的目标和具体内容始终与国家的产业政策保持同步，充分发挥着中小企业在经济发展和产业结构调整中的积极作用。①

三 韩国经验

与欧美国家不同，韩国是一个国土面积较小而人口众多的国家，土地的限制和资源的匮乏导致就业成为一个严峻的社会问题。正是中小企业的存在，为韩国社会提供了广泛的就业机会。20世纪50年代的韩国还是一个经济落后的农业国家，通过几十年的努力，曾有过将高经济增长率连续维持近30年的惊人纪录的韩国现已成为世界发达资本主义国家的一员。同日本类似，韩国也是典型的政府主导的外向型积极发展战略实施成功的典范，目前拥有世界领先的工业技术和雄厚的制造业基础，不但拥有世界知名品牌和大型企业，也拥有大量为这些企业提供配套产业和服务的中小企业群体。和众多亚洲国家相似，韩国中小企业的数量占该国企业总数的95%，提供了80%以上的就业岗位，是韩国经济发展和社会稳定的重要根基，当然，也同样面临着融资困难等经营困境。通过长达半个世纪的发展，韩国通过众多经验的积累和制度的创新，中小企业的扶持体系日趋完善，逐渐形成以政府和其部门为中坚力量，官方或官方支持下民间设立的服务机构为辅助，以各类商会、协会以及民间服务机构为中枢，为中小企业提供了全面、系统的服务工作，构建起具有韩国特色的中小企业扶持体系和服务网络，在实际的社会和经济生活中均起到了显著的成效。韩国的中小企业扶持政策和措施，主要包括以下几个方面：

首先，融资是包括中小企业在内的各种企业类型所需面对的重要问题，韩国中小企业亦不例外。韩国中小企业融资体系主要包括：为中小企业提供优惠政策保障、设立针对中小企业发展的各种基金、制定专门法律维护中小企业利益的韩国政府，为中小企业融资提供担保服务的信用担保机构，为中小企业融资提供具体的、有针对性的优惠政策的韩国中央银行，引导中小企业通过正规途径进行融资，为中小企业提供直接贷款服务的商业银行等金融机构，为中小企业提供咨询、培训、信息提供、法律援助等服务的各类中小企业服务组织和协

---

① 李玉潭：《日本新〈中小企业基本法〉评析》，《当代法学》2002年第12期。

会等各类机构。① 其中，韩国政府是中小企业融资最为主要的扶持力量，对其他各个机构采取直接设立或者整合、管理的方式善加利用。韩国政府认为，中小企业面对的不仅仅是区域市场或者本国市场，而是全球化的市场竞争和营业环境，在这样的前提下，为了强化本国中小企业的国际竞争能力，作出了改变政府单边扶持政策的决定，加强民间机构参与的力度。韩国政府通过这样的政策，充分发挥了民间机构的资源和能力，通过市场调节的功能使中小企业自主地提高竞争能力。同时，韩国政府为了保证中小企业并购的顺利进行，取消了公开出售、出资总额等限制，并对本国人购买股份的限制进行适当的放宽，并大胆采取官民合作的模式推动中小企业的融资，加大融资支持方面的力度。所谓官民合作模式，是指政府为了保持民间机构的能动性和自律性，避免采用直接干涉的方式，而是扮演合作者或支持者的角色，通过对民间金融机构的充分利用，强化对中小企业融资的充分供给。据统计，近年来有近3000亿韩元的资金来自民间金融机构，并以民间技术评价机构出具的报告作为基础，对技术创新型的中小企业进行投资，大幅强化了对中小企业融资的支持力度，对技术创新能力优秀的中小企业尤为重要。

其次，韩国政府加大力度鼓励大型企业和科研机构同中小企业之间展开技术研发合作。在韩国国民经济中，大型企业具有绝对优势的地位，中小企业的竞争能力处于劣势。对此，韩国政府十分重视为中小企业的发展创造平等的竞争环境。正是为了对这种差距巨大的竞争能力进行平衡，韩国政府投入巨额资金，强化企业之间的交流，尤其强调大型企业和企业集团同中小企业之间的直接合作，以期逐步缩小两者在技术层面上的差距，促进竞争的公平化、合理化。自2002年开始，韩国政府与三星等大型企业及公共机构签订了合作计划，即当中小企业的技术研发成功，取得技术性成果时，大型企业应当按照合理的价格购买该技术产品，以此促进新技术的开发。另外，韩国政府鼓励中小企业和大学等研究机构合作，推行国际产学研联合技术开发事业，使高校等教育和研究机构共同参与中小企业技术的创新。同

---

① 李志博：《韩国中小企业融资体系研究》，硕士学位论文，吉林大学，2011年。

时，韩国政府大力引进国际先进技术促进中小企业技术的研发，并在资源等方面提供援助，向部分中小企业直接提供研发所需费用，对中小企业的技术创新给予资金保障。

再次，韩国政府重视借助专门机构的力量推动中小企业对国外市场进行拓展，韩国经济发展部设立了专门负责中小企业发展计划及政策的制定和实施工作的中小企业署。政府还为中小企业的海外拓展计划设立非营利性的政府机构，并为其设立专门的创业基金。事实上，韩国政府针对企业发展的政策性基金数量众多，目前已有十余个政府部门设立了90余种政策性基金，其中既包括支持高技术风险企业的创业基金，又包括支持中小企业利用先进技术对产业结构进行调整的基金，还包括基础技术研发和应用的专项基金。在对中小企业开拓国际市场、提高中小企业在总出口份额中的比重方面，韩国政府制订了中长期的中小企业出口支援计划，要求中小企业的主管部门在全国各地设立中小企业出口支援中心，专门负责向中小企业提供咨询服务，协助企业获取ISO等国际认证。[①] 韩国中小企业厅在其官方网页上特设中小企业的专门页面，介绍上万种商品，还针对尚未设立海外分公司的中小企业开放海外贸易网络，以期扩大其海外贸易的机会，并减轻其进出海外市场的负担。另外，韩国政府大力发展境外支持网络的建设，在国外市场寻求具有当地营业经验的咨询公司和销售公司作为海外支持中心，帮助中小企业调查海外市场、拟订投资计划、寻求供应商或销售商，并提供相应的推广方式并达成技术方面和运营方面的合作。

最后，韩国关于中小企业方面的专门立法之数量同样十分可观。以1978年颁布的《中小企业振兴法》为标志，韩国在此后的10年时间相继出台了《中小企业制品购买促进法》《中小企业创业支援法》《工业发展法》等相关法律，并在每一个五年经济计划中，均将加强中小企业扶持工作视为一项重要的经济和政策目标。除此之外，韩国政府还颁布了《促进中小企业经营稳定及结构调整法》《中小企业协

---

① 杨志安、田英学：《韩国扶持中小企业发展的经验及其启示》，《理论界》2004年第4期。

同组织法》《中小企业事业调整法》等一系列关于中小企业营业调整和组织协作方面的法律，对中小企业管理机构的设立程序、具体职能、服务范围和方式以及中小企业的担保、融资、税收、工程和项目等方面均作出详尽和明确的规定，大有赶超日本成为中小企业扶持体系全面化、系统化的国家之势。

四 其他国家或地区的经验

欧洲共同体成员国在受到欧洲议会相关法律约束的同时，每个国家又根据本国的不同情况提出自己的制度安排与政策支持的方式与力度，但有一点是共同存在的，即成员国都通过立法对中小企业生存权与发展权给予正式认可，希望实现市场竞争的公平。这一系列的法律形成了独具特色的欧洲中小企业促进法的法律体系。①

我国台湾地区和香港特别行政区借鉴欧美国家的做法，制定了符合自身性质和品质的中小企业特别优待之政策法规。在融资方面，台湾地区的中小企业政策性融资制度始于1948年依美国《援华法》要求而设立的美援会，即美援运用委员会。当时，美援会在其正式职能即选定援助项目、采购和分配美援物资、监督援助项目的执行等之外，也设立了专司民营经济和私人经济的贷款项目，成为台湾地区中小企业政策性融资制度之肇始。1954年之后，美援会开始兴办美援小型工业贷款，并设立多种中小企业专项贷款，如民营工业营运资金贷款、民营工厂提高生产力示范贷款、小型民营工业灾害病状况后复旧贷款、中小企业辅导专案贷款等，为台湾地区中小企业政策性金融奠定了基础。②

在东南亚，2004年2月在印度尼西亚的雅加达由东盟国家签署的《东盟中小企业发展政策蓝图（APBSD）2004—2014》，形成了覆盖东盟各成员国的统一中小企业的扶持与优待政策。同时，要求各成员国应当根据本国实际情况，通过立法机关制定专门法律全面贯彻这一立法宗旨与目标。例如，泰国就制定了《中小企业促进法》（2000

---

① 王怀宇、贾涛编译：《欧盟中小企业治理相关法规汇编》，中国财政经济出版社2007年版，第31—36页。

② 白钦先、薛誉华：《各国中小企业政策性金融体系比较》，中国金融出版社2001年版，第392页。

年),马来西亚制定了《中小企业发展规划》(SMI Deuelopment PIun 2001—2005),等等。

对其他国家和地区利用法律手段去促进中小企业发展的做法进行总结,大体上包含以下基本的制度安排:(1)确立由政府扶持中小企业事业发展,增强市场竞争能力,防止受到歧视性对待的基本的法律目标及原则,形成具有法律正义与实质正义相重合的政策导向。几乎所有境外立法都规定了立法的背景、工作的目标和政策实施的措施,都要达到市场要求的公平竞争的良好秩序。大企业与小企业相互促进将是这些法律或政策所追求的理想境界。其中,日本是这一方面的典型代表。(2)政府促进中小企业发展的履职方式不仅是管理与规范的模式,重在协调、财政支持与市场秩序维护,倾听企业呼声,帮助企业解决实际的困难,同时专门设立政府机构承担专项的工作,例如,美国的小企业管理局、日本的中小企业政策审议会和经济省下设的中小企业厅、韩国的中小企业管理厅,等等。(3)建立中小企业融资渠道,保证其正常经营。资金条件是中小企业营业行为与竞争中的物质基础,但这方面恰恰是其"软肋",中小企业因担保能力较弱而难以得到商业银行等金融机构贷款的支持,也难以被由政府提供的常规性政策贷款所惠及,从而成为其生存发展的"瓶颈"。为此,各国的扶持政策中,重点放在政府支持的方面。例如,美国专门设立了中小企业投资公司,自1958年以来,美国中小企业投资公司已向近10万家中小企业融资上百亿美元。[①](4)给予中小企业财政税收方面的支持,其中设立专门的发展基金是重要的行政措施。日本通过《中小企业现代化资金筹措助成法》的形式,建立了专门的政府基金,用于中小企业技术革新与设备改造的直接资金支持。美国则通过开辟中小企业股票市场的办法扩大企业融资渠道。(5)综合服务体系制度的建立。中小企业发展壮大需要良好的外部环境,特别是良好的市场服务体系的支持,毕竟靠其自身是难以解决的。美国中小企业发展中心(SBDC)、出口援助中心等半官方机构,以及向小企业投资公司、技

[①] 沈迪、李太后:《美国中小企业融资经验对我国的启示》,《经济体制改革》2010年第2期。

术推广中心、退休经理服务团、在职经理服务团等民间机构，承担这种综合性的服务工作。法律赋予它们合法的身份，它们则以优质服务体现了政府的政策导向。韩国也设有类似的机构，即"中小企业协同组合中央会"。(6) 建立中小企业破产保护制度，这方面的典型代表同样是日本。为了防止经济波动给中小企业生存造成巨大冲击，帮助企业渡过难关，如上文提到的《防止中小企业倒闭共济法》，规定以共济形式建立破产援助基金，一旦发生成员企业遇到资金缺乏性经营困难，可能出现破产后果时，就可以申请由基金支付共济金给予资金救助，从而防止破产倒闭情形发生。

第三章　我国中小企业营业权保护失效之殇

第一节　现行制度下中小企业的生存状况

一　人才流失问题

人才短缺，专业技术人才不足是制约我国中小企业发展的又一障碍。中小企业由于历史、社会和自身条件等多方面原因，在市场竞争中处于弱势地位，其中包括人才聘用环节的弱势，人才流失的现象相当严重。根据统计显示，我国中小企业人才的流失比率相当之高，自1982年开始引进大学本科以上人员以来，民营企业人才流失比率为18.5%，其中，硕士研究生和博士研究生的流失率分别达到14.7%和33.3%，这些人才中有相当一部分流入了大型企业和外资企业中，并任职管理人员或专业技术人员，均为企业的中坚力量；在民营企业中，高层次聘用人才和专业技术人才的工作年限普遍较短，一般为2—3年，最短的仅为中小企业供职50天，最长的仅为5年。① 中小企业自身处于发展阶段，依靠自身有限的实力很难招录高素质的人才，尤其是与其营业的专业领域相对应的人才，更是处于严重稀缺的状态，使本身就处于生存困境中的中小企业更为捉襟见肘。

（一）中小企业人才流失的原因

1. 家族式聘用理念的弊端

中小企业在人才招聘和使用的过程中，通常会对人才带来的效应

---

① 徐海蓉：《我国中小企业人才流失问题之浅析》，《科学之友》（B版）2009年第7期。

存在过高的期望，认为对人才的聘用会在短期内为企业带来收益；反之，则认为聘用的人才没有起到预期的作用，亦没有继续签订雇佣合同的必要。这种聘用和管理理念不但有碍真正对企业有助力的人才的发现，也使得人才很难被给予足够发挥才能的时间和空间，甚至还会导致压力过大选择离开企业。即使中小企业在挑选人才时经过层层考核，该人才对企业运营的各项工作也需要一个适应的过程，对于部分只关注眼前利益的中小企业业主来说，无非是一段难以接受的漫长过程。此外，中小企业在创业初期多半采取的是家族式的管理模式，尽管这种模式在企业初期阶段，在资金的节省和从业人员间信赖关系的建立等方面有着其他模式不可比拟的优势，但当企业的规模发展到一定程度，弊端也逐渐显露出来。适应了家族管理模式的中小企业业主对聘用家族之外的人才带有较为强烈的不信任感，不但会使企业内部形成一种无形的排外势力，导致人才的专业意见因情感因素被压制甚至拒绝采纳，更会导致聘用人才对企业日益缺乏归属感，降低为企业经济效益付出实力的积极性，甚至最终作出退出企业的决定。同时，由于权力在家族成员的掌控之中，聘用的人才多处于中层或底层管理人员之列，使得其缺乏足够的晋升空间，加之两种来源的管理人员之间缺乏有效的沟通，企业运行的信息交流不足，客观上导致本来就弱小的中小企业决策失误的风险加大。

2. 管理策略缺乏科学性

中小企业通常难以制定出合理、完整的绩效考核体系[①]，导致在实际操作绩效考核的过程中，仅凭管理者的印象行事，将针对聘用人才的个人评价主观化，缺乏科学的方式和考核体系，导致考核结果不具备足够的真实性和科学性，其结果对企业管理的指导作用自然难以满足人才培养和企业发展的需求。因此，中小企业无法采用科学的理论和方式对待聘用人才等员工的不同需求，无法设计出有效的激励措施，客观上分离了薪酬与工作的主动性和创造性，导致员工对于企业

[①] 绩效考核体系是由一组既独立又相互关联并能较完整地表达评价要求的考核指标组成的评价系统，绩效考核体系的建立，有利于评价员工工作状况，是进行员工考核工作的基础，也是保证考核结果准确、合理的重要因素。考核指标是能够反映业绩目标完成情况、工作态度、能力等级的数据，是绩效考核体系的基本单位。

的信赖和忠诚度有所下降。在聘用人才的过程中，部分中小企业对人才学历给予过多的重视，反而忽略了其专业和资历是否符合本企业发展要求的问题；在管理过程中，部分中小企业只注重聘用人才的环节，对人才的培养没有足够的重视，导致人才在很长一段时间内无法有效地提升针对该企业所在行业或其职位所要求技能的水平。反观大型企业在管理策略方面就成熟、严谨、高效了许多，尽管中小企业的规模、资金等方面无法同大型企业相比拟，但对于聘用人才的管理和对其才能最大程度的发挥终归是中小企业要维持营业和发展所必须面对的问题。

3. 薪酬水平和发展前景欠佳

薪酬水平[①]是中小企业内部各类职位和从业人员平均薪酬的高低状况，反映其薪酬的外部竞争性，对聘用人才的吸引力以及企业的竞争力有着直接影响。一方面，对于大多数从业人员来说，企业的薪酬和福利待遇是其择业时重点考量的要素，是人们生产的基本条件和工作的重要动力之一，高额薪酬本身就是一种有效的激励手段。很多中小企业在人才的聘用阶段客观付出了一定的成本，但对已经聘用的人才不愿给予高额薪酬，导致人才的经济收入较低或者无法体现其个人价值，最终造成人才的流失。诚然，中小企业天生财力单薄，与同行业大型企业相比，资金实力无法企及，尤其是处于创业期的中小企业，较低的薪酬和福利待遇更是无法满足聘用人才的要求，一旦其找到待遇更好的企业，人才的流失毫无悬念。另一方面，对于不但在薪酬方面有要求，在发展空间方面同样有着很高要求的聘用人才而言，成长的机会和未来的发展也是其选择应聘企业的重要考量。以我国目前中小企业的整体情况来看，为聘用人才和员工提供的成长空间依然非常有限，企业自身的发展就具有很多不确定性，使得很多中小企业只注重生产和经营，注重企业利润和利益的增减，缺乏长期的发展目标，更无暇顾及对人才的培养、激励和人才资源的维持。

---

① 薪酬水平反映了企业薪酬相对于当地市场薪酬行情和竞争对手薪酬绝对值的高低。它对员工的吸引力和企业的薪酬竞争力有着直接的影响，其数学公式为：薪酬水平 = 薪酬总额/在业的员工人数。

(二) 人才流失对中小企业的主要影响

1. 人才流失造成中小企业经验技术的流失

即便对于日后成为世界级大型企业的企业来说，人才流失也可能对企业的营利甚至生存带来巨大的打击。在世界著名的英特尔公司（Intel Corporation）尚处于创业初期时，其聘用的天才设计师费根（Federico Faggin）设计的第一代微处理器为该企业开创了巨大的市场，带来了巨额营利。但费根在英特尔公司发展的关键时期选择了离开，带走了两名重要技术人才，并在石油巨子艾克森（Exxon）企业的支持下迅速建立了一家新公司①，推出了更为先进的产品，使英特尔公司遭受沉重的打击，经历多年才逐步复苏。对于天生弱势的中小企业来说，人才的引进在初始阶段就已然耗费了成本，而人才流失时可能带走的技术优势和商业秘密，更会对企业未来的生产效率、竞争效率带来致命的打击，一方面可能导致关键的营业环节无法继续进行，另一方面流失的人才被竞争对手聘用，或自行组建新的企业加入竞争的行列，都会让中小企业在失去助力的同时雪上加霜。此外，人才流失还可能导致恶性循环，不但影响其他员工对待企业的忠诚度和稳定度，也会给企业的客户带来不良的印象，对企业的经营造成更严重的影响。

2. 人才流失造成中小企业营业成本的增加

例如，某珠江三角洲地区有一家小型照明设备生产厂。2012 年开始扩大经营，员工管理方面也进行了较大幅度的改革，但由于改革措施缺乏对员工福利的惠及，每月员工的流失率为 8%，年度流失率达到 90%。该厂年度报告显示，全年收入比 2011 年增长 30%，但利润却出现负增长的现象，同时基本被高频度的人员流动的成本相抵消。此外，企业管理层面对比例高达 90% 的新进员工，无法在短期内知悉哪些人员可以委以企业重要的管理岗位和技术岗位，在人才储备和培训方面需要付出更多的成本和时间。与上述案例类似，中小企业面临的人才流失问题中，营业成本的增加最为直观，对企业造成的损失也较严重，尤其是企业聘用的高级管理和技术人才，不管是在聘用阶段

---

① ZiLOG 公司，由 Federico Faggin 和 Ralph Ungermann 于 1974 年共同创立。

还是经营阶段，都是企业耗费大量物力、财力方得以引进和培养的，甚至是一个弱小的中小企业在特定行业的优势地位的保证。当这些关键人才部分或大量流失时，必将对企业的稳定和收益造成巨大影响，一方面减少了企业的营利，另一方面增加了再次聘用和培养人才的营业成本。

目前，我国的人力资源管理体制早已从国家统一调配①向适应市场经济的自主选择方式进行转变，企业从被动接受国家配置员工变为自主决定聘用的人员，而对于择业人员本身也从被动服从变为自主择业，具有相当自由、灵活的选择权利。对于中小企业来说，合理配置人力资源，保持从业人员和内部治理的稳定，避免聘用人才流失带来的损失变得更加重要和困难。

二 信用缺失问题

中小企业的信用无疑是社会信用体系重要的组成部分，由于市场环境的影响和中小企业自身意识等因素，中小企业信用建设环节中依然存在诸多问题，主要集中在以下几个方面：

（一）商业信用的缺失

商业信用可以说是社会信用体系中最为重要的组成部分之一，具有很强的外在性，一定程度上影响着其他相关信用的发展。从历史维度来看，我国传统的信用从本质上来说是一种道德观念，包括以自给自足身份为基础的私人信用，和以相互依赖为特点的，契约社会的商业信用。在这里我们所讨论的内容主要着眼于中小企业的商业信用。中小企业的商业信用的缺失主要集中于对应付款项的清偿、合同的履行等方面无法恪守商业承诺，无法按期支付款项或履行合同，或者恶意拒绝履行合同义务的情形。面对日益激烈的市场竞争，很多中小企业为了生存或维持营利，与合同对方当事人之间采取"赊账"经营的方式，双方均有拖延履行的情况，且反复实行，使营业在表象上体现出客源充沛、营业额度上升的假象，在实质上则体现为企业成本增加，经营风险增大，资金周转遇到严重困难甚至进入恶性循环的状

---

① 改革开放前，我国长期实行计划经济，人才由国家统一培养、调配，人才管理以行政手段为主。

态，导致企业的效益迅速下降，无法依靠自身的力量解决这种困局。2012 年年末，我国浙江省义乌市就出现了因"赊账"经营模式导致的中小企业业主"跑路"危机[①]：义乌市涉外案件多属于国际货物买卖的合同纠纷，除个别案件由外国企业作为起诉人，大部分案件都是中国企业对外国企业提出的诉讼请求，内容通常为外国企业自己或通过外贸公司在义乌市的企业订货，与中国企业在货款问题上发生纠纷。尽管义乌市场已有很长时间的历史，但交易习惯依然以"赊账"经营为主，企业业主的风险防范意识较差，使得一些不法外商有恶意拖延履行合同的机会可乘。这也反映出，一方面，我国中小企业自身存在商业信用缺失的问题；另一方面，也是这种缺失的受害者，对本就天生弱小的中小企业而言，无疑是非常严重甚至致命的问题。

（二）财务信用的缺失

在现实经济生活中，部分中小企业通常制作两本账本，一本刻意强调企业亏损，目的在于减少上缴的税收金额；另一本则强调企业营利，目的在于提高在银行等金融机构处的贷款成功率。此外，部分中小企业还会制作不真实的财务报告，对企业投资者进行隐瞒甚至欺骗，使后者依据错误的信息做出错误的投资决定，造成大量的资金发生错误的投资甚至流失。为了规范小企业的会计核算，提高会计信息的质量，我国政府根据《中华人民共和国会计法》《企业财务会计报告条例》和其他有关法律和法规，制定《小企业会计制度》，但该制度在实施过程中依然存在很多问题。值得一提的是，中小企业财务信用的缺失和企业自身不无关系，但部分违规操作的会计行业等中介机构也负有相应的责任，对于我国中小企业的发展的影响是十分恶劣的。另外，制度本身的不确定性也导致中小企业会计账目方面的问题。调查显示，因《小企业会计制度》规定具有的不确定性，导致该制度执行过程中存在偏差。根据该制度第一条第一款："符合本制度规定的小企业可按照本制度核算，也可选择执行《企业会计制度》……按照本制度核算的小企业，不能在执行本制度同时，选择执行《企业会

---

① 祝优优：《出逃的外商，赊账的义乌》，http：//www.legalweekly.cn/index.php/Index/article/id/166，2012 年 6 月 28 日。

计制度》的规定；选择执行《企业会计制度》的小企业，不能在执行《企业会计制度》同时，选择执行本制度的规定。"换言之，执行该制度的企业必须符合小企业的标准，但并非符合该标准的小企业就一定要执行该制度，如条件允许亦可执行《企业会计制度》，导致部分小企业为了节省制度转化带来的成本而放弃执行更为适合其自身特点的《小企业会计制度》，使得制度设计的目的发生偏离。

（三）营业信用的缺失

当前我国中小企业依然存在着对生产事实进行隐瞒、对消费者进行隐瞒甚至是欺诈、不择手段追求暴利等现象，而由于实力、规模和数量等因素的约束，导致其不可能像大型企业那样被严格的质量认证和管理体系所约束。在生产过程中，为了追求以最少的成本换取最大的利润，部分中小企业采购劣质甚至有害的原材料，采用不合格甚至不合法的生产方式，生产出来的产品质量存在瑕疵或缺陷，提供的服务也无法满足消费者的需求，一方面破坏了自身的商誉，另一方面也大量浪费了社会资源，更重要的是，这样的营业理念使不良商品和服务充斥市场，扰乱了正常的经济秩序，对中小企业本身的形象而言，更是难以逆转的损害。从影响力的角度来看，中小企业业主的诚信理念、诚信行为和道德修养始终贯穿于企业生产、服务活动中的整个过程，其言其行必将影响员工或其他从业人员的价值取向和理念，因此，中小企业业主的诚信品质也决定了该企业经营的能力和水平。在我国中小企业业主道德素养不均衡的情况是导致企业营业信用缺失的重要原因之一。

（四）融资信用的缺失

中小企业在融资环节的信用缺失主要体现在对融资款项的使用和对到期款项的清偿方面，对其正常的生产和经营带来的影响最为直观也最为严重。部分中小企业缺乏对融资信用的重视，采用虚列融资项目、虚报报表数据的方式向银行等金融机构提出贷款请求，对得到的款项所使用的项目随意进行安排和进行，缺乏有效的使用手段和周详的分配计划，违反了贷款合同约定的内容；部分中小企业不仅严重拖延清偿日期，或在届清偿期后无力偿还，甚至在申请贷款之初就不具备最终清偿的意愿和可能，严重损害了信贷资金的安全。另外，部分中小企业甚至以高于银行的利率，非法吸收公众存款，采取个人借款、购买股份、融资协议等方式吸收存款，构成非法吸收公众存款罪，严重破坏了市场的融资环境。实际上，社会信用环境建设的滞后导致上述中小企业以不合理或不合法方式获取融资，在影响自身融资信誉的同时恶意扰乱融资秩序的情况并不罕见。中小企业和金融机构之间的交易本身就存在信息不对称的问题，尤其是在市场经济的条件下，商业信息应当是明确且对称的，以便让交易双方能够了解对方的真实情况，作出正确的决定。但与此同时，信用本身又具有很强的外部性，当大部分中小企业遵循诚信的原则，提供真实的信息，少数中小企业违背诚信的行为就会受到处罚，而当大部分中小企业违背诚信时，只有那些少数坚持诚信的企业会遭受损失。因此，银行等金融机构对中小企业慎贷、惜贷[①]就是由信用缺失导致的典型现象，银行难以辨别中小企业提供材料的真实性，加之上文提到的财务项目的信用同样普遍存在瑕疵，以及中小企业自身规模小、项目期较短等特点，拒绝提供贷款就成为很多银行的最终抉择。另外，企业征信体系不健全同样影响着中小企业能否及时有效地获取融资，尤其在我国尚未有企业信用登记、评估、担保和监督等一系列完善的信用制度建立的情况下，银行对为中小企业提供贷款产生忌惮也是难以避免的情况。

因此，我国中小企业的营业权无法得到良好的保障，同中小企业面临的各种信用危机不无关系，这种信用上的缺失大大增加了中小企业的交易成本，降低了收益，造成社会资源的巨大浪费。作为市场经济中最重要的契约环节，信用是维持交易安全和经济稳定发展的重要因素。一旦信用有所缺失，从购买原材料、产品加工、提供服务到维持经营、扩大经营、贷款融资等诸多方面，中小企业在营业过程中的各个环节都会变得步履维艰。这种局面的形成除中小企业自身的原因外，还包括我国目前缺乏专门针对其信用方面制定的约束体系和法律

[①] 所谓"惜贷"，是指商业银行在有放贷能力、有放贷对象、借款人有贷款需求、符合申请贷款条件的情况下，不愿发放贷款的经营行为。在我国，是由于社会信用记录不完善引起的。放出贷款会产生收不回的风险，银行可能会因为控制风险的能力不强而不愿放出贷款，宁愿将货币存入央行获得并不算低的利息收入。造成了有款贷不出，或有款不愿贷的现象，即"惜贷"。

制度，使得失信企业获得的收益大于付出的成本，而诚信企业的收益并未明显高于遵守诚信的成本，一定程度上纵容了企业的失信。

三　融资困境问题

资金是包括中小企业在内的全部营业主体在生产经营过程中最为重要的要素，也是制约中小企业发展的重要因素。融资始终伴随在中小企业创设、发展和终止的全部过程，而融资困境恐怕是当前我国中小企业面临的最为严重的问题。在如今的经济环境下，很多中小企业正面临空前的生存危机。

为了减少信贷供给，消除因资金需求大于供应带来的通货膨胀压力，央行实行紧缩银根的政策，不但导致大型企业通过拉长以中小企业为主的配套企业之结算周期的方式缓解资金压力，更直接导致中小企业融资愈加困难。同时，中小企业还受到来自原材料供货商的压力，被要求加快结算的周期，甚至使用现金结算。在这样多重压力之下，中小企业的融资困难愈加明显。

（一）中小企业的主要融资方式

上文提到，企业融资是指企业根据未来经营发展的需要，从自身生产和经营的特点以及企业资金运用的具体情况出发，通过一定的渠道或者方式进行资金的筹集，以满足后续经营和发展需求的一种经济行为。[①] 根据我国目前各地区普遍存在或者创新设立的途径来看，中小企业的直接融资、间接融资具体包括内源融资、信用担保贷款、自然人担保贷款、项目开发贷款、无形资产担保贷款、综合授信等方式。其中，以直接融资中的内源融资和间接融资方式最为普遍。

内源融资是指营业主体通过营业活动产生的资金，即营业内部通融的资金。内源融资实际上是营业主体不断将包括留存收益、资产折旧、定额负债等储备转化为投资的过程，对于企业等营业主体来说，这种资本的形成方式具有原始性、自主性以及风险、成本较低的特点，是其生存发展过程中重要的融资途径。在中小企业创业的初期，资金来源主要就是来自企业业主营业积累的利润收益之留存。国际金融公司统计的研究资料显示，企业业主自有资本和利润收益留存分别

[①] 洪金镰：《入世后中小企业融资实务》，中国海关出版社2002年版，第2页。

占我国私营企业融资来源的 30% 和 26%，而公司债券和外部股权融资所占的比例不到 1%。① 内源融资不涉及所有权的变更或转移，不发生融资费用，不需要还本付息，本质上属于对企业闲置资产的充分利用。这种融资方式既不会减少企业现金的流量，也不涉及企业和外部之间的关系，更不用办理烦冗的手续或者经历复杂的程序，使企业可以根据自身的情况和需要灵活进行运作，也是上述所有融资方式中成本最低、效率最高的一种。当然，内源融资的缺点亦很明显：其资金的储备是确定的、有限的，随着中小企业规模和融资需求的扩大，一旦出现资金短缺的情况，内源融资即成为一条死路，几乎不存在任何通融的余地。

间接融资，是指占有闲置货币资金的主体，通过存款或购买金融机构发行的有价证券的方式，将闲置资金提供给金融机构，再由后者以贷款等方式提供给其他主体，实现资金融通的过程。鉴于目前我国资本市场发育不健全，加之与发行股票、债券相关的法律和政策导向对中小企业不利，使中小企业很难利用直接融资的方式获取资金。在面临资金紧张的情况下，向银行贷款是大多数企业融资途径的首选。目前，我国中小企业高达 90% 的流动资金以及几乎全部的固定资产更新改造资金均来自银行的贷款。间接融资以其特有的优势成为中小企业外源融资的重要渠道，其优点主要表现为：第一，资金储备充足。银行等金融机构往往在全国范围内设置众多的分支机构，能够广泛地筹集市场和社会闲置的资金，积累成为巨额的资金储备。第二，筹款速度较快。银行贷款和其他融资渠道相比，是最为直接、需要时间最短融资方式，同民间借贷相比，可以使中小企业及时、足额地获得所需的资金。第三，融资成本较低。同股票融资相比，贷款的利息可以在税前进行支付，减少了利息部分的费用。同债权融资相比，通常银行贷款的利率低于债券的利率，减少了中小企业的实际负担。第四，借贷弹性良好。中小企业可以就借款数目、利息、还款期限等事宜和金融机构进行直接的沟通和确认，一旦企业发生变故，亦可同金

---

① 杨丽娜：《企业融资现状与对策》，《现代企业》2005 年第 7 期。

融机构协商修改贷款合同。① 第五，融资风险较低。相较于直接融资中风险多由债权人独自承担的方式，在间接融资中，因金融机构的资产结构具有多样化的特点，使融资的风险同样由多样化的资产以及负债结构分散承担，具备较高的安全性。对于中小企业而言，在充分、高效获取资金的前提下，该融资还能兼顾低风险的优点。

(二) 中小企业融资困境的表现

中小企业无法得到银行融资方面的支持和自身的融资能力和实力不无关系。换言之，中小企业资金的匮乏其实是其获取资金之能力的缺乏。正因中小企业最重要的融资渠道来自银行，故中小企业融资困境的原因主要体现在银行对中小企业的信用歧视以及惜贷两个方面，并最终导致融资失灵这一双向选择下的不良后果：

1. 信用歧视

部分学者认为，政府为了保障国有企业和大型企业的利益，提出"抓大放小"的方针政策，要求金融机构重点确保大企业的信贷，从而放轻对中小企业的支持。这显然是对该政策的一种误解。事实上，抓大放小是我国国企改革所遵行的一项政策精神，"抓大"是指重点培育经济实力雄厚、市场竞争力强的国有企业和大型企业，使其成为跨地区、跨国甚至跨行业、跨所有制经营的大型企业集团。"放小"则是指对国有中小企业采取扶持政策的同时，给予其更多的营业自由：一方面，扶持中小企业向更为专业、注重创新的方向发展，保证其与大型企业之间建立密切的合作关系，提高其生产的社会化水平；另一方面，采用联合、租赁、股份合作等方式，使中小企业在市场竞争中能够长期生存，健康发展。因此，"抓大放小"旨在集中财力、物力扶持国有大型企业和企业集团，将中小企业通过多种方式推入市场，促成竞争性行业中国家投资的淡出，是十分重要的经济战略决策，并非意味国家放弃对中小企业的重视和扶持。因此，"抓大放小"仅仅是国有企业改革各种举措中具有时限性的一项，而扶持中小企业

---

① 姜秀昶：《国外中小企业融资的经验做法及对我国的启示》，《山东经济》2004年第1期。

发展则是国家长期实行的政策，两者之间并无可比性。① 但是，目前我国金融机构对中小企业的信用歧视是普遍存在的，中小企业在银行贷款时被拒的比例远高于大中型企业。国有商业银行掌控着相当比重的金融资源，但其对融资条件要求较高，针对中小企业贷款还附加了许多额外的条件，因此尽管中小企业对资金的需求十分旺盛，却常常很难获得贷款。同时，同大型企业相比，中小企业的营业效益不稳定，贷款还款率偏低，信用较差，导致银行对中小企业贷款慎之又慎，信用歧视现象普遍存在。而近十年时间，商业银行逐渐采取了与市场经济国家商业银行相近的贷款规定，更无形中加大了中小企业贷款的难度，直接导致中小企业很难从正规的金融机构获得融资。

2. 银行惜贷

商业银行的贷款主要面向国有企业和大型企业发放，我国银行的制度安排大多以这些企业规模、项目规模以及资金需求量都较大的对象作为工作重点，无论是评级标准、风险分类还是抵押条件、收费标准等方面，均较少涉及对中小企业的考量。银行对中小企业惜贷的一个重要原因就是信息的不对称性，即中小企业无法提供商业银行可以信赖的财务报表并提供能够足额变现的抵押担保。在这种风险和逆向选择发生概率很高的情况下，银行选择惜贷甚至不贷，也是较为普遍的现象。专门为中小企业提供金融服务的金融机构体系尚未建立，面对这样的信息博弈局面，银行自然不愿也不能耗费大量时间和成本去收集中小企业的相关信息。这样，由于银行处于信息劣势，无法甄别信用状况良好和信用状况较差的中小企业，不可能根据信用度、风险等指标对不同企业确定不同的利率，而只能以企业平均的信用状况确定利率。这样的情况对于具有较高信用度的中小企业十分不利，一旦其停止向银行申请贷款，甚至退出营业或破产倒闭，市场上只剩下信用度较低的中小企业，更会加重银行对该类型企业的不信任。而当银行意识到市场上被信用度较低的客户充斥且会大大增加其风险和损失时，便会决定停止发放贷款，导致中小企业贷款融资途径的困难甚至

---

① 甘培忠：《中小企业促进法实施中的法律与政策问题研究》，《中外法学》2002 年第 4 期。

是贷款市场的萎缩。在这样信息不对称的情况下，无论利率是否完全开放，中小企业都将面临贷款难的问题。① 同时，中小企业的资金需求具有小额、高频的特点，不符合银行营利性的要求，在贷款融资方面的弱势显而易见。

3. 融资失灵

当金融机构等资金供给者拒绝为中小企业商业性投资项目提供资金时，融资失灵即成为中小企业融资困境最直观的外在表现：一方面，中小企业忽视了自身缺乏对商业规则的重视和遵守，单纯认为金融机构出于对其企业规模的偏见而拒绝在贷款融资方面支持自己的项目，缺乏改进的意图和方向；另一方面，银行对自己是在按照商业规则行事毫不质疑，亦忽视了对中小企业投资项目进行深入了解和衡量的环节。因此，这是一个双向选择与双向质疑的过程，并直接导致中小企业融资失灵的不良后果。需要指出的是，不同金融机构对不同中小企业投资项目的判断有所不同，并不会必然导致融资失灵的后果，只有当金融机构以诸如地域限制、企业缺乏充分抵押或抵押物、过往财务数据较差、属于高科技且高风险项目、项目本身可行但存在借款限制等非商业性的原因时才是如此。② 尽管这些原因不代表中小企业的贷款项目完全不可行，但不论是出于其自身的信用问题还是银行惜贷等原因，融资失灵的困境成为最终的结果。

（三）中小企业融资服务的优化是世界性的问题

在美国，资金短缺同样是小企业普遍存在的问题。与大企业不同，由于自有资本较少、经营风险较大、信用度较低，小企业获得外部资金的主要方式是接受商业银行贷款和政府资助。据报道，美国小企业局与全美7000多家商业银行合作，为中小企业的创立与发展提供融资、技术、管理支持和信贷服务。目前美国小企业局拥有一般商业贷款、信用担保和贷款超过450亿美元的资本，以及超过130亿美元的风险投资资本及有价证券。截至2010年年底，美国小企业局向

---

① 孙阳、王艳芳：《浅谈信息不对称与中小企业融资》，《中国管理信息化》2010年第8期。

② 王丽娅：《企业融资理论与实务》，中国经济出版社2005年版，第122页。

中小企业提供累计770亿美元的贷款和信贷。与此同时，小企业局还为有管理经验、技术、符合资格的中小企业提供贷款担保。目前，小企业局担保的资金最高可占中小企业每笔贷款的75%。由于美国商业银行出于安全的考虑，一般开展3—5年的短期贷款，而通过小企业局的担保，贷款年限便可延长至25年，使中小企业的融资条件得到了有力的保障。

在日本，为缓解中小企业融资困难的问题，政府出资建立了专门为中小企业提供信贷服务的政府金融机构，如中小企业金融公库、国民金融公库、商工组合中央公库等，为中小企业提供优惠的信贷资金。其中，国民金融公库的融资对象是中小企业中规模层次较低的企业，中小企业金融公库与商工组合中央公库的融资对象则分别是中小企业以及中小企业的合作组织。日本在全国各个都道府县还设有为中小企业融资活动提供信用担保的民间信用保证组织，而作为政府机构的中小企业信用保险公库又为这些民间信用保证组织所担保的信用提供再担保。1995年，经由民间信用保证组织提供担保承诺的金额达12.6722兆日元，经由中小企业信用保险公库担保承付的中小企业融资达105万件，总计金额达9.8614兆日元。[①] 日本政府还根据《中小企业现代化资金助成法》，专门制定中小企业设备现代化资金贷款制度，为中小企业提供长期、低息的贷款。日本民间成立了中小企业政策审议会、中小企业协会、中小企业事业团等为中小企业的发展提供诊断、指导、资金援助等方面的帮助。政府和民间的力量相辅相成，为中小企业的发展提供了制度和组织上的保证。

可见，包括我国在内，世界范围内的中小企业都不可避免地面临着融资方面的困难，融资问题不能加以解决，中小企业的营业困境也无法从根本上得以缓解，亟须政策和法律层面的重视和支持。

---

① 陈艳林：《中小企业发展的国际比较研究》，硕士学位论文，武汉理工大学，2003年。

第二节 法律保护不足的危害性分析

一 中小企业法律保护不足的危害性分析

从我国工信部公布的《中小企业划型标准规定》来看，中小企业是员工最多不过1000人的企业，尽管它们往往被人所忽视，在任何市场经济中都发挥着核心作用却是不争的事实。发展经济学[①]一直致力于解决低人均收入国家如何在较短的时间内达到高人均收入的阶段，使国民经济能够在更优良的环境中运行和发展，消除贫富不均过大的现象。对我国来说，这样的发展思路同样需要精细的考量和精密的运筹。针对上文提到中小企业遭遇的多种困境，我国政府正是出于平等法律保护的思路，才会对中小企业相关的问题进行控制，对经济环境施加理性的干预。可以说，中小企业同国有企业、大型企业等虽然处于同一经济环境，但正因无法享有平等的竞争身份，才会陷入各种困境，如果对中小企业营业权的侵害继续持漠视的态度，必将对我国经济发展带来严重的后果。

（一）不利于国民经济持续增长

中小企业作为我国市场竞争机制的重要参与者，既是经济发展的原动力，又反映经济分散化、多样化的内在要求，体现出其先进性和生命力之所在。同时，中小企业以灵活、专业的生产和经营模式，为配套大型企业提供一体化的协作服务，不但节约了大型企业的营业成本，降低了营业风险，还大幅提高了大型企业的营业利润。在我国，行业和地域覆盖面最广，且始终在企业数量中占据绝对优势的中小企业一直担负着经济增长的重任，对于我国经济的持续增长，中小企业功不可没。根据统计部门的数据显示，我国食品、服装、印刷、皮革、木材、家具、塑料制品、金属制品等行业的产值，有70%以上都

---

① 发展经济学（development economics）是20世纪40年代后期在西方国家逐步形成的综合性经济学分支学科，适应时代的需要兴起，在经济学的体系中逐渐形成的新兴学科，主要研究贫困落后的农业国家或发展中国家如何实现工业化、摆脱贫困、走向富裕。

是中小企业创造的，其重要性可见一斑。此外，从经济学的角度来说，社会主义市场经济的建立意味着最大限度地对社会资本进行分配和利用，避免资本主义生产方式的强制性，遏制其所产生的市场失灵等局限性，同时，对社会中只能向市场提供劳动力或因年龄等因素无法参与资本利用过程的主体建立社会保障机制，而中小企业在这些方面能够发挥巨大的作用。反之，一旦中小企业基本的营业权利不能得到合理保障或者受到挤压、侵害，对我国国民经济发展带来的危害不言而喻。如果将中小企业比作细胞，我国经济正是通过这些数量众多的细胞保持着活力，中小企业的发展出现不良状况亦是我国经济发展的症结。

（二）不利于就业问题的解决，影响社会的稳定

中小企业不仅仅维持着市场经济的生机，它们在向市场提供劳动力商品、提供工作岗位方面也占据着较高的份额。根据专业数据机构麦可思数据有限公司2012年发布的《2012年中国大学生就业报告》显示，于2011年毕业的大学生中，有近57万人处于失业的状态，其中10万余人处于完全待业的状态，即便是工作近一年的大学毕业生，对工作的满意率仅为47%；数据还显示，截至2012年，我国高校毕业生达到680万人，加之往年依然处于失业状态的毕业生，以及进入到城市中务工的农民、退伍或复原的军人，至少需要1300万个新增工作岗位才能基本满足需求。而我国目前年均新增工作岗位的数量尚难达到这样的标准。与此同时，随着国有企业、大型企业管理水平的不断提高，加之企业的优化重组，难以再为社会大批量提供就业岗位，甚至偶有增加失业人员数量的趋势。解决上述人员就业或再就业的问题，主要依靠中小企业的发展。在缓解就业压力的问题上，世界各国都十分重视中小企业的作用。德国技术合作公司[①]的经济学家魏尔曼曾进行过研究，如果将中小企业的范围限定在250个工作人员的

---

① 德国技术合作公司（GTZ）创建于1975年，是德国政府所有的一家推动国际合作的服务性企业，主要接受德国经济合作与发展部（BMZ）等德国政府部门以及别国政府委托，支持德国伙伴国的发展和改革。其总部设在法兰克福附近的埃施博恩（Eschborn）。德国技术合作公司目前在世界各地同130多个国家以及世界银行、欧洲联盟、联合国开发计划署、亚洲开发银行等国际组织和机构开展合作。

规模，按照此标准进行计算，德国的中小企业提供了约为57%的工作岗位，而对于市场经济更为先进的国家，中小企业能够提供的工作岗位也就更多，在瑞士、法国、奥地利，中小企业提供了65%的工作岗位，在西班牙、葡萄牙、意大利，这个数值甚至可以达到80%。① 就业问题在任何国家都是经济发展和社会稳定的一大制约因素，中小企业在缓解就业压力方面做出了重要贡献。很多中小企业营业方式灵活，对劳动者劳动技能的要求较低，且绝大部分以劳动密集型产业为主，吸纳劳动力的空间自然较大，能够创造更多的就业机会。因此，无论是从社会劳动力的分配与再分配之角度，还是社会政治、文化、经济生活的维稳角度，对中小企业的营业权给予平等保护不但有所裨益，也是至关重要的。

（三）不利于科学技术的创新

中小企业是科学技术创新、推动科学技术转化为生产力的重要力量，往往也是一个国家技术进步的载体，中小企业天生具有经营方式灵活、技术转化高效的特点，将科学技术转化为生产力再转化为社会财富所需要的时间短、成本低，我国中小企业的发展呈现出以知识密集型、技术密集型取代劳动密集型、资本密集型的趋势。中小企业的创业无疑是知识转变为生产力的关键。科技创新主要分为工艺创新、产品创新、服务创新和管理创新四个方面，中小企业对产品创新和服务创新的贡献率最高，管理创新方面则比较薄弱。对于国有企业和大型企业来说，常规生产是降低风险的不二选择，频繁采用科技创新技术无形中也将加大生产经营的风险，而中小企业在技术开发和科技创新方面具有很强的主动意识：因其面临严峻的市场竞争带来的压力，又被通过创新获得的超额利润之期待所激励，对市场需求的信息格外敏锐，对探索市场机会和高新技术更为积极，是科技转化为生产力的重要推手。自实施科技兴国的战略以来，我国愈加重视对发达国家做法的借鉴，相继推出若干措施支持中小企业的科技创新。例如，国家发改委等部委发布的《关于印发关于支持中小企业技术创新若干政策

---

① 《关注：中小企业在中国经济发展中作用》，http://finance.sina.com.cn/d/51500.html，2001年4月11日。

的通知》，通过强调中小企业技术开发费可以在税前加计扣除，鼓励有条件的中小企业建立企业技术中心用以提高自主创新能力，鼓励中小企业建立健全培训、考核、使用与待遇相结合的机制激励员工发明创造等方面，激励中小企业进行创新，同时加强投融资对其技术创新的支持，帮助中小企业建立技术创新服务体系并健全相关的保障措施。但是，由于国内外经济形势的复杂多变，加之中小企业营业权的平等法律保护手段尚未完善，中小企业的技术创新之路依然遇到诸多的阻碍。

（四）不利于市场经济的活跃

市场主体的活跃程度能够反映一个国家或地区及其地方投资环境的优劣和发展潜力，中小企业对于我国市场经济的活跃起到了主导作用。商品市场的多层次是由社会需求决定的，同大型企业相比，中小企业的经营项目选择更加贴近市场，能够更快地接受市场信息，加之经营方式灵活，对外部环境变化反应速度较快，不但能够保证市场的活力，促进市场竞争，一定程度上还可避免大型企业对市场的垄断。我国市场经济实践证明，区域中小企业的活跃程度直接决定了该地区市场的活跃程度，中小企业相较于大型企业，容易引入新的体制和科学技术，诸如承包、兼并、破产等企业改革的经验，多由中小企业进行试行，并逐步向国有企业和大型企业进行推广。尤其是科技型的中小企业，更是加快培育战略性新兴产业的重要载体，为我国经济的发展增添活力。此外，中小企业是市场经济公开、平等原则最为积极的维持者，同时也是受益者。但是，正因其天生弱小，竞争能力相对较弱，往往受到来自政府、国有企业、大型企业等企业和金融机构的忽视或歧视，不利于市场经济的稳定和活跃。

二 中小企业营业困境的成因分析

2008 年，由美国次贷危机所引发的金融危机使我国的中小企业步履维艰，生存艰难。据资料统计，我国沿海地区广大的中小企业因订单减少蒙受巨大的经济损失。同时，因国家调整最低工资标准和农业补贴，"用工荒"对企业的影响也非常重大，很多企业甚至处于破产倒闭的边缘。2011 年席卷南方的"用电荒"使中小企业雪上加霜，开工条件不足又没有能力靠自身发电设备进行解决。融资贷款方面受到的打击尤为突出：银根收紧的货币政策是中小企业贷款增速以及规模降低之主要原因，而央行三年来首次下调存款准备金率，也造成了流动资金的缺口增大。不仅如此，包括粮食、石油、贵金属等在内的国际大宗商品价格攀升，又造成商品原材料费用的增加，最终使商品的价格缺乏竞争力，而企业内部降低成本的潜力已经挖掘殆尽。另外，食品卫生安全标准逐渐提高，产品检验的指标有所调整，也在一定程度上加剧了企业营利方面的压力。

若要条理化分析我国中小企业目前面临的困难与问题，应当从不同角度进行考察，其原因也十分复杂：

（1）中小企业不稳定的营业目标是其应对变化能力不足的主观原因。相当一部分中小企业主要依据于资源、地缘、地理、传统产业等条件而兴，且对于这样的条件之依赖性极强。一旦这些核心的基础条件出现了变化，中小企业自身缺乏有效的、应对该变化的能力，陷入营业困难在所难免。例如，很多资源枯竭城市的中小企业因主营产业的衰变而面临或已经破产倒闭，典型例子是相关媒体专题报道的玉门市的情况：石油产业的枯竭造成了人口的转移和城市的衰败，以至于成为全国房价最低的城市，100多平方米的商品房价格甚至不超过1万元。①

（2）中小企业对市场变化预测和应变能力不足的主观原因。目前我国中小企业投资者在投资方面不同程度地具有盲目性，往往根据以往的营业业绩和市场回报统计决定新的投资经营，即以现有的信息作为判断的基本依据。投资者和投资者之间又缺乏信息的沟通与分析，对巨额利润的期待很快就被打破了。于是，大量热点营业项目因无利可图使得部分企业被淘汰出局，歇业倒闭，只能寻找短期盈利的产业项目。遗憾的是那些根本没有获得足够盈利的中小企业又再次盲目追寻所谓的高利润产业项目，这种情况周而复始，使短期投资的弊端暴露无遗，其危害性也是不言自明的。

（3）中小企业营业项目的选择缺乏长期计划，具有随机性。以传统生产领域、服务领域为基本营业内容的中小企业对科技创新反应不

---

① 香港凤凰卫视中文台2011年5月的专题报道。

够灵敏，缺乏利用知识产权交易和科技入股方式改造产品与工艺的意识，对投入海外市场带来的益处和具体途径更是不够了解。因此，对于市场的纯经验型认识，加之业主的主观偏好，必然造成很多中小企业处于风雨飘摇之中。

(4) 中小企业被政府的大型项目投资边缘化。我国经济体制改革和现代化建设正进入整体推进的关键时刻，全国各地都制订了相应的发展规划，明确经济的增长目标，包括项目数量、投资额度、创新能力、环境治理等指标，都与大型企业、大型项目联系在一起，主要依靠国有、国家控股型企业以及规模巨大的跨国公司推动投资。在这个产业振兴的浪潮中，中小企业的量、能、质均无法与大型企业相匹敌。特别是中小企业的经济效益并不稳定，对地方经济的贡献率不够明显，缺乏跨越式的利润目标及具体数据可供宣传，加之对其问题的解决难以在短期内见到成效，故鲜有地方政府将重点放在中小企业的企业升级与发展上。尽管这种漠视被冠以市场化方法之名，将责任推给了市场，但本身就不完全竞争的市场根本无力自主解决该问题。

(5) 中小企业之间的无序竞争造成了其社会信誉的下降。在缺乏行业或地区协同的解决机制的情况下，中小企业相互倾轧的竞争方式很可能使其陷入市场诚信危机的旋涡中难以自拔。由于市场需求有限，众多中小企业被暂时的营利项目吸引，投资方式显现出"短、平、快"的特征，随时准备撤资转而投向另外一个热点领域。正因为如此，这些中小企业不肯花费时间和精力建立商誉和培育市场，不建立长期的客户群体，不培养专用技术人才，不顾及企业长期的发展，而是急功近利、不择手段地争取客源与市场。这样，中小企业之间即便不必担心企业联合形成的价格联盟会像大型企业那样产生垄断性的巨大影响，但也难以形成统一的行业组织体系，必然会造成中小企业间的行业自律同自我约束无法达成一致。

(6) 中小企业内部治理结构简单，缺乏有效的监督，致使对企业有利的生存环境难以形成。中小企业内部治理结构问题表现在两个方面：一方面，采用有限责任公司形式的中小企业多为单一大股东主控生产的营业的模式，其以投票权优势控制着股东会和董事会，一旦公司出现僵局则难以进行破解；另一方面，采用独资企业或者一人公司形式的中小企业，尽管责任形式各有不同，但大多依靠投资者的专权决策进行维系，一旦出现重大的营业决策失误，甚至出现家族利益的冲突，很可能导致拆分与清算的结果，其权力基本没有任何的制约，互相妥协的概率很低。

（7）中小企业外部监管力度不足，营业市场缺乏有效规制。中小企业是政府市场与行业管理的重点，但点多面广量大的特点造成其管理层面的真空状态，很多市场上的违法违规行为长期滋生，企业经营者采用规避法律约束的手段，公开或半公开地利用人际关系或采用商业贿赂的办法实现非法营业而营利的目的，造成市场之乱象。众多制假贩假事件和假冒伪劣的产品都与中小企业相联系，更重要的是，这种情况在短时间内难以找到有效的途径进行扭转。

事实上，上述提及的有关中小企业面临的困难与压力，很大程度是由于其自身的先天不足造成的。中小企业投资者欠缺高度的职业素质和道德修养，对依法营业信心不足的情况下又受到各种非法商业手段高营利的诱惑，加之市场竞争的残酷，从而出现各种各样的问题，反过来又加剧了其面临的困难与压力。从外部环境而言，现代化的集约式生产方式造成了对传统产业与营业方式的巨大冲击，大型企业对资源的大量占有，网络化信息获取与服务的使用，对社会成长总体的贡献率，以及与政府的沟通能力，都是中小企业无法比拟的，其生存空间受到挤压是必然的结果。例如，美国沃尔玛公司在中国进行了大规模的扩张，给中资超市以沉重打击，在很短的时间内使很多中小超市被迫倒闭，其震撼性的影响力使中小企业投资者闻之色变。但是，同时也必须指出的是，中小企业自身的条件决定了其永远不可能与跨国公司进行竞争，而应当发掘别人无法取代的生存空间和用武之地。市场规律对任何企业都不是单一的、优胜劣汰的铁律，中小企业应当正确对待市场资源的配备，进行自我约束和营业方式的调整，进而提高总体的营业能力。

当前我国中小企业所面临的市场环境存在着诸多问题，如何通过制度的建立从而整治企业营业困难的问题，改善其营业方式，提高商业管理水平和营业素质，挖掘企业的潜在能量，实现营业理念和营业目标，引导其守法营业、诚信置业，遵从市场法则实现量和质的提高，才是最关键的着手点。一方面，应当着力研讨出一种切实的法律制度，充分体现出对于中小企业的积极引导、正面规范和法律保护。这里，笔者将"平等保护"限定到制度建设的突出位置，就是强调不能因中小企业自身的顽疾就产生畏难思想，管理制度与法律规范应当不计前嫌，重在塑造，让理性回归，引导它们向好向善。另一方面，也是应当集中研讨的问题，即国家需要建立完善的中小企业平等保护制度，显然，这是对应于大型企业集团而提出的立法倡议，反对仅以社会贡献率指标而简单地认为大型企业才是国民经济的有力支撑的观点。因为无论从宪法赋予中小企业投资者的营业性权利角度来看，还是从民商法授予经济主体的处分财产与投资的权利来看，都能够得出中小企业平等法律保护的结论，上述观点当然有符合社会公认的正当性的逻辑支持。

三 中小企业营业权平等保护的必要性分析

（一）对中小企业是扶持还是保护

西方发达国家经济发展的经验和过程对我国起到了重要的借鉴作用，因而，优先发展重工业的赶超战略在新中国成立初期就已经被确定。长期以来，技术密集、资金密集的大型企业和企业集团一直受到政府的重视，而中小企业的发展却在一定程度上被忽略。另外，提升国有经济控制力通常是国家金融体系主要的设计目的，我国亦不例外，由此在商业银行内部很容易形成带有所有制歧视性质的激励机制，尤其是国有控股性质在内的众多商业银行在提供贷款方面，无不倾向于国有企业或者含有国有经济成分参与的大型项目，显然其隐含的、具有国家信用作为担保的特点以及所有制方面的优势是商业银行这种选择的重要理由。我国设计以工、农、中、建四大国有商业银行为核心的金融体系之主要目的是为大型项目融资提供方便，在这种制度设计的背景下，中小企业和国有大型企业相比，向商业银行申请贷款被拒绝的概率往往至少达到三倍或以上。可见，不仅仅是国家的扶持政策向大企业进行倾斜，这种倾向性也不可避免地对其他行业的行事准则产生重大影响。

对此，林毅夫教授认为："对中小企业不是扶持，而是一个平等对待的问题。"

中小企业平等法律保护问题在融资方面的体现，与其说由政府对在融资困境中努力生存的中小企业给予具体的扶持，不如说政府的首要任务是在营业、融资等方面给予中小企业一个平等的发展环境。早在20世纪90年代末，国家经贸委就在国务院机构改革时承担起产业改革的制定和实施、引导各类型企业以及商业性金融投资方向的职能，并于1998年成立了中小企业司，凡是涉及中小企业的扶持和促进方面的政策概由其出是顺乎自然的了。① 当然，要使该机构达到良性运行，如日本、美国等国家中小企业专司管理机构那样切实地为中小企业带来帮助和利益，使中小企业融资项目受到政策的平等保护，的确需要假以时日。

（二）平等保护并非针对大企业

在众多经济发达的国家，政府对企业的扶持更多集中在中小型企业的身上。例如，为了弥补中小企业的竞争劣势，维持经济活力，美国通过法律、融资政策、技术指导、政府采购等途径给予中小企业多方面的帮助，同时制定《反托拉斯法》对垄断组织进行限制，保护中小型企业的利益免受大型企业的侵害。在我国，国有企业是社会经济的重要支柱，中小企业是社会经济活力的重要来源，两者相辅相成，缺一不可。尽管国有企业、大型企业和重工业通常是政府刺激经济方案的主要受益者，但平等保护应是我国政府对待中小企业的基本政策和基本原则。

正如《中小企业促进法》第三十二条规定，国家鼓励并支持大型企业同中小企业建立以市场配置资源为基础的、稳定的、有关原材料供应、生产、销售以及技术开发、技术改造等方面的协作关系，带动并促进中小企业发展。我国政府亦迫切希望且应更好地通过市场对于资源的配置作用来促进大企业与中小企业的合作，实现中小企业与大企业公平竞争，共同发展。

当前我国经济的社会矛盾比较突出，新《劳动法》的出台一定程度上影响了人工成本，就业岗位更加稀缺。在这样特定的经济社会背

---

① 甘培忠：《中小企业促进法实施中的法律与政策问题研究》，《中外法学》2002年第4期。

景下，中小企业的发展会对解决经济社会失衡的问题发挥巨大作用。例如，发展服务业的中小企业对优化产业和消费结构，改善经济增长方式和人民生活水平具有重要作用；发展社区中小企业有利于增加就业岗位，缓解社会生活的压力和矛盾。另外，市场机制的调节作用在资源配置时并非万能，而是具有一定的局限性。当"市场失灵"的情况出现时，政府干预就成为必然的选择。现代政府一个公认的职能，就是建立和维护支撑市场机制的制度，为商业主体提供公平的环境。而中小企业目前面临的融资困境，既与其自身的缺陷有关，也与现行的政策导向有着密切联系。无论是《商业银行法》《公司法》还是《担保法》《证券法》等重要法律法规都对中小企业发展存在不同程度的限制和约束。

我国从20世纪90年代已经开始逐渐关注中小企业的发展，从1998年中国人民银行颁布的《关于进一步改善对中小企业金融服务的意见》，到2000年《国务院办公厅转发国家经贸委关于鼓励和促进中小企业发展若干政策意见的通知》，再到2003年《中小企业促进法》的出台，都是这一变化的表现。但从目前中小企业的生存状态、存活时间来看，这些法律依然是远远不够的。据上海市的一项调查显示：近70%的中小企业认为贷款难影响了企业的发展。在已停产或准备停产的中小企业中，有近一半企业的停产原因为资金的严重短缺，且缺乏后续供给。在这种情况下，即使企业得到了银行贷款，也大都以期限较短的流动资金贷款为主，无法满足企业长期发展的资金需求。当部分高科技中小企业遇到前景良好的项目，需要中长期资金的支持进行研发和开拓市场时，同样很难得到商业银行中长期贷款的支持。[①]

因此，政府应当自觉从经济社会协调发展的角度，重视和支持中小企业的发展。提供良好的融资环境，针对融资不平等现象对小企业类型进行平等保护，构建公平的融资服务制度是政府的责任。

[①] 丘丽丹：《破解中小企业融资难的法律制度创新》，《广西经济管理干部学院学报》2009年第3期。

（三）营业权平等保护对于中小企业的积极意义

营业权是我们研究中小企业问题最基本的前提。观察中国由于世界范围内金融危机所引起的经济发展方面的不利影响，尤其是沿海地区以加工业为产业特征的个体私营经济所遭到的危机以及面对的营业困难，远远超出了人们原来的预期：市场大幅萎缩、成本逐渐加大、融资陷入困境、创新后劲不足等现象集中反映出一种对于市场异动的无奈。应当明确的是，笔者研究该问题的一个基本场域，即是现有中国市场经济条件下的营业环境，亦即各种类型的经济体分布在不同的产业部门分享着市场资源，以国有企业和国有控股企业为龙头的大型企业和企业集团构成了事实上的经济巨头，它们以国有之性质，天生具有资源垄断的优势和政策法律的保障，构成了市场资源的非市场化配置，仅仅依靠其企业性质就形成了不正当的竞争优势，而且牢不可破。

在我国，传统的社会是讲究人伦秩序、身份等级、重义轻利、以均贫富、以自然经济为基础的社会。"崇本抑末"及"重农抑商"的思想氛围排斥营利性的工商活动，私利之合法性和正当性在制度和文化上并没有太多的生存空间，所以营业权和营业自由的相关制度设计更是无从谈起。中小企业经过数十年改革的洗礼，国有成分极度地降低，企业性质主要为乡镇企业、私营企业、个人企业、三资企业以及依附于大型企业或政府、事业单位的企业。依照现行法律的规定，依法领取营业执照，拥有合法的营业项目，符合市场参与者资格，即成为市场之主体，享有所谓的"经营权"。正如前文所述，按照大陆法系国家经济学的研究以及司法层面的确认，尤其是德国法律创新了"营业权"的通用法律概念，强调公民拥有使用社会的资源和财富，参与营业性活动，获得营业利润之法律授权，其营业项目除特殊场合要有国家的特别许可、置于法律专门授权的约束外，不受来自社会任何带有歧视性的对待，是公民的最基本的经济权利，受到宪法的保护。笔者意图分析这种权利的法律确认，实际反映了对于自由资本主义时代的经济民主、置业自由以及平等法律保护的一种重申，对抗政府行政干预和垄断集团超经济影响的社会潮流。

因此，本书谈及的中小企业营业权指的是法律环境下的平等保护权,强调法律的环境,也就是市场经济法制化的条件,是解决问题的理论支点。该平等保护权有双重含义:一方面,保护经济体拥有从事经济贸易行为的权利,不受来自政府、社会团体、行业协会的非法干预与强迫,通过市场竞争达到合理营业的效益和结果;另一方面,经济环境超市场化倾向的出现,即由于政治、法律制度、经济管制手段等因素,市场配置资源难以自觉地发挥作用的情形发生,不应为其他价值相同的经济体而牺牲中小企业的利益。不仅如此,当现有的经济格局显现出不可能由中小企业自身进行逆转的不利情势,应当利用政府的权力对中小企业施以特殊的产业扶持政策,干预市场失灵,达到经济民主的目标。本书使用的平等保护主要是其第二种含义,即在与大型集团企业、国有企业的竞争中,中小企业不应受到不公平的对待。

四 中小企业营业权立法的实现思路

不同时代法律对公民权利的主张不尽相同,作为反映时代要求之重要标准的法定权利也处于不断调整和变化的过程中,社会需求或多或少地走在法律之前,我们可能同它们间的连接处非常接近,将缺口重新打开是永远的趋向[1],因为"法律"是稳定的,我们所提及的"社会"则是进步的。[2]

我国确有必要针对中小企业营业权进行立法的理由如下:

首先,营业权是我国公民的基本权利。在当代的法学研究中,同权利有关的议题不胜枚举,鲜有脱离权利本位又符合逻辑的论证,在我们所处的市场经济化、经济自由化、政治民主化、价值多元化的社会,公民基本权利的确认更是尤为重要。[3] 公民的基本权利之所以能够实现公民的某种愿望或为公民获得某种利益提供可能性,关键在于法律起到的保障和救济作用。根据法律规定,享有基本权利的公民有权作出或拒绝作出某种行为,并要求他人作出或不作出可能会使自身

---

[1] [英]梅因:《古代法》,沈景一译,商务印书馆1959年版,第157页。
[2] 朱应平:《新中国成立以来我国宪法基本权利的变迁及评析》,《法制现代化研究》2006年第10期。
[3] 王妍:《作为宪法权利的自由经商权及其本质探究》,《比较法研究》2010年第3期。

合法权利受到损害的行为,同时具有要求国家履行保护义务的权利,具体包括三层含义:第一,公民基本权利并不等同于人权,公民权利需要国家通过法律予以确认,人权则是自然法框架内人类享有的道德权利。值得强调的是,尽管我们使用人权之于人类去描述营业权之于营业主体的重要性,但营业权本质上不属于道德权利,需要法律对其进行确认和界定。第二,同世界范围内相当比例国家的法律一致,公民基本权利在我国由宪法进行规定,都是具有本国国籍人必然享有的基本权利。第三,公民基本权利不仅包括人身与人格权、言论与监督权等实质性权利,还包括为实体权利实现提供可能的程序性权利。①本书所讨论的中小企业营业权,符合基本权利的特征,既是营业主体的社会、经济参与权,又包含对实体正义和程序正义的双重诉求,而正是由于营业权尚未经过宪法、商法等法律的确认,也因此产生了理论论证的必要性。另外,相较于权利意识和权利保障制度发达和完备的西方国家,包括中国在内的部分东方国家尚未实现从传统保守的习惯意识向平等自由的权利意识过渡的阶段,基本权利意识以及相应的法律保障制度有待完善既是营业权确立的原因也是其意义所在。

其次,营业权是中小企业的基本权利。正如乔尔·范伯格(Joel Feinberg)所言:"拥有权利能使我们'像人一样站立',与他人直接对视,并且在某种根本方面感受到每个人的平等……而所谓的'人的尊严'可能就是人们所承认的、可以主张权利的能力罢了。"② 同人格尊严与法律尊严的关系类似,营业权可能赋予营业主体的尊严体验同法律之尊严相辅相成,从这一点来讲,相较于综合实力强大的国有企业和大型企业,营业权对于先天实力弱势的中小企业的意义或许更为深远。营业权强调对中小企业平等进行保护,具体表现为对竞争机会平等的维护,与法律人格意义上的平等有所区别,这种"平等"将打破经济实力对竞争机会不合理的垄断状态,保证营业主体在公平、秩序的市场环境下从事经营活动。③ 事实上,营业权学理探讨的意义

---

① 沈宗灵:《比较宪法——对八国宪法的比较研究》,北京大学出版社2002年版,第56页。
② [美]安靖如:《人权与中国思想》,黄金荣、黄斌译,中国人民大学出版社2011年版,第246页。
③ 李剑:《论反垄断法的价值取向》,《法制与社会发展》2008年第1期。

不仅限缩于主观上权利的确认，更在于保证营业权的实现和司法实践，真正发挥营业权的作用。如果说权利是法学研究的核心概念之一，营业权即是中小企业法制建设的核心议题，在广义上更是所有社会经济参与者享有平等竞争机会和营业基本权利的关键所在。

最后，确立营业权立法是政府的职责。基于我国依法治国的基本方略，法治的基本要求在于对权利的保障，在营业权框架内，利益、自由和平等是最为基础的权利诉求。利益是权利的标的，法律作为对社会关系的陈述和利益的载体，同样受制于一定的社会经济利益结构。中小企业营业权体系内的各项权利和义务都指向企业的利益核心，这意味着通过对经济关系的调整以及对竞争环境的营造，法律对营业主体正当利益的保护基本等同于对营业权的确认和保护。在营业自由方面，正如哈耶克所言，法律的存在目的是保护并扩大自由，而不是限制自由。事实上，不论何种诉求，现代法治必然是我国市场经济中各类营业主体实现营业权和平等竞争最为有力的保障，营业权法律体系的完善是外在表现或结果，政府职责的积极履行为这一目标的实现提供了可能性，即通过运用国家权力，将相关营业行为纳入相应的立法、司法和执法框架内。依法治国的方略要求政府将执政为民作为履行职能的宗旨，其中，保证公民依法享有广泛的自由和权利被视为第一要务。广泛的权利和自由要求政府不仅要对公民私法权利进行保护，也要重视公民公法上的权利；不仅要对公民的法定权利加以承认，也要承认尚未被完整写入法律的基本人权和正当利益；不仅要强化对公民自由权利的保护，也要强化对其平等权利的保护，并对与各项权利相对应的义务的实现提供支持。①

具体而言，法律对于营业权的实现主要通过三个阶段完成：首先，法律对营业权进行表达。在我国市场经济的框架内，任何营业主体的利益、自由及各种权利都不是单向度的，法律无法对全部权利同时进行表达，是因为法律无法发明或创造权利，而是权衡权利指向的利益关系并加以梳理和作出选择，对特定的权利进行肯定或否认。这

---

① 江必新：《全面推进依法治国的若干思考——以学习党的十八大报告为背景》，《人民论坛》2012 年第 33 期。

样，法律选择性地表达利益关系的过程，也是对有必要进行保护的权利的选择过程。中小企业对于我国经济发展的重要性不必赘述，《中小企业促进法》的颁行说明法律并未对数量众多、经济实力和发展前景良莠不齐、既为国民经济作出大量贡献又处境复杂且困难丛生的营业群体视而不见，但在如何对中小企业营业权加以表达和保护方面，立法环节显然具有需要完善的空间和必要。其次，法律对营业利益进行平衡。利益平衡是法律领域内特定利益格局下显现出的、利益体系相对均衡的状态。无论是立法环节还是司法环节，利益平衡都是一项基本的原则，法律体系本身就是在利益平衡原则基础上建立的。对中小企业而言，法律对营业利益进行平衡的本质目的在于利用法律的权威协调营业各方相互冲突的因素，为营业活动在各方利益相容的基础上争取最为合理的优化状态。当然，司法实践表明，法律并非追求也无法达成利益的绝对平衡，要求法律对中小企业作出同国有企业、大型企业完全一致的规定毫无必要也并不现实。对比法律对营业权进行表达的过程更多依赖立法的合理安排，法律对中小企业营业利益的平衡更重视司法环节的实践态度，进行平衡并作出裁判的最终目的并非试图赋予中小企业特殊的竞争手段，或者试图利用法律的强制力揠苗助长中小企业天生弱势的经营实力，而是为打破目前国有企业、大型企业客观存在的行业垄断对中小企业产生冲击的不利局面，对社会经济竞争中的各方利益进行平衡，以实现法律的社会功能。最后，法律可以保证营业权的实现。不是所有权利都能经由法律强制力得以实现，但如果没有法律，权利的实现必然会遭受阻碍。同前述两项实现途径进行对比，法律对营业权实现起到的保障作用得益于法的救济功能以及执法环节的执行力，通过法律对遭受侵害的中小企业营业权进行修补和恢复，惩罚违法行为并弥补受损的利益关系，本身也是对破坏正常的市场竞争关系、故意或客观上侵害他人营业权的一种预防和警示。尽管法律本身不能创造利益，但由于各种利益之间存在一定的关联性，法律不仅能够为营业权的实现提供或创造条件，引导和推动各种利益关系向有利于市场经济稳定的方向发展，还将在保护营业利益的同时促进其他利益的实现。反之，我国是典型的成文法国家，如果法律知识和法律体系过于被动、滞后地反映市场经济生活，则没有起到应有的作用。因此，距离《中小企业促进法》颁布已有 12 年，法律应当给予中小企业营业权立法诉求一个及时又充分的回应。

此外，法律并非保护中小企业营业权的唯一方式，企业自身的协调机制，良好的社会规范和交易习惯，中小企业商会、金融合作社等组织的章程或行业准则在特定情况下也能够起到对营业权的保护作用，是法律保护机制的有力补充，为中小企业在营业过程中遇到的问题或纠纷提供在进入司法程序前即得解决的可能性，既减轻了中小企业的诉讼负担，更节约了司法成本。可见，企业的正当利益也可由非政府组织进行推动和维护，并非只有诉诸法律一个途径，但在所有的保护机制中，法律一直是主导力量。换言之，只有法律能够让中小企业营业权的具体内容和保护范围确立为不可随意变更的规则，有效起到风险和纠纷防范的作用，也只有法律能够在当前的社会经济条件下最大限度地保证中小企业享有营业权框架内的各项权利，真正使国家对中小企业的扶持精神得以落实。

综上所述，中小企业的生命脉络是否健康对我国经济影响深远，营业权的确立对中小企业发展至关重要，而法律又是营业权有效发挥保护作用的唯一途径，立法者则承担着对法律的根本属性和内容进行清晰阐释并建立相应的法律体系的职能，使政府在履行职责的过程中接受法律的监督，依照法律条文和法定程序切实有效地对中小企业进行保护和管理，这种依存关系可谓环环相扣，缺一不可。当市场资源配置无法自觉发挥作用、出现不可能由中小企业自身逆转的经济格局时，政府不应牺牲中小企业的营业利益和竞争权利，使对其的促进和扶持停留在法律规范构成要素明显缺失的《中小企业促进法》阶段，应当通过营业权法律体系的建设，充分尊重中小企业营业自治和商业竞争精神，避免单一使用政策引导或行政强制手段代替市场选择。

第四章　中小企业营业权法律保护方法

第一节　公法体系下的营业权法律保护

一　中小企业促进法律体系的构成

我国有关中小企业的法律制度以促进和支持其发展、部分地纠正现实中对于中小企业营业活动的消极态度与不合理限制措施为目标，于新世纪陆续出台：2003年，全国人民代表大会制定了《中华人民共和国中小企业促进法》；2005年，国务院公布了《关于鼓励支持和引导个体私营等非公有制经济发展的若干意见》；2009年9月，国务院又出台了《关于进一步促进中小企业发展的若干意见》；2010年5月13日，国务院公布了《关于鼓励与引导民间投资健康发展的若干意见》，简称"民间投资36条"，对民间投资的领域和范围进行了进一步的明确，一定程度上破除了阻碍民间投资的制度性障碍，也对营造有利于民间营业经济发展的环境起到了十分重要的作用。该文件在涉及行业准入方面具有突破性的内容，加强了行业准入方面具体规定的可操作性，根据不同领域、不同行业的具体情况，提出正确引导民间投资进入营业领域的方式和途径，同时，还对文件的贯彻和落实提出了明确的要求，并为保护和促进民间投资提出了具体的保障措施，进而为保证民间投资的发展提供了有效保障。[①] 这些都是目前为止构

---

① 黄孟复：《指导我国民营经济持续发展的纲领性文件》，《中国中小企业》2010年第6期，卷首。

成我国促进中小企业发展的若干基本法律文件，形成具有指导意义和约束力的法律和行政法规。对 2003 年的《中小企业促进法》进行分析可以发现，对于原来与个体私营等非公有制经济相提并论的中小企业而言，尽管在待遇上与国有企业之间有很多差别，国家也打算通过法律进行积极的引导，且已有法律对其进行正式的规定，但该法的宣告性似乎更强一些，并暗指解决中小企业相关问题存在一个过程。2008 年金融危机以后，中小企业营业状况急转直下，沿海发达地区外向型中小企业更是遇到了前所未有的营业困难，迫使国家加快改革步伐，下决心打破过去人为的贸易壁垒，才有了 2009 年的《关于进一步促进中小企业发展的若干意见》。因国务院行政法规的导向作用，各省市和地区也开始积极推进改革，地方性法规、政府规章形式的规范性文件大量出台，更有针对性地通过政策解决具体的问题，构成第二层次的中小企业促进之法律制度。例如，江西省《关于进一步促进中小企业发展的实施意见》，安徽省《促进皖江城市带承接产业转移示范区发展若干税收优惠规定》，重庆市《关于大力发展微型企业的若干意见》，西藏自治区《中小企业发展专项资金管理办法》，新疆维吾尔自治区《促进股权投资类企业发展暂行办法》，宁夏回族自治区《促进中小企业发展条例》等。而第三层次则是副省级城市和省会城市发布的规范性文件，包括福州市《关于培育高成长性企业的意见》，深圳市《中小企业发展促进条例》，厦门市《促进服务外包加快发展的若干意见》，青岛市《关于进一步鼓励小企业创业创新发展的意见》，珠海市《科技型中小企业技术创新资金管理办法》等。

总结我国有关促进中小企业发展的法律体系，其法律渊源第一层次是由宪法、公司法、合伙企业法、中外合作经营企业法、个体企业法、公司登记条例等基本法和部门法构成的基础性法律；第二层次包括国务院行政法规及相关部委的政府规章，主要来自工业和信息化部；第三层次是省、直辖市和自治区以及拥有地方立法权的副省级城市，较大城市和民族自治地方制定的地方法规和行政规章。上述三个层次中以国务院的专门性立法文件为立法依据，地方性立法多体现出不同的特色与针对性。

二 中小企业促进法律制度内容构成

我国现行中小企业的立法具有相当的针对性,能够达到直面现实、重点突出的效果。《国务院关于进一步促进中小企业发展的若干意见》主要规定了 8 个方面的法律措施:(1)进一步营造良好的、有利于中小企业发展的环境;(2)切实缓解中小企业融资方面的困难;(3)对中小企业财税方面加大扶持的力度;(4)加快中小企业结构调整和技术进步;(5)为中小企业开拓市场提供有力支持;(6)帮助中小企业改善和改进服务;(7)加强中小企业营业管理水平;(8)加强对中小企业相关工作的领导。不过,该意见除了一般性的政策阐释以外,缺少可操作性的具体措施,故只是一种宣示式的政府规范性文件,重点在于传达政府的信号,尚需具体的配套措施。2010 年 5 月 13 日发布的《国务院关于鼓励与引导民间投资健康发展的若干意见》,在立法风格上有变化,在 12 个方面规定了政策措施,包括:(1)进一步拓展民间投资的领域及范围;(2)鼓励和引导民间资本进入基础设施领域以及基础产业领域;(3)鼓励和引导民间资本进入政策性住房建设以及市政公共事业领域;(4)鼓励和引导民间资本进入中央和各级地方政府领导的社会建设以及社会服务事业领域;(5)鼓励和引导民间资本进入金融服务领域;(6)鼓励和引导民间资本进入商业贸易流通领域;(7)鼓励和引导民间资本进入国防科技工业领域;(8)鼓励和引导民间资本进行重组和联合,参与国有企业改革;(9)推动民营企业转型升级和加强其自主创新能力;(10)鼓励和引导民营企业积极参与国际商业竞争;(11)为民间投资提供良好的环境;(12)加强为民间投资提供服务,加强对民间投资的指导和规范管理。

通过上述两个基本法律文件可以了解到目前我国中小企业促进法律制度所涉及的领域,包括政府采购方面对中小企业的支持政策,相关法规清理,扩大市场准入范围,财政税收支持,加强社会保障领域支持和金融扶持政策以及支持企业技术进步与结构调整,支持开拓国际市场,建立服务职能部门、行业组织和服务平台等。

三 中小企业促进法律制度的完善目标

实际上,在前文介绍的相关法律出台的行动中已经表明政府对过去产业政策内容的检讨,也是对以往政策的一种纠正,强调对中小企业支持的必要性。尤其是2010年的13号文件中，对于中小企业相关问题的认识有所深化，集中表现为：首先，该文件系统地阐释了民间资本和民间投资的性质与作用，强调进一步鼓励和引导民间投资，有利于坚持和完善我国社会主义初级阶段基本经济制度等内容，共提到"有利于"四次，将民间投资的重要性上升到巩固可持续发展之基础的程度，以及促进社会和谐稳定发展的高度。[①] 其次，该文件专门提到对民间投资平等保护的问题，"市场准入标准以及优惠扶持政策要做到公开、透明，对各类投资主体给予同等的对待，不得单独针对民间资本设置附加条件"，要"创造公平竞争、平等准入的市场环境"，并且明确要"鼓励和引导民间资本进入法律或法规并未明确禁止准入的行业及领域"。特别就法律法规政策清理提出要求，要"切实保护民间投资之合法权益，培育并维护平等竞争的投资环境。在制定与民间投资相关的法律、法规和政策时，应当听取相关商会以及民营企业的意见和建议，充分地反映民营企业的合理要求"。有关中小企业营业权的平等保护制度通过2010年的《若干意见》得以正式确立，该意见既是有关中小企业发展促进制度的重要组成部分，也是最核心的理论前提。

尽管部分内容可能通过现有的法学理论或相关制度的援用进行解决，但总体来说，中小企业营业权平等保护法律制度至少应该通过制度构建确立8个有关的法律规范体系，包括：（1）中小企业法律界定标准；（2）营业权法定概念；（3）中小企业法律属性、地位和组织形态，以及责任方式等；（4）中小企业的营业范围、营业条件与市场准入的程序性约束；（5）中小企业现代企业制度建立、治理结构与民主管理方式；（6）中小企业行业自律组织与协商机制；（7）中小企

[①]《国务院关于鼓励和引导民间投资健康发展的若干意见》（国发〔2010〕13号）规定："……进一步鼓励和引导民间投资，有利于坚持和完善我国社会主义初级阶段基本经济制度，以现代产权制度为基础发展混合所有制经济，推动各种所有制经济平等竞争，共同发展；有利于完善社会主义市场经济体制，充分发挥市场配置资源的基础性作用，建立公平竞争的市场环境；有利于激发经济增长的内生动力，稳固可持续发展的基础，促进经济长期平稳较快发展；有利于扩大社会就业，增加居民收入，拉动国内消费，促进社会和谐稳定。"

业社会责任履行与诚信建设；（8）中小企业合法利益的司法救济手段。这8个方面的法律规范体系，构成了我国应然的中小企业营业权法律保护的最核心要素，能够支撑国家有关扶持民间资本平等进入竞争领域的发展非公有制经济的方针。笔者认为，有关中小企业的法律界定、营业权的概念界定，以及与判断平等保护的认定标准有关的内容是整个制度的理论前提，中小企业（民营资本）的法律属性是制度的最本质表现，具体的组织形式与责任方式构成了该制度得以外化的现实载体。中小企业之营业范围、经营条件以及准入程序是其享有权利的最硬性的约束条件，能够决定其利益取得的正当性。中小企业建立现代企业制度，优化内部治理结构，解决权力划分与制约，加强民主管理，是实现制度设计目标的组织性保障。中小企业提高社会责任意识，健全诚信体系，是该制度实现其价值的长久动力源泉和政治保证。而自律组织作用的合理发挥，将毫无疑问地成为中小企业整体利益的沟通管道和桥梁，能够保证在法律授权的组织体制内达到利益的增值。至于相关司法救济手段更是中小企业实现平等之目标的有效法律武器。

因此，我国中小企业营业权法律保护制度需要通过对前述八项基本内容的确认和规范才有可能发挥应有的作用。然而，我国目前距离这个完善的目标尚有很大的差距，在很多方面都面临着现实的、迫切的改变和完善之需求，同时处于法律制度及规则资源稀缺之间的深刻矛盾中，应当如何塑造理想中的制度模式是至关重要的研究重点。

第二节　商法体系下的营业权保护手段

本书要进行研讨的，有关中小企业营业权的法律保护问题，是与《公司法》有关独立性及权利保障的规定有着密切联系但又属于不同角度的问题，其内涵集中在赋予中小企业一种自我保护的行政请求权与司法救济权。而《公司法》《独资企业法》等法律之侧重点主要在于企业内的管理权与决策权划分问题，例如如何承担企业债务责任，企业的决策程序与变更登记等，而中小企业营业权平等保护制度主要是为政府设定义务与责任。

一 公司法

以市场主体身份拥有生产和营业之资格，在我国已有一系列的法律文件加以确认。我国《公司法》中对于主体的营业权作出了较为明确的规定，该法第三条第一款规定："公司是企业法人，有独立的法人财产，享有法人财产权。公司以全部财产对公司的债务承担责任……"第五条规定："公司从事经营活动，必须遵守法律、行政法规，遵守社会公德，商业道德，诚实守信，接受政府和社会公众的监督，承担社会责任。公司的合法权益受法律保护，不受侵犯。"仅以《公司法》上述规定为证，说明我国法律对于公司、企业的营业权利已经有了相对具体的确认，除法律、行政法规的明确限制，企业的营业权也由公司章程加以确定。公司、企业要遵守社会公德，接受政府的监督，承担社会责任，但不受来自其他方面的非法干涉，突出了营业的独立性和企业的主体地位。

在公司法领域，现有的研究多集中于国有企业、大型企业等上市公司相关法律制度方面，并未对中小企业给予足够的重视。我国《公司法》在最初的立法内容以及最新的修订内容中，尚未对中小企业形成系统的规定和保护。事实上，从发展趋势的角度来说，公司法无疑是为适应经济发展状况而不断进行修订，以满足各类企业的法律需求，并对相关的法律关系和法律行为进行调整和规制。目前我国被公司法及其判例所规定或承认的公司类型主要包括股份有限公司、有限责任公司等，除国有大型企业多以股份有限公司的形式创设外，其他类型的公司和企业形态多为中小企业创设所采取。

相对于国有企业和大型企业，中小企业在公司组织形态之多样化等方面存在很多公司法层面的需求。

从企业内部的关系来看，中小企业的股东人数较少，股东之间的关系较为密切，董事或经理一职多由股东亲自担任，企业的所有权和经营权没有严格的分离。同时，中小企业的股东之间往往以亲属、朋友为主要关系，对于彼此的品行和能力有所把握，尤其是小微企业，更是以家族式管理经营方式居多，和大型企业相比，股东之间更容易建立稳固的信赖关系，依靠血缘或信义维持内部治理的人合性。正因如此，很多中小企业在创立初期对法律设计的治理机制不予认同，认为公司法强调的治理结构和议事规则会增加其营业的成本，还会伤害内部人员之间的信任，降低企业的营业效率。对此，公司法应当为中小企业提供与股份有限公司有所区别的治理结构或治理机制，强调对中小企业人合性和封闭性的保护，满足其对降低成本和提高效率的追求。

从企业对资金的需求程度来看，正如上文所述，我国中小企业目前最大的营业阻碍当属资金的桎梏。正因中小企业缺乏资金投入，对融资往往有着多样性、及时性、灵活性的需求，但是，处于创业初期的中小企业资金有限，却可能拥有某项专利技术或者特定的社会资源、特殊的管理或技术才能。因此，如果法律对于公司注册资本或者出资方式设定较多的限制，会给中小企业的创设带来不必要的成本，甚至会导致很多中小企业创设的可能性破灭于特定的程序或限制当中，阻碍科学技术的应用和转化，不利于我国经济活跃程度的维持。同时，资金的缺乏和融资的困难使得中小企业需要尽可能地降低营业成本，减少开支，需要将有限的资金用于生产和营业，鲜有中小企业会在资金紧缺的情形下将有限的资金投入企业内部的管理，亦排斥政府或者法律对此进行过度的规制或干预。因此，从主观意识形态的角度而言，中小企业需要一部能够为其降低营业成本的公司法，而不是让其融资困境雪上加霜的公司法。

中小企业的股东对于公司法所设定程序和规则的偏见并不能说明中小企业的内部关系不需要公司法的保护；相反，正因为中小企业的人合性较为突出，一旦股东之间因误会、交恶等营业之外的感情因素导致关系破裂，利益变成股东最大且唯一的追求，大股东对小股东进行欺压和排挤，肆意侵占小股东利益，恰恰需要公司法从商法的角度为这些纠纷提供具体的规则。另外，从企业管理的角度来说，当企业的规模不断增大，营业项目变得更为广泛和复杂时，股东亲自参与企业管理的时间、经验和专业知识都有不济从前的可能，面临着聘任专业人士进入技术或管理岗位，使得企业的所有权和经营权被动分离。当这种权利分离的现象出现时，中小企业的股东们方才意识到公司治理结构和内部关系的调整、维护的重要性，逐渐意识到公司法对于管理的重要性，而经过多年营业经验的积累，法律意识的增强，以及其他外部因素的影响，中小企业对公司法的需求也会比创业初期有所增强，需要公司法提供相应的法律规则，以便其应对日益复杂的竞争环境和经营管理时可能出现的问题和风险。因此，中小企业需要公司法遵循其发展的规律，充分考虑不同发展阶段的特殊要求，为其提供较为灵活的治理规则，有助于降低交易成本，并在问题和纠纷出现时为其提供解决途径和法律依据。①

笔者认为，中小企业治理结构对于公司法的诉求目前主要集中于有限责任公司相关法律规定。我国属于中小企业规模的公司大多以有限责任公司的形式设立，有限责任公司也是我国企业实行公司制最为重要的一种组织形式，是指根据《中华人民共和国公司登记管理条例》登记注册的中小企业。有限责任公司的优点在于设立程序比较简便，不需发布公告，也不需公布账目，尤其是资产负债表在一般情况下不予公开，公司内部机构的设置也比较灵活。但是，有限责任公司的融资环节亦是其"软肋"，不能公开发行股票导致其筹措资金的规模较小，途径较少，无法适应国有企业和大型企业的营业需要，多适用于我国的中小企业。有限责任公司的股东对公司债务不承担个人责任，仅以其认缴出资额对公司承担责任，即承担的风险限于其出资的额度，相较于人合公司风险更加确定。从法经济学的角度分析，有限责任能够降低对代理人监督的需求，能够激励管理者提高营业的效率，能够使市场价格更为准确地反映公司的价值，能够提高分散化投资的效率，能够促进最优投资决策的实现②，使得有限责任公司在很多场合下比合伙企业、独资企业等形式更受到中小企业投资者的青睐。另外，很多中小企业具有一定的创业或营业资本，但尚未达到使企业能够对外承担无限责任的程度，正是有限责任制度能够有效分配风险，降低股东的个人风险，成为中小企业创业的首选公司形态。

然而，现行《公司法》对于有限责任公司的规定并不利于我国中小企业的发展，其根本原因在于有限责任适用理念过于陈旧，相关的

---

① 于定勇：《论中小企业的公司法调整与变革》，http://china.findlaw.cn/lawyers/article/d7135.html，2008年8月4日。

② [美] 弗兰克·伊斯特布鲁克、丹尼尔·费希尔：《公司法的经济结构》，北京大学出版社2005年版，第46—49页。

法律规定未能与时俱进。任何制度都处于历史变革的进程之内，有限责任制度亦如此①，应当随着经济的发展而不断地变化、革新。但从目前我国的立法情况看，政府尚未对最适用于中小企业的有限责任制度给予足够的重视。中小企业大多无法达到或者没有必要达到股份有限公司的规模，但其同样需要合理的治理结构，充足的资金来源，平等的竞争地位，且同样承担着巨大的风险，同股份有限公司的股东一样，中小企业投资者同样需要公司法的保护，而有限责任公司相关法律规定正是符合中小企业管理方式、人员数量、发展规模、经济实力等特点的、具有针对性的规制手段。有限责任公司股东的有限责任之功能已经从资本的聚集逐渐朝对投资者保护的方向发展，但我国公司法对于有限责任公司的规定基本承袭着其对股份有限公司的规定。事实上，我国《公司法》一直存在对上市公司等大型股份有限公司过于关注的倾向，很多制度安排都是为股份有限公司设计的。从2005年公司法修订前的规定来看，该法关于有限责任公司和股份公司的设立、组织结构等内容多处相同，仅仅在数值等方面有所差异，针对有限责任公司特点的规定较少，强制性法律规定较多，不适应有限责任公司发展的需要。新公司法尽管在一定程度上提高了对有限责任公司的重视，对于其设立、治理和利润分配等方面的自主权有所扩大，但改革的力度明显不足，一方面同发达国家先进的立法理念尚存差距，另一方面也不利于我国中小企业的发展。

二 合伙企业法

根据《合伙企业法》的规定，合伙企业是指两个或两个以上自然人、法人和其他组织共同出资设立的企业，分为普通合伙企业和有限合伙企业。前者由普通合伙人组成，该法在没有特殊规定的前提下，合伙人对合伙企业债务承担的是无限连带责任；后者由普通合伙人和有限合伙人组成，其中，普通合伙人对合伙企业的债务承担的是无限连带责任，有限合伙人则仅以其认缴出资额为限，对合伙企业债务承担有限责任。从法律规定的内容来看，普通合伙的合伙人必须为两人

---

① 袁碧华：《美国式有限责任公司立法对我国中小企业商事立法的启示》，《政治与法律》2007年第5期。

或两人以上，且既可以是自然人，又可以是法人，而合伙企业本身不是法人，不独立承担责任，由合伙人以个人财产承担合伙债务的连带责任，当合伙企业财产不足以清偿债务时，债权人有权向任一合伙人请求履行全部的债务。同时，普通合伙企业的合伙人在原则上享有平等的管理权力，除合伙协议另有约定以外，所有合伙人均有权代表合伙企业对外从事业务活动，对内又可以通过合伙协议，对各合伙人的权利义务进行约定。而有限合伙企业同普通合伙企业的区别在于，合伙企业中存在普通合伙人和有限合伙人，企业的营业和管理由普通合伙人进行，合伙企业的债务由普通合伙人承担无限责任，有限合伙人则不参与合伙企业的营业和管理，仅以出资额对合伙企业承担有限责任。普通合伙的优势在于，普通合伙人承担连带责任，有利于其恪守职责，专注经营和管理，保证合伙的稳定性，也有助于债权人利益的维护；有限合伙的优势在于，有限合伙人承担的责任亦有限，投资风险较低，从融资的角度来说，更容易拓宽融资渠道。

可见，对于中小企业而言，合伙企业的组织形式在创业和融资方面具有相当的优势和吸引力。相对于公司的组织形式，法律对于合伙企业创办和规制的强制性规定较少，且可以通过协议对合伙人权利义务进行约定，经营方式灵活多样，合伙人之间承担连带责任，更有利于对债权人利益的保护，以便筹措到更多的资金，获取更多的技术和经验。但是，普通合伙人之间承担无限连带责任，无形中也加大了投资的风险，难以对社会资本进行大量集中，对企业的发展和规模的扩大造成限制，且容易出现合伙人之间权力和利益的冲突，影响企业的稳定。对此，有限合伙具有以下优势：执行事务合伙人不但对企业投入资金或其他资本，且需对企业债务承担无限责任，一旦企业出现亏损，不能清偿全部债务时，还需以个人财产对债务进行偿付，促使执行事务合伙人将营业事务和企业效益的提高放在首要的位置；同时，有限合伙允许执行事务合伙人以劳务或较少资本为出资，用以取得经营管理的权利，有利于企业对资源和人才的吸纳，起到放大资本的作用。

三　个人独资企业法

根据我国《个人独资企业法》的规定，个人独资企业，是指依照法律在中国境内设立的，由一个自然人进行投资，投资财产为投资人个人所有，投资人以其全部财产对企业债务承担无限责任的营业主体。作为营业主体中的商主体，在众多参与到商事活动中的企业组织形式中，个人独资企业参与时间较早，从商个人的形态逐步转变为商事组织，就性质而言，其与其他自然人和企业形式不同，具有商个人和商组织的双重属性，但从法律为其设定的权利和义务的角度而言，个人独资企业本质上属于商事组织毋庸置疑。正因如此，个人独资企业的企业形态较为简单，法律特征在于：首先，个人独资企业的出资人仅限于一人，且必须是自然人，从我国目前的立法来看，仅有关于国有独资公司一种类型的规定，尚未对法人设立独资企业进行规定。换言之，政府、法人和其他组织、社会团体均不能成为个人独资企业的出资人。其次，个人独资企业的出资人对其创立的企业享有所有权和营业权，出资人可以委托或者聘用他人对企业进行管理，但最高决策权依然属于出资人本人。对于企业经营管理的内容和企业是否停业、关闭等事项，出资人均有决定权。再次，个人独资企业不具备独立的法律人格，因此不属于法人，出资人的个人财产同企业的财产之间没有区别和界限，出资人必须以其个人全部财产对企业的债务承担责任。因此，个人独资企业通常以出资人个人资产进行创立，资金的有限导致企业规模往往很小，而进一步积累和筹措资金则比较困难，从企业规模的角度衡量，通常属于小微企业。但是，从企业管理的角度来说，正因个人独资企业的规模小、人员少，企业自主经营权容易掌控，内部人员的纠纷较少，商业机密的保密性高，处理问题和危机的方式灵活、快捷。最后，个人独资企业的出资人必须以全部个人财产对企业债务承担责任，从投资人的角度来说，无疑风险较大，但从债权人的角度来说，对其利益的保护则十分有利。同时，法律对于个人独资企业创设的条件亦不做繁复的规定，对注册资本也没有要求，使得其创立条件和程序较为简便，对吸引民间资本创办中小企业大有裨益。

提到个人独资企业的特点对于中小企业创立的影响，一人公司①的组织形式似乎也有相同的优势所在。但是同一人公司对比，个人独资企业的优势也十分明显：从管理的角度来说，个人独资企业的管理模式较为简单，营业效率较高；从财务会计的角度来说，个人独资企业享有较为宽松的财会要求；从税收的角度来说，个人独资企业承担较轻的税收负担。同时，尽管个人独资企业不具备法人资格，需要投资人对企业债务承担无限责任，而一人公司具备法人资格，投资人仅承担有限责任，但后者的组织形式对公司注册资本有着较高的要求，对投资人的融资能力、经营管理能力也都有着更高的要求。对于我国中小企业的发展而言，个人独资企业的组织形式更易被资金和人才实力有限的投资人所接受。但是，从我国目前的立法来看，个人独资企业法为企业设立所设定的条件同一人公司的创设条件相比，没有明显的区别，尽管在商号、商业账簿以及责任承担等方面突出了个人独资企业的主体独立性、组织性、规模性和规范性②，客观而言对企业的要求较高。因此，如何为中小企业采用个人独资企业的方式设立并运营，降低设立的门槛和营业成本，扩大个人独资企业同一人公司的制度区分，是立法需要完善的主要内容。

四 反不正当竞争法

（一）反不正当竞争法的私法属性

不正当竞争行为是破坏市场竞争秩序的行为，也是侵犯他人合法权利的行为。尽管各种不正当竞争行为造成的危害后果不尽相同，但

---

① 一人公司有广义和狭义之分，广义的一人公司包括形式意义的一人公司和实质意义的一人公司，实质意义的一人公司指公司设立时，公司股东人数符合法定最低人数要求，但出资人或真正拥有股份者只有一个法人或自然人，其他股东或出资人都是为了逃避公司法规定而出现的，实质意义的一人公司仅存于允许设立一人公司的国家或地区。形式意义的一人公司是指股东人数只有一人，全部股份或出资均由其控制的公司，这种形式意义的一人公司又可分为成立时的一人公司以及成立后的一人公司，前者主要存在于允许设立一人公司的国家或地区，指公司在成立时仅有一名股东；后者则是在公司成立时符合法定人数，但由于股份的转让、赠予、继承等原因，导致仅有一名股东控制公司的全部出资或股份的情况，这种公司一般仅存在于不允许设立一人公司，但是允许存续中的公司成为一人公司的情况。中小企业若以一人公司的形式设立，两种设立形式均有采用。

② 李建伟：《个人独资企业法律制度的完善与商个人体系的重构》，《政法论坛》2012年第5期。

从整体上看，不正当竞争行为的实施者在主观上均具有恶意，大多采用欺诈、利诱、虚假陈述、胁迫的方式，以谋取利益为目的。① 反不正当竞争法作为通过控制市场交易中不正当竞争的行为、维护市场经济的秩序，最初来源于侵权法。在19世纪的欧洲，法国法官出于对诚实商人的保护，援引民法典中关于侵权的一般规定确立了"不正当竞争"的概念，认为没有正当理由而对他人造成损害者，必须承担法律责任，由此发展出的法律制度，将尚未对工业产权产生侵害，但在某些商业活动中造成欺诈的结果或使人误解并对此负有责任的行为，视为不正当的竞争行为，即便该商业活动同工业产权的概念没有关联亦是如此。事实上，在目前世界很多国家对不正当竞争行为专门设立法律加以规制的同时，依然有国家对此类行为适用侵权法进行规范。法国即是如此，至今没有指定专门的反不正当竞争法，而将不正当竞争行为视为纯粹的侵权行为，侵权行为人对于被侵权人负有赔偿的义务，而被侵权人也仅能就不正当竞争行为提起损害赔偿之诉。另外，还有一些国家规定，即便本国已有反不正当竞争法的专门立法，也可以使用民法对于侵权行为的规定提起诉讼。例如，意大利同法国相似，最早也是援引民法典中关于侵权行为的规定对不正当竞争行为进行规制，而后颁布了专门的反不正当竞争法，但是，该法采用列举式的立法方式，不能将所有不正当竞争行为悉数列明，一旦出现没有列明的不正当竞争行为，或者随着社会和经济发展出现新类型的不正当竞争行为，依然适用该国民法典的有关规定。② 这种法律交叉适用的现象，本质上是由不正当竞争行为表现形式的多样化决定的。不正当竞争行为的出现同特定国家或地区的经济发展水平、营业主体的经营习惯和交易习惯以及法律制度的完善情况密切相关。

在我国，反不正当竞争法同样兼具公法和私法的双重属性。一方面，反不正当竞争法旨在保护交易安全，维护市场竞争的秩序，属于经济行政法的一种，具有公法性。正因竞争秩序是整个社会秩序的重

---

① 王利明：《关于完善我国反不正当竞争法的几点意见》，《工商行政管理》2003年第24期。

② 郑友德、范长军：《反不正当竞争法一般条款具体化研究——兼论中华人民共和国反不正当竞争法的完善》，《法商研究》2005年第5期。

要组成部分，又对经济的稳定和发展具有重大影响，其存在和发展亦直接影响整个社会的利益，因此，反不正当竞争法的最终目的在于维护社会的公共利益。我国《反不正当竞争法》第三条第一款规定："各级人民政府应采取措施，制止不正当竞争行为，为公平竞争创造良好环境和条件"，第十六条规定："县级以上监督检查部门对不正当竞争行为，可以进行监督和检查"，强调了专门的行政执法机关及其行政责任，体现出政府干预的立法态度。另外，反不正当竞争法同样具有私法的属性。反不正当竞争法作为维护竞争秩序的法律，自然要将保护经营者、交易双方利益的内容作为价值目标。正如上文所述，不正当竞争行为最早是通过侵权法进行调整的。英美法系国家主要通过侵权法对不正当竞争行为进行禁止，将反不正当竞争法视为竞争秩序的规制法，同时也是侵权行为的救济法。[①] 溯源至反不正当竞争法诞生之初，私法的本质属性毋庸置疑。换言之，反不正当竞争法本就具备民商法范畴的私法属性，其公法化的倾向是随着经济发展、交易双方利益保护意识增强、市场公平竞争机制重要性增强而逐步体现出来的。正因随着经济发展出现了新形态的不正当竞争手段，反不正当竞争法已经逐渐脱离营业者保护之市民法的色彩，逐步成为破坏竞争违法性的衡量工具。归根结底，这种现象的出现是因为不正当竞争的手段不但损害了一般营业主体的利益，更直接破坏了市场经济最为根本的机制，即竞争机制，损害了营业主体和消费者的利益，破坏了正常的市场秩序。从法律经济学的角度来看，法律制度的变迁决定于成本和收益的关系，而成本和收益的变化，则是由经济要素相对价格变化导致的结果。随着市场经济的发展，相对于个体竞争利益而言，社会整体交易主体、营业主体对经济发展的贡献以及影响力逐渐增大，导致反不正当竞争法愈加重视公共利益的保护，并促进其公法性的增强。这也推动了各国立法对于反不正当竞争法具体条文设计的重视，实施不正当的竞争行为不但需要承担私法上的赔偿责任，还将受到公法性质的行政责任的制裁。不过，对于中小企业来说，无论反不正当

[①] 王利明：《关于完善我国反不正当竞争法的几点意见》，《工商行政管理》2003年第24期。

竞争法的何种法律属性更为突出，均是保护其合法营业利益，保障其在市场竞争中享有平等竞争权利的重要法律制度。

（二）反不正当竞争法对中小企业法律保护的意义和作用

我国《反不正当竞争法》第二条第一款规定"经营者在市场交易中，应遵循自愿、平等、公平、诚实信用原则，遵守公认的商业道德"，强调市场交易中的平等原则；第二款规定"本法所称的不正当竞争，是指经营者违反本法规定，损害其他经营者合法权益，扰乱社会经济秩序的行为"，强调该法保护营业主体的营业利益，禁止他人对社会经济秩序的破坏；第三款规定"本法所称的经营者，是指从事商品经营或者营利性服务的法人、其他经济组织和个人"，强调该法使用的主体是经营者，换言之，非经营者的营业利益不由该法规制。但是，反不正当竞争法对于"经营者"概念并未作出具体的阐释，有学者认为，根据现行法律的规定和体系，不正当竞争行为的主体除一般营业主体外，还包括未领取营业执照即从事营业活动或者营业执照到期后不具备合法资格继续从事营业活动的、不合法的经营者。① 而在社会经济生活中，即便是将"经营者"的概念扩展至政府和不合法的经营者，依然存在很多破坏竞争、破坏营业权正当行使的行为之主体并不具有营业性或营业目的，同样会造成营业权的损害或者交易主体合法利益的损失，有损市场竞争的秩序，却难以被反不正当竞争法所规制。

可见，现行法律对经营者概念的界定不甚确定。另外，对于侵害营业权的行为，现行法律采取列举式的立法方式，仅仅列举了11种不正当竞争行为，致使新形态的不正当竞争行为无法纳入现行法的调整范畴，不利于中小企业营业利益受到法律保护得到真正的实现。

我国的《反不正当竞争法》在日益广泛的国际经贸合作以及社会主义市场经济不断发展的背景下设立，承担着保护交易主体、营业主体利益，维护市场竞争秩序的重任，如上文所述，具有私法、公法相融合的性质。但是，在制度设计以及具体法律条文设计方面，我国《反不正当竞争法》对被侵害营业主体救济手段的赋予多集中于对行

---

① 邵建东：《竞争法教程》，知识产权出版社2003年版，第28—33页。

政管理部门监督、罚款等方式的诉求,加之法律条文数量较少,内容不够周详,很难实现平等法律保护的法益目标。从经济发展带来的制度变迁角度来说,我国的市场主体趋于多元化的发展趋势,市场竞争因我国经济实力的增强、在世界经济往来中的地位升高,已经逐步向更大的范围和更高的层次上展开,经济现象更加复杂,对于中小企业来说,这既是一种机遇,又是一种挑战。同时,这种经济现象的复杂化也导致不正当竞争行为具有更多的形态、特征以及未知性,在营业主体追求营业利益,追求营业权的实现时,也将遭遇到更加复杂的、更加隐蔽的甚至更加专业化的不正当竞争手段。此外,政府和大型企业的漠视和排挤同样是中小企业营业权实现之路上的现实阻碍,我国反不正当竞争法的完善对中小企业营业利益保护的关注和保护具有重要的现实意义和需求。

第三节　中小企业营业权相关救济措施

一　竞业禁止制度下的营业保护

(一)我国竞业禁止制度的立法现状

竞业禁止(prohibition of business strife)又称竞业限制,是指对与权利人之间存在特定关系之人的特定竞争行为采取的禁止限制,即权利人有权要求与自己之间具有特定民事法律关系的特定主体不为针对自己的竞争性行为[①],可分为法定竞业禁止和约定竞业禁止。法定竞业禁止即主体承担竞业禁止的义务来源于法律的直接规定;约定竞业禁止即主体承担竞业禁止的义务来源于协议等约定,属于契约。约定竞业禁止的基本内容亦可参照法定竞业禁止的内容。

根据我国法律和司法实践,竞业禁止具有以下特征:首先,竞业禁止的权利人和义务人之间具有一定的关联性。通常来说,竞业禁止的权利人为商事主体,对应的义务人是该商事主体的雇员或者商事合同的另一方当事人。因此,这种竞业禁止的关联性既可以体现为劳动

---

① 李永明:《竞业禁止的若干问题》,《法学研究》2002年第5期。

关系，又可以体现为契约关系。其次，竞业禁止同时具有法定性和意定性的特点。前者体现在法律明文规定了特定主体必须履行一定的义务，后者体现在当事人可以通过约定设定义务，但前提是具备一定的条件。再次，竞业禁止具有明示性。严格意义上讲，没有默示的竞业禁止义务的存在，即该义务应当在法律、合同或者营业主体的规章制度中明确体现。没有法律的规定或合同的约定，当事人没有必然承担竞业禁止义务的可能。最后，竞业禁止具有相对性。竞业禁止的相对性是指义务人的竞业禁止义务可以通过一定的程序免除，例如，对于董事的竞业禁止义务，日本法律规定董事为自己或者第三人进行属于其任职公司营业部类的交易时，如果全体股东为半数以上，持有表决权占全体股东3/4以上者同意，该交易即可获得批准。而绝对性则意味着义务人的竞业禁止义务无法通过一定的程序予以免除，如我国公司法第一百四十九条第五款规定，"……董事、高级管理人员不得进行下列行为：未经股东会或股东大会的同意，利用职务便利为自己或为他人谋取属于公司的商业机会，自营或为他人经营和所任职的公司同类之业务……""……董事、高级管理人员违反前款规定的，所得收入应归公司所有"，属于对于董事竞业禁止义务的绝对性规定。

（二）竞业禁止制度的正当性

1. 代理成本的利益驱动

竞业禁止在经济学上的理论依据被认为是"代理成本"（agency costs）理论。企业是一系列不完全契约的有机组合，是现代企业理论的一个核心观点。契约理论最初是由科斯根据交易和交易费用阐述企业性质时提出的，认为企业本质上是生产要素的交易关系，是劳动和资本长期的、权威的契约关系。该理论在20世纪70年代取得了较大的发展，逐渐衍生出包含代理成本等概念在内的代理理论：当代企业以技术的创新、规模化的生产、层级制的管理为基础，呈现出两级分离的基本特征，更好地实现了物质资源和人力资源的结合，并推动委托—代理关系的出现和发展。委托—代理产生的分工效果以及规模经济是以经理等代理人忠实服务于营业活动和营业主体为前提的。但是，经理等高级管理人员本身又是具有独立经济利益和行为目标的经济个体，其行为目标和营业主体的目标不可能完全一致，两者之间存在严重的信息不对称以及契约的不完全性,以高级管理人员的道德风险和逆向选择为主要表现。因此,经济学家在对特定营业主体内部结构的运作效率进行考察时,通常要考虑营业管理者的代理成本因素。代理成本成立的基础是日常经营营业的高级管理人员往往并非该营业的完全所有者这一事实,即营业的高级管理人员同时具有管理者和营业者的非完全所有人两重身份。例如,公司与董事之间、公司与其他营业管理者之间的关系是委托—代理的关系。这种关系几乎可以扩展至所有形态的营业主体与其实际管理者之间,即所有权和经营权是相互分离的状态。而公司、企业等营业主体的所有者自然希望管理人员按照公司、企业利益最大化的目标尽力工作和经营,而这些被寄予期望的管理人员则是"自利经纪人"[①],其从事营业之工作往往是从自身的利益出发。这样,尽管高级管理人员对工作尽职尽责,承担相当比例的运行成本却仅获得一部分甚至是一小部分利润。但假设他们从事了竞业等活动,获取了额外的利益,却可能是以承担一小部分成本的前提下获取了大部分甚至是全部利益。这样,营业的价值自然小于高级管理人员是完全所有人时的价值,而这两者之间的差异就是"代理成本"。公司的董事、经理,合伙企业的合伙人等都是以营业管理人员而非营业所有人的身份参与营业主体日常的运作的,因此都会存在代理成本。当这些人员从事与其供职的营业主体同类别的营业方向或项目,必然会在市场占有、利益分配方面与原供职主体构成竞争,一旦这样的情况发生,再要求他们对原供职主体尽到忠诚义务显然是不实际的。通过上述成本和利润的对比,营业管理人员自然会选择直接或间接地损害原供职主体的利益,以追求额外的收益,扩大自身获取的利润和利益。正如亚当·斯密所言:人类天性中的自私与原始之情感的情况相同,我们自己一点微小利益的得失,同与我们没有特殊关系的他人的重大利益相比,显得巨大又重要,能够激起更大的快乐或悲伤以及更多的向往和厌恶。只要站在这样的立场上观察,别人的利害就永不能和我们自己的利益相提并论,不能阻止我们做任何推进

[①] 赵旭东主编:《公司法学》,高等教育出版社2003年版,第326页。

自己利益的事情，不论这些事情是否会严重损害他人的利益。① 同时，营业主体的收益很大程度取决于营业活动的管理方式和实际运行，正是高级管理人员的职责所在，但高级管理人员本身又是营业主体的最高监督和管理阶层，对其行为的监督较普通员工相比更为困难。为了解决高级管理人员的潜在竞业问题，营业主体需要设定一套有效的制衡机制对其进行约束和规范，这就产生了监督成本。而在有些情况下，营业主体还会要求高级管理人员支付一定的保证费用，以此确保高级管理人员不会轻易采取有损自身利益的行动，或者当高级管理人员采取了有损自身利益的行动，也能够得到一定的补偿。因此，很多委托管理关系还会产生监督成本和保证成本。可见，如果不对高级管理人员的竞业行为作出事前的禁止协定或规定，而仅仅在他们对营业造成了实际损害时再做惩罚和补救显然不是合理的安排。为了避免这种对营业利益的潜在损害，法律才有规定竞业禁止相关条款的必要。这也是大陆法系和英美法系一致承认的一种理论。英美法系国家对竞业禁止的规制多体现在法官对判例的援引方面，而大陆法系国家的立法者则以成文法的形式对竞业禁止作出了相对完备、系统的规定。

2. 诚实信用原则与忠实义务

竞业禁止在法学上的依据被认为是诚实信用原则和管理者的忠实义务。诚实信用原则是民法的基本原则之一，又被学者们视为债法中的帝王条款，其在法律体系中的地位可见一斑。诚实信用原则涉及两重利益关系：当事人之间的利益关系以及当事人同社会之间的利益关系，在这两重利益关系中实现平衡是诚实信用原则的首要目标。诚实信用原则要求当事人尊重他人的合法利益，对待他人之事务时加以如同对待自己事务同等的关注和努力，确保该法律关系中的各个当事人都能得到预期的利益，禁止损人利己的行为。当特殊情况发生时，当事人之间的利益关系失去平衡，当事人应当进行调整，确保利益平衡得以恢复，由此使社会经济秩序得到稳定的维持。而在当事人和社会

---

① ［英］亚当·斯密：《道德情操论》，蒋自强、钦北愚、朱钟棣、沈凯璋译，商务印书馆1992年版，第164页。

之间的利益关系中，诚实信用原则要求当事人不得通过自己的行为损害第三人的利益，其行使自己权利的方式必须符合社会经济的目的①，要求市场参与者在营业活动中讲究信用、诚实不欺，在不损害社会公共利益和他人合法权益的前提下追求自己的利益，这些正是竞业禁止制度的理论内涵。乍看之下，诚实信用原则是宏观性、指导性、基础性的原则，而竞业禁止则是微观存在于经济组织内的，具有具体性和规范性的制度规范。但诚实信用原则又和竞业禁止有着重要的联系和共同点。诚实信用原则的法益目标是要每个主体都能出于善意的形式权利和履行义务，不会因自身利益的追求而过度扩张自己的权利、减少自己承担的义务和责任，自觉维护社会的公平和市场的经济秩序。在参与经济活动和市场竞争的国有企业、股份公司、合伙企业等各类经济组织和商个人之间，诚实信用原则以让所有平等主体都能正当地参与竞争、获得利益为调整的目标，进而促进经济的整体发展；在各类营业主体和其雇员之间，诚实信用原则以实现营业主体与其雇员权利义务内容具体、分配平衡为调整目标，营造营业内部劳动关系的和谐，进而维护市场经济整体劳资关系的健康和有序。而竞业禁止制度是调解微观市场经济中的劳动关系的重要法律手段，其义务之主体是营业主体内部的董事、经理等高级管理人员以及普通雇员，客体是上述雇员的竞业行为，其法益目标是防止这些竞业行为对营业主体造成可能的危害，遏制不正当的竞争，维护市场经济秩序。② 可见，诚实信用原则同竞业禁止的法益目标是基本一致的，诚实信用原则蕴含着竞业禁止制度的法益目标，这也正是对每个市场主体都适用的基本原则。

在雇员的忠实义务问题上，我们首先要厘清的是其是否属于可以协商的内容。首先，劳动法律关系和民事法律关系最重要的区别之一就是从属性。"从属性劳动"是指雇员的劳动必须在雇主的指挥和管理下进行。从20世纪80年代以来，随着科学技术的发展，就业方式

---

① ［德］罗伯特·霍恩等：《德国民商法导论》，中国大百科全书出版社1996年版，第148页。

② 徐阳：《劳动权保障视域下的竞业禁止法律制度研究》，博士学位论文，吉林大学，2010年。

也不断地革新，劳动方式也更加多变和灵活，雇员对雇主的从属性减弱，劳动关系更加复杂。当然，即便雇员的工作方式更加独立，本质上依然是雇主整体营业活动的有机组成部分，而这种从属性法律关系存在的前提在于雇员的劳动归根结底是为了雇主的利益而进行并因此获得来自雇主的薪酬。从这个角度来说，雇员并不享有营业利润，也不承担营业风险，仅仅是依靠自己的劳动换取薪酬，而与自由职业者不同之处在于雇员在参与营业的过程中必须服从雇主的指挥和管理，对雇主的财产负有谨慎、诚实使用的义务，避免对雇主的利益造成损害。因此，雇员对雇主的忠实义务似乎是劳动法律关系的必然要求，是任何参与营业的雇员都应当承担的义务，而不是通过协议进行协商的内容。

但是，尽管我国学术界在理论上对雇员的非约定产生的忠实义务基本持认同的态度，但我国立法对忠实义务的态度又是相当模糊的。我国劳动法第三条规定，"劳动者应完成劳动任务……遵守劳动纪律和职业道德"，对雇员包括忠实、勤恳等基本内容的职业操守进行了规定，但同时该法第二十二条又规定，"劳动合同的当事人可在劳动合同中约定保守用人单位之秘密的有关事项"，将保密义务视为雇佣关系当事人之间约定的事项；而劳动法第一百〇二条规定："劳动者违反本法规定的条件解除劳动合同或违反劳动合同中约定保密事项的，对用人单位造成的经济损失，应依法承担赔偿责任"，更是透露出雇员的保密义务不是自动产生的讯息。按照此观点，一般的雇员不必然承担法定的竞业禁止之忠诚义务，即普通的雇员对公司、企业等营业主体负有善意义务，可视为较低程度的忠实义务，而管理人员、特定的技术人员等对营业主体负有忠实义务，要求特定的雇员基于雇佣关系，对雇主的事业应当尽职尽责，负有善意行事、忠实于雇主以及雇主利益的义务。

在这个问题上，德国立法者认为，雇员对于所受任的工作，应当向雇主进行报告，以保障业务的顺利进行，且不得收受贿赂或者其他使业务利益产生瑕疵行为的忠实义务，从而保证雇员非经雇主同意，不得参加与其雇主竞业之营业。① 瑞士的劳动合同法规定，雇员必须履行忠实义务，维护雇主的合法利益；当雇员为与原雇主之间有竞争关系的第三人服务时，只要在服务期间泄露或使用基于原企业业务所得的商业秘密的，不论是否接受报酬，均属于竞业禁止行为。② 在大陆法系国家，雇员的忠实义务主要包括服从义务、保密义务和增进义务三个方面，服从义务是指雇员在工作中应当服从雇主的指挥和监督；保密义务是指雇员不得泄露雇主的商业机密；增进义务是指雇员应当以谨慎的态度对待工作，如谨慎、合理地使用生产资料和工作设备等。而在实践中，不同地位、不同收入的雇员对雇主之忠实义务的内容也有所不同。正如上文提到，各国立法都承认管理和运作营业的高级管理人员不但应尽善意义务，更应当为雇主的利益付出努力，同时保障忠实义务的确实承担。我国公司法就体现了这种要求，该法规定董事、经理等高级管理人员不得从事禁止的竞业行为，而对一般雇员的忠实义务则由其与雇主之间签订的协议来确认。③

3. 合理限制竞争原则

竞业禁止的另外一个重要理论依据被认为是合理限制竞争之原则。在现代市场经济中，过度竞争显然会造成经济效率的低下以及经济福利的损失，对竞争适度地进行限制从根本上来说是有利于营业主体规模的发展和整体社会福利的提高的。自波斯纳经济分析法学取得一定的影响以来，社会经济利益最大化以及社会经济效率的提高逐渐成为法律思想的重要价值追求。至少公平和效率原则已被大多数法学家所认可，而以效率优先，并兼顾公平的分配原则也体现出我国现行国家经济政策在该问题上的态度。可以说，社会经济生活的现状、法学理论研究的成果、国家经济政策的价值选择都为法律将合理限制竞争原则合法化奠定了基础。

然而，合理限制竞争并非一个没有争议的原则，有的学者认为，该学说具有相当的影响力，但作为竞业禁止制度之正当性的理论基础

---

① 徐玉玲：《营业秘密的保护》，三民书局1993年版，第143页。
② 参见《瑞士劳动合同法》第34条a款。
③ 李永明：《竞业禁止的若干问题》，《法学研究》2002年第5期。

是值得商榷的。市场主体应当遵守市场行为规则是市场竞争的前提，而在实际的市场经济运行中，作为平等主体的合伙企业、有限责任公司、股份有限公司等组织是市场竞争的主要群体，其他处于劳动关系中的社会劳动者则不在此列。正如传统的商业秘密保护主要针对市场经济中的平等主体之间的权利义务关系那样，反不正当竞争法肩负着对平等主体间竞争关系的调整功能。但竞业禁止制度的存在基础是雇主和雇员之间的法律关系，通过对这种关系的限制达到合理限制竞争原则的目的显然不妥。因而合理限制竞争原则被视为是对竞业禁止理论认识的偏差，将雇主和承担竞业禁止义务的雇员之间的关系等同于公司、企业等市场平等主体之间的关系，背离竞业禁止制度的基本理念和功能，无法求得正解。① 李永明教授认为，限制竞争的行为一般情况下属于违法，但在特定情况下，限制竞争的行为可能合法，即合理限制竞争是不合理限制竞争的例外。合理限制竞争原则和合理原则具有相同的渊源，而对合理原则的定义尚未存在统一的、权威的定义，正如美国学者所言，由于普通法的特点以及司法在普通法中的特殊地位，合理原则时常被决策者们用来作为正当的理由，且依此作为进行他们所要支持之事情的理由，或是借此反对他们所要反对的事情。② 王保树教授认为，合理原则是一项用于判定限制竞争协议是否违法的具体规则，是指法律对于市场上部分限制竞争行为不必然视为违法，而是根据具体情况进行判定。即便在形式上，该行为具有限制竞争的目的和后果，但同时该行为又能起到推动竞争的作用，或者能够显著地改变营业之经济效益，有利于社会整体经济的发展和社会公共利益的实现，该行为就可以被视为合法行为。③ 市场经济的基本特征和要求即市场竞争，而自由和秩序是市场竞争的基本要素，秩序的竞争又是自由竞争的前提，因此，任何营业主体的竞争行为都应当受到合理的限制，任何违背平等、诚信和社会公序良俗的竞争都是不正

---

① 徐阳：《劳动权保障视域下的竞业禁止法律制度研究》，博士学位论文，吉林大学，2010 年。

② ［美］皮特·纽曼主编：《新帕尔格雷夫法经济学大辞典》，法律出版社 2003 年版，第 432 页。

③ 王保树：《经济法原理》，社会科学文献出版社 1999 年版，第 230—231 页。

当的，都应受到一定限制。在市场经济中，自由和秩序的统一是通过两种手段实现的：一是通过法律对应当禁止的、不正当的竞争行为加以规制，通过限制竞争立法规范营业主体的竞争行为；二是特定当事人通过协商和订立合同，对彼此之间的权利义务和经济利益进行具体的约定，从而约束各方的营业竞争行为，这也是合理限制竞争原则的体现。合理限制竞争的法律含义包括，首先，合同存在约定一方当事人不得从事某些特定商业活动的内容，即合理限制竞争应作为一种明示的合同义务被当事人约定；其次，即使当事人未订立明示的合同，当事人之间根据关于商业行为的社会习惯或普遍认可的准则，也应当承担默示的合同义务；最后，如果该默示的合同义务受到法律的保护并存在明文条款的规定，那么合理限制竞争义务既是合同义务，同时也是法律义务。[1] 正如马克思所言，没有无权利之义务，也没有无义务之权利。权利的自由行使并不能独立成为合法的根据，同样需要受到合理的约束，否则自由本身并没有任何意义。从社会宏观经济的角度看，合理限制竞争原则和竞业禁止也有着密切的联系。在维护经济自由的前提下，通过合理限制竞争等原则支撑的竞业禁止控制雇员、管理人员的竞业行为可能带来不正当的竞争和损害，平衡营业主体之间的利益冲突是十分必要的。这也是英美法系国家执法者的一种共识。例如，英美法系法院援引频率较高的一个原则就是：推定对贸易进行的任何限制都是不合法的，但只要能够证明限制是合理的，上述推定可以被推翻。正如英国著名合同法判例"Nordenfelt v. Maxim Nordenfelt Guns & Ammuition Co."案中，枪械制造商在出售其所经营的军火工厂时，承诺25年之内不直接或间接地参与枪械制造业务，审判庭认为该工厂的经营范围是整个世界，面向的顾客是各国政府，任何竞争都极其容易影响到军火之价值，因此裁定该承诺合理。英国法官麦克纳顿勋爵在该案中指出，每个人享有的交易自由都会使公众最终受益。如果不存在其他情况，对个人交易自由的任何干涉和所有的交易限制本身，都是违反公共政策的，因此也是无效的。这是一般性的原则，但也有例外情况的存在：干预个人行为之自由和限制交易在

---

[1] 李永明：《竞业禁止的若干问题》，《法学研究》2002年第5期。

特殊案件中的特殊情况下也可以被证明是合理的。限制本身是合理的，是唯一的也是充分的依据。而所谓合理，是指对于合同相关当事人的利益而言，以及对于相关公共利益而言是合理的。之所以能够进行这样的认定和保护，是因为既要对利益享有之当事人进行充分的保护，又不能损害公共之利益。①

4. 商业秘密保护之制度功能

不可否认，人才的流动是市场经济和自由竞争的客观现象和必然结果。按照自由竞争的原则，任何营业主体都可以就某种产品或服务与其他市场主体进行公平竞争，当然也包括人才的竞争。从营业主体的角度来说，可以通过提供优厚的薪资待遇等条件吸引优秀人才，提升自身的技术水平和管理水平，进而提升市场竞争力；从人才的角度来说，可以自由选择供职于适合自身发展的营业主体，且有自行决定易职变动的权利。但人才的流动，尤其是高级管理人员或技术研发人员的流动，又可能导致人才和商业秘密的流失。

竞业禁止作为一种事先的防范措施，重要目的之一在于保护营业主体的商业秘密，维护营业主体的经营利益。我国《反不正当竞争法》第十条第三款规定："商业秘密，是指不为公众知悉，能够为权利人带来经济利益、具有实用性且经权利人采取保密措施的技术信息或经营信息。"可见，商业秘密的构成在于其财产性、新颖性、实用性以及最重要的秘密性。一旦商业秘密被公开，其经济价值自然荡然无存。尽管商业秘密作为无形财产本质上和传统意义的雇员流动之间并不存在必然的联系，但当雇员携带某种商业秘密从一个营业主体流动到另一个营业主体时，当某些营业主体借人才流动之名，通过猎头、挖墙脚等手段，有针对性地高薪聘用原本供职于其他营业主体的雇员为自己服务时，人才流失和商业秘密流失的双重纠纷接踵而来。失去商业秘密的营业主体的竞争对手获取其商业秘密，实际的损失往往是损害赔偿所无法弥补的。很多时候，侵害人对营业主体的商誉或市场份额造成的损害根本无法用金钱予以赔偿。无论在哪个国家或地区，目前商业秘密纠纷都以雇员带走原供职单位的商业秘密使得新东

---

① 孔祥俊：《商业秘密保护法原理》，中国法制出版社 1999 年版，第 183 页。

家开展不正当竞争为主要表现。

　　商业秘密的保护主要分为两种途径：第一种途径为权利人与他人签订保密合同，约定对方一旦侵犯权利人的商业秘密，即可通过违约之诉予以救济；第二种途径是把商业秘密作为无形财产加以保护，一旦商业秘密受到侵犯，权利人即可通过侵权之诉予以救济。这两种救济途径都是在侵犯商业秘密的行为发生之后方采取的补救措施，因此都属于事后救济。实践中，不论是违约之诉还是侵权之诉，都因商业秘密之无形性特征导致权利人举证难度很大，导致这两种事后救济的途径无法起到有效保护权利人利益的作用，也难以合理利用法律对潜在侵害行为进行防范，至此，竞业禁止制度的重要意义显现出来。

　　需要强调的是，保守商业秘密之义务与竞业禁止之义务是既有联系又有区别的，两者最大的区别在于制度设计的目的不同。保守商业秘密之义务是从消极意义上禁止相对人泄露、使用或者允许他人使用商业秘密，但并不禁止相对人设立可能产生竞争关系的营业主体或者到具有竞争关系的营业主体工作。也就是说，如果相对人通过合法的途径和手段取得了商业秘密，权利人即无权要求该相对人承担保密义务。而竞业禁止义务的要求显然更为严苛，要求雇员严禁外传任何因职务便利获取的资源，无论是狭义的商业秘密还是未作为商业秘密使用但客观上对竞争对手的经营确有帮助的信息、技能，甚至是人际关系。可见，相对于保密协议，竞业禁止义务是一种积极保护商业秘密的途径，是推定妨害并加以事先防范的制度，将对商业秘密的保护从事后补救改为事先的预防，克服了时效性和不足，为商业秘密的保护提供了一条新途径。

　　在商业秘密纠纷案件中，禁令是较常见的救济方式，而其产生的基础就在于当事人之间的竞业禁止协议。美国学者认为，合法的商业利益通常存在于下列情形中：雇员因职务上的便利，曾经接触过雇主的保密信息、商业秘密，以及专属的财产性信息，且此类信息能够被合理认为是有益于雇主或潜在竞争者的；雇员因职务上的便利，曾经接触过雇主的客户信息，或者因业务和雇主的客户有过大量接触，且雇主和该客户之间的关系能够被合理认为是具有专属性的；雇员因职务原因，获得来自雇主的特殊培训和专业知识。除此之外，为了使竞业禁止协议具有合法的保护目的，任何人不能基于自身利益的需要而对公共资源进行垄断，也不能以保护商业秘密为借口，阻止社会劳动者凭借自己的知识储备和专业技能选择所要从事的工作或参与的社会生产活动。这也是各个国家和地区之法律判定竞业禁止协议是否具有合理性的首要目标。① 从这个角度来讲，竞业禁止的制度价值在于，首先，竞业禁止是商业秘密的有效保护手段；其次，竞业禁止有利于维护营业主体在市场竞争中人力资源的优势和稳定；最后，竞业禁止是维护经济市场竞争秩序的需要。

可见，竞业禁止制度对于我国中小企业营业权和营业利益的保护具有重要意义，一方面使中小企业可以通过自力对被侵害的利益进行救济；另一方面也有助于维护市场竞争的平等和有序。

二 营业侵权救济制度下的营业保护

对于营业权保护视域下的侵权责任法，我们可以将其理解为营业权保护法律体系下的重要组成部分，厘清侵权责任法所保护的法益是否包含营业权之主体显得尤为重要。我国的《侵权责任法》是保护受害人民事权益的法律，该法最重要的价值功能无疑是明确哪些利益能够受到保护，且受到何种程度的保护。在这个问题上，侵权责任法并没有给出一个明确的回答，该法第二条规定："侵害民事权利，应按照本法承担责任。本法所称民事权益，包括生命权、健康权、姓名权……发现权、股权、继承权等人身、财产权益"，虽然规定了其所保护的法益范围，将民事权益大致分为人格权、身份权、物权、知识产权以及其他权利等几个类别，但依然存在诸多疑问。仅从法条的具体内容来看，我国立法机关似乎并没有打算将所有可能被包含的法益进行列举，"民事权益"的概念本身就包括民事权利和权利之外的合法利益，民事权利仅指绝对权，而其他权利则包括人格利益和财产利益，也就是说，各种民事权利以外的利益也在侵权责任法的保护范围之内。当然，侵权责任法并不能给予所有的利益绝对的保护，对于法律条文中没有直接提及的营业权，只有在严格的侵权责任构成下才可

---

① 徐阳：《劳动权保障视域下的竞业禁止法律制度研究》，博士学位论文，吉林大学，2010年。

能要求侵权人承担责任，赔偿营业损失。

(一)侵害营业权行为的责任构成

1. 侵害营业权的行为违反法定义务或违背公序良俗

违法行为是违反法律规定的作为或不作为义务的行为。行为之违法性是侵权责任构成的客观要件，包括形式违法和实质违法两个方面。形式违法是指行为人的行为违反了法律的明文规定，即违反了其法定义务；实质违法是指行为人的行为对法益造成了侵害，不仅包括违反法定义务的情形，还包括违背公序良俗的情形。事实上，形式违法和实质违法在内容上存在重叠，形式违法的价值亦可归于实质违法之中。在法律的价值功能方面，将一种权利纳入法律的保护范围，就相当于对该权利的相对人设定了法律义务。但是，正如古罗马法学家乌尔比安所言，"法是权威的，但并不是永恒的"，法律的创制过程是由习惯到习惯法再到法律的发展过程，其制定需要时间，但社会的发展从来未曾停止，导致法律永远存在滞后性的特征。正因如此，很多权利并不能在其产生时即享有法律层面的确认和保护，这样，当行为人以故意的心态违背公序良俗而实施侵害他人的行为，损害他人的合法利益，同样应当认定为违反法律的规定。换言之，在某些特定的情况下，违反国家政策、损害社会公共利益、违背公共秩序或善良风俗实施的侵权行为，造成了他人营业权的损害或者经济利益的损失，也可能构成违法行为。

侵害营业权行为侵害的客体是营业主体的营业权，任何他人都是营业权之义务主体，都负有不得侵害营业权的法定义务，因此该侵害行为首先应当是违反法定义务的行为。而违背公序良俗的行为并不绝对构成违法行为，但如果行为人故意实施违背公序良俗的行为且导致营业主体经营利益的损害，则构成实质性的违法行为。只有通过利益的权衡，才能确认具体行为是否侵害正当权益并造成损害之后果。而在权衡利益时，首先应当考虑行为人是否享有与其所侵害权益相冲突的权利，进而判断行为人享有的权利和其侵害的权益相比是否具有明显的优越性。例如，人身性权利优于财产性利益，但如果同为人身性权利的冲突或者同为财产性利益的冲突，则需要权衡应受保护的法益被侵害的程度，以及假设一方利益进行让步时，相对方受侵害的程度有何种变化。另外，比例原则的运用也是利益权衡的重要方式，为了保护较优越的法益而不得不侵害另一法益时，不能超过达到此目的所必要的最低限度。这样，经过法益的权衡，利用自己正当权利故意违背公序良俗、造成损害他人权利的后果行为，应当受到法律的规制，权利人的损失应当受到法律的保护和救济。

2. 侵害营业权的行为客观造成营业利益的损害

一个侵权行为导致一个损害结果的发生是单一侵权损害或称为简单侵权损害，是一种理想化的损害结果。而在现实生活中，多重侵权损害或称为复杂侵权损害则是最为常见和普遍发生的，其具体含义是指一个侵权行为导致了数个损害结果的发生，使数个主体的权利遭受损害，其中至少有一例直接损害，其他皆为间接损害。间接损害通常表现为人格利益的损害、精神的痛苦或者财产利益的损失。对于财产上的利益和权利，如果权利人不能正确地行使，就会导致该权利可能带来的利益丧失，产生财产性损害。在侵害营业权的场合，这种财产性的间接损害较为常见，表现为可能获得的财产利益因他人的原因而丧失。

侵害营业权和一般的财产性损害有所不同，首先，侵害营业权的行为通常并非直接针对财产权或者财产本身，而是针对财产使用或产品生产等营业活动；其次，侵害营业权的行为导致的损害结果是受害主体营业活动受到影响或损失，合法的营业利益受到侵害。因此，要确定侵害营业权的损害事实，必须存在侵害行为实施前后营业状况明显从正常状态进入到损害状态的客观事实。可见，侵害营业权的行为造成的损害，通常没有具体受到损害的人身和物，其损害基本等同于营利损失，以间接损害的形式表现。[1] 造成营业利益侵害的赔偿责任，应当按照间接损害赔偿规则进行确定。

另外，对于侵害营业权造成的损害，也可能造成直接损害及财产权标的之损害，或者受害主体为了补救遭受损失的营业权所支付的必要费用，即直接损害。例如，我国《反不正当竞争法》第二十条第一款规定："经营者违反本法规定，给被侵害经营者造成损害的，应承

---

[1] 杨立新、蔡颖雯：《论妨害经营侵权行为及其责任》，《法学论坛》2004年第2期。

担损害赔偿责任，被侵害经营者的损失难以计算的，赔偿额为侵权人在侵权期间因侵权所获得利润；并应承担被侵害经营者因调查该经营者侵害其合法权益的不正当竞争行为支付的合理费用"，其中调查费用的支出就属于直接损害。

3. 侵害营业权的行为与营业利益受到损害之间存在因果关系

侵害营业权的因果关系即侵害营业权责任构成中的因果关系要件，侵害营业权的侵权行为作为原因，营业利益的损害作为结果，之间存在引起和被引起的关系，具有客观的联系。在现实生活中，因果关系则是多样且复杂的，从学理的角度出发，确定侵害营业权行为与营业利益受到损害之间是否具有因果关系，依据杨立新教授对侵权责任法理的概括总结，应当遵循以下三个规则进行[1]：

首先，最常见的直接因果关系即一个原因一个结果，一个原因行为的出现导致了一个损害结果的发生。如果侵害营业权的行为与营业活动或营业利益受到损害的结果之间具有直接的因果关系，则无须适用其他因果关系理论，直接确认其具有因果关系。如果侵害营业权的行为与营业利益的损害之间有其他条件的介入，但可以确定这些条件不会对侵害营业权的行为作为直接原因产生影响，则应当认定两者之间存在因果关系。

其次，如果侵害营业权的行为与营业利益受损的结果之间确有其他条件介入，使得因果关系的判断较为困难，无法确定直接原因时，应当适用"相当因果关系"进行判断。相当因果关系说由德国学者冯·克里斯首创，是指依据社会共同之经验，作为侵权行为要件之一的因果关系只须具备某一事实，即认定为足以导致与实际损害结果相同之结果的发生，其关键在于需要掌握侵权行为是否为损害结果的适当条件。所谓适当条件，是引发实际损害结果不可或缺的条件，不仅在特定的情况下偶然引起了损害，且在一般情况下也可能发生同样种类的损害结果。在对相当因果关系进行具体判断时，需要依据社会共同的经验和社会平均智力、知识水平作为判断之标准，如果据此认为侵权行为有引起营业利益损害结果的可能性，实际上该侵权行为又确

---

[1] 杨立新：《侵权法论》，人民法院出版社2004年版，第177页。

实引起了一定的损害结果，应当确认该行为和结果之间存在因果关系。

最后，在特别的情况下，如果因果关系的确定存在困难，亦可适用英美法系侵权法中的"事实原因（cause in fact）—法律原因（cause in law）"原则。英美法系由于陪审员制度的存在，在因果关系的认定上逐渐发展出因果关系的两分法，即事实原因和法律原因。事实原因，是指跟随损害结果发生、同时存在的各个事实，是侵权行为与损害结果之间存在的客观联系，具体的认定由陪审员进行；法律原因，又称近因，是指侵权行为人应当对损害结果承担赔偿责任之最近原因，是一种自然的、没有被介入因素中断的原因，没有这种原因就没有损害结果的发生，其具体认定由法官进行。事实原因是法律原因的前提，侵权行为只有经过陪审团认定为与损害结果之间确有客观联系时，侵权行为人方可能被法官认定应当为该损害结果承担责任。同时，某个客观因果联系只有具有法律上的应追究属性时才会导致侵权行为的法律责任，也就是说，法律原因也是客观因果联系与法律责任相衔接的环节。在英美法系国家的司法实践中，具体哪些客观因果关系会被认定为具有法律上追究之属性，一方面体现了法律的价值评判，另一方面也赋予了法官一定的自由裁量权。因此，在侵害营业权案件中适用这项原则时，首先应当确定侵害营业权的行为是不是造成营业利益损害之原因，或者至少是众多原因中的一个，而后确定该侵权行为是不是损害结果的法律原因。如果侵权行为对于损害结果而言，既是事实上的原因又是法律上的原因，即可确定该侵权行为与损害结果之间具有因果关系。这样，当营业主体的经营状况在侵权行为人实施侵害营业之行为前后有着明显不利益及差别利益的客观事实存在，方能追究侵权人的责任，要求其承担损害赔偿责任。

4. 侵害营业权行为的心理状态是故意或重大过失

故意和过失的二元区分构成了侵权责任法的基本框架，无论是英美法系还是大陆法系都对故意侵权行为和过失侵权行为进行了区分。之所以做出这样的区分，不但有对侵权行为人主观心理加以客观描述的需要，更重要的是，故意和过失在法之效果上存在差异，正如某些行为只有具备故意的心理状态时才构成侵权，而在过失侵权中可以提出的抗辩理由往往不能在故意侵权的场合中提出。就一般的侵权行为而言，行为人的心理状态可以出于故意，也可以出于过失，但对于侵害营业权的责任构成，尚未形成相对统一的结论。

台湾学者苏永钦认为，因侵害营业之责任制度意欲保护的法益并非权利，而是合法的营业利益，而法律对利益的保护和对权利的保护又具有不同的要求，因此侵害营业权的责任构成应当以故意为主观要件。权利固然是法律保护的利益之一，但权利本身具有公示的功能，侵权行为人在实施侵权行为之时，能够并且应当合理预见到自己的行为是否会产生损害他人合法利益的后果，从而即便其基于过失的主观心理造成他人权利的损失，依然应当承担责任。与权利相比，尽管合法利益理应受到法律的保护，但其本身并不具备公示之功能，欠缺一定的可预见性，这种不可预见性体现在，行为人并不知道何种行为会导致他人合法利益受到侵害，同时，行为人也不知道实施其意欲实施的行为可能导致何种后果，且因此承担何种责任。因此，责任的追究应当从"期待可能性"着眼，只有对致他人合法利益损害的结果有预见可能的人才有被要求防止和避免该结果发生之可能，从而要求那些没有尽到注意义务的行为人承担责任，这样才有意义。① 从这个角度讲，严格限制侵权行为人的主观过错要件确有必要，因过失致他人利益损害的不承担法律责任。这样，以故意的主观心理状态作为侵害营业权之主观过错要件，有利于协调行为人之自由和保护公民合法利益之间的关系，即使是在要求侵害他人合法利益而应当承担侵权损害赔偿责任的情况下，也应当协调好人身自由和合法利益之间的关系。不管是侵权行为、违背公序良俗行为抑或是违法行为，如果要让行为人对其行为负责，都必须以该行为涉及某种对世规范之违反为前提，其目的在于建立此制度最起码的期待可能性，进而保留合理的行为空间。② 我国台湾地区"民法"第一百八十四条规定："因故意或者过失，不法侵害他人权利者，负损害赔偿责任。故意以背于善良风俗之方法，损害他人者亦同。违反保护他人之法律，致损害于他人者，负

---

① 苏永钦：《走入新世纪的私法自治》，中国政法大学出版社 2002 年版，第 304 页。
② 同上书，第 306 页。

赔偿责任。但能够证明其行为无过失者，不在此限。"可见，台湾地区的法律通过放宽客体范围同时限制主观心理要件来调整侵权法对不同法益的保护程度，将侵害他人营业权的行为之主观要件限定为故意，保护的客体则包括权利和利益，故营业主体不能营业的经济损失属于法律保护的利益范畴。

对此，杨立新教授等持有不同的观点：我国法律已经明确规定了经营权利的内容，侵害营业的行为被界定为侵害经营权，因此确定侵害营业的主观心理状态就不能仅仅局限在故意的要件之上。[①] 故意侵害营业的，包括违反法定义务、违反保护他人之法律或者违背公序良俗，都应当具有故意的主观要件。而基于重大过失等同于故意的一般理念，因重大过失导致对营业有所侵害的，也构成侵害营业权的行为。更进一步分析，没有尽到交易上的必要注意义务，或者采取不正当的经营行为，给他人的营业活动造成重大损害的，同样构成侵害营业权的行为，需要承担相应的侵权责任。确定侵权责任的具体规则为：首先，应当遵循侵权责任中有关财产损害的赔偿规则进行。营业活动是创造财富的重要方式，营业利益本质上属于财产利益，营业或营业权受到侵权行为的损害，最终损失的都属于财产利益。其次，侵害营业权所造成的损害通常都是纯粹的既得利益损失，即间接损失，故侵权责任应当按照间接损失的赔偿规则加以确定。具体方式是，比较侵权行为实施前后营业利益的异同，确定一个合理的差值，该差值就是赔偿之标准。再次，如果侵害营业权的行为给营业主体的财产造成了直接损失，则应当对直接损失进行赔偿，例如上文提到的，当侵权行为已经造成营业利益的损失，为了对该损失采取补救措施所支付的必要费用，就是应当进行赔偿的直接损失。最后，如果侵害营业的行为仅造成一般性的妨害，营业主体有权请求行为人停止侵害，即便已经承担了损失赔偿责任的行为人，也应当责令其停止侵害行为。

（二）规范侵害营业权行为的立法比较

当今各国的立法和司法实践大多对将侵害营业的行为认定为侵权行为采取肯定的态度，但具体的法律适用又有各自的不同之处：

[①] 杨立新、蔡颖雯：《论妨害经营侵权行为及其责任》，《法学论坛》2004 年第 2 期。

1. 德国立法

《德国民法典》第 823 条及第 826 条作出了关于侵权行为的一般性规定，据此将侵权行为划分为三种类型：第一种是出于故意或者过失，不法地侵害他人的身体、健康、自由、生命以及所有权和其他权利的侵权行为；第二种是违反以保护他人为目的的法律的侵权行为；第三种是以违背公序良俗的方式，故意地侵害他人并造成损害结果的侵权行为。可见，德国立法采取的是列举绝对权利的具体内容并加以保护的侵权行为法立法模式，如果没有对侵害营业权的行为作出特别规定，在这种立法模式下，营业主体的营业权利一旦受到侵害，很难凭借侵权责任相关法律获得救济。如上文所述，在保护营业权方面，德国利用判例对上述第一种侵权类型中的"其他权利"进行了扩大解释，将营业权纳入该"其他权利"的范畴，用以保护营业主体的营业权，该营业权主要保护营业主体尚未上升为财产权的营业利益。在这个判例出现之前，侵害营业的侵权案件多适用有关信用权的规定。《德国民法典》第 824 条规定："违背真相，声称或传播某一事实，危害他人信用或对他人的生计或前途引起其他不利益的人，即使不知道但应当知道其为不真实的，也应当赔偿他人因此所产生的损害。通知人不知道其通知的内容是不真实的而通知的，如果通知人或被通知人对该通知具有合法利益时，不负损害赔偿的义务。"从立法原则的角度来说，侵权法对因过失导致的一般性财产损失不予赔偿，第 824 条正是该原则的一个例外，就其规范功能而言，并非保护私人的名誉或者其他类似的精神利益，而是以保护纯粹的财产利益为宗旨的，通过对侵权法之请求权"特定的表达"的方面拓展了对纯粹财产损失的保护[①]，并以此在司法实践中体现出对营业主体信用利益的保护。而在德国最高法院通过判例确认营业权之后，侵害营业行为案件开始适用营业权的内容对营业主体给予保护。德国民法学教授巴尔认为，尽管从法律的结构方面讲，仅仅通过一个判例专门设定出营业权的概念对部分不法行为进行调整显得不甚合理，但通过营业权来对特殊侵权行

[①] Erman/Schiemann RdNr. 1；Soergel/Zeuner RdNr. 1；München Kommentar, 1862.

为造成的损害进行救济又是相当准确的[①]，保护的力度也相当之大，能够达到充分保护营业主体之营业利益的目的。

由此可见，德国法律概念中的营业权是德国联邦法院以企业关联性作为标准，就侵害营业权行为的要件以及保护范围提出的，创设于实务范畴的利益平衡之基础上的，其实际意义和价值在于补充德国民法之侵权行为法对营业主体纯粹经济利益方面的损失保护之不足。就营业权所保护的客体范围而言，德国营业权类似于一种框架权，派生于法律条款中的"其他权利"，具有概括性条款的性质，只有因故意或者过失的侵权行为导致他人合法经营行为受到损害时才应承担损害赔偿责任，但这种侵权行为仅仅针对营业主体本身，而非能够与营业主体相分离的权利或者法益，雇员受到人身伤害或者营业财产遭到损毁等不在营业权保护范畴之内。换言之，德国的营业权所保护的客体虽然囊括整个营业活动的范畴内可能被侵犯的权利，但并不包括营业主体的财产和雇员的人身权，其所保护的只能是主观意义上的营业权利，客观意义上的营业财产和营业权利依然受到物权法、知识产权法的保护，同理，营业相关的人员，诸如董事、经理、各部门的雇员、临时用工等人员的权利义务，则受到公司法、劳动法等法律的规制和保护。

2. 法国立法

《法国民法典》第1382条规定："任何行为使他人受到损害时，因自己的过失导致行为发生之人，对该他人负有赔偿责任。"第1383条规定："任何人不仅对其行为所致的损害，且对其过失或懈怠所致的损害负有赔偿责任。"这是规范侵权行为的一般性条款，体现出法国侵权行为立法对侵权责任的构成以对损害或损失承担责任为主要内容，只要过错行为导致了损害结果即构成侵权，需要因此承担侵权责任，并不要求被侵犯人证明自己所受侵害之权利或类型。而对于损害的赔偿，法国立法采取的是损害和赔偿相等原则，自然也没有区分侵权行为所侵害的权利之类型的必要。这样，在法国这种采用一般条款

[①] [德] 克雷斯蒂安·冯·巴尔：《欧洲比较侵权行为法》（上），张新宝译，法律出版社2002年版，第70页。

模式对侵权行为进行规范的立法体系中，即便没有针对营业权保护的专门条款，法官也可以根据侵权行为立法的一般条款作出相应的判决，立法或判例亦没有必要专门设立权利来调整对企业等营业主体造成损害的案件。对于侵犯营业之权利的行为，法国判例主要包括有关真实可信的事实之声明、对他人做出贬低的评价、违法组织或参加罢工、声称知识产权不合法这四种行为类型。根据《法国民法典》的规定，侵害他人营业的行为同样可以归类于过错行为侵权案件，可以直接援引第1832条的规定。虽然法国民事立法采用的是一般条款的模式，但其商事立法中却存在一个营业权制度，其具体内容和德国判例定义的营业权又有一定的区别。法国商法中的营业权仅仅被视为一种权利意义上的财产形式，包括企业所有的各种可移动财产，这种可移动财产并非资产的简单集合，而是超越于组成它的所有个别资产。具体来说，营业资产可能由工场、设备等有形财产以及商号、知识产权等无形财产等各种不同类型的财产集合而成，甚至包括合法的、真实存在的客户关系。① 而例如未经许可设立的赌场中的赌客等非法的、潜在的、不可确定的客户，则不包括在营业资产的范围之内。

3. 葡萄牙立法

葡萄牙立法针对营业侵权的保护方面采用的是区分侵权行为的具体类型，通过特别规范的方式加以调整。在葡萄牙的法律体系中尚未有针对营业侵权的一般条款的设立，也未曾通过立法或判例的形式确立一种可以用于对侵害营业权行为进行救济的权利。根据葡萄牙的相关立法，对于非法罢工行为造成营业的损失，需要通过罢工法的特别规范进行救济；对于侵害他人或者侵害营业主体信用的加害行为可以要求行为人承担更重的责任进行救济；对于其他领域中的侵害营业权行为，可以援引《葡萄牙民法典》第70条的内容进行救济，该条款规定："法律保护公民免受任何施加于其物质或者精神人格上的侵权行为或者即将发生的侵权行为之侵害。无论加害人可能承担何种民事责任，受加害行为威胁的人或者受害者都可要求和情况相符的预防措施，以制止危险的实现或者减轻已产生的损害。"以此对侵权行为导

---

① 杨立新、蔡颖雯：《论妨害经营侵权行为及其责任》，《法学论坛》2004年第2期。

致的损害结果或可能发生的损害结果进行救济或预防。

与葡萄牙立法相类似，意大利法律也没有针对营业权的相关规定，涉及营业侵权行为时，根据不同的案情适用针对侵犯财产完整性的行为之救济条款，或适用信用权侵权救济的相关规定，如果涉及非法罢工进而侵害合法营业之行为的，则适用罢工权侵权救济的有关规定。根据意大利法律的规定，对人身和安全的保护、对公司的完整性及其机能的保护、对企业的保护、对私人营业之自由的保护等内容都被包含于罢工权的保护和救济中，通过对罢工权进行一定的限制来保护营业权的相关利益。与德国法律将保护营业权的内容包含在侵害营业权行为的救济中相类似，意大利的营业权保护通常都是通过对罢工权的内容进行规范进行的。而涉及以联合抵制的方式侵害合法营业的侵权行为时，一方面通过意大利刑法的内容对营业主体进行保护，另一方面通过意大利民法中将联合抵制行为定义为不正当竞争行为的条款加以规制[1]。《意大利民法典》第 2598 条第 1 款规定："限制竞争的约款应当以书面形式订立。如果该约款以特定地区或者特定活动范围为限，则具有效力，且不得超过五年的期间。"以此对限制竞争的合约进行限制，防止联合抵制侵害他人正当的营业权。不过如果参与联合抵制的行为人是行业协会的成员，而非商主体，该条款就不能适用，而应当适用意大利宪法中关于妨害私人经济经营自由的相关规定。[2] 总之，虽然在权利的保护模式上有所不同，但欧洲各国立法对营业的保护和对营业权的认识均有不同程度的共识，并在法律条款和司法判决中逐渐体现。

4. 中国立法

我国台湾地区的民法学家同样承认营业权的存在，"从民法之权利体系而言，营业权在性质上是财产权的一种，不仅在学说上被肯定，也为国内司法实务所普遍承认"。[3] 台湾学者郑玉波认为，对营业权的侵害也可成立侵权行为，例如不正当竞争或同盟抵制等，皆构成

---

[1] 杨立新、蔡颖雯：《论妨害经营侵权行为及其责任》，《法学论坛》2004 年第 2 期。
[2] 参见意大利最高法院 1973 年 6 月 20 日第 1829 号判决，转引自［德］克雷斯蒂安·冯·巴尔《欧洲比较侵权行为法》（上），张新宝译，法律出版社 2002 年版，第 72 页。
[3] 王志诚：《企业组织再造法制》，元照出版公司 2005 年版，第 199 页。

对营业权的侵害，应检视具体的情节视为侵权行为。① 著名法学家史尚宽先生对营业权的成立也持肯定的态度："……营业权的成立应当着眼于其财产的独立价值，即就营业的规模布置以及其经营客观的具体化者，为独立的无体财产权。如果营业权被侵害，例如直接妨碍营业，或者因有效的处分使得实际上缩减或者丧失了其权利，即成立营业权之侵害。"②

当然，台湾地区法学界对于营业权的设立也有持相反意见的。王泽鉴先生认为，侵权责任法不适宜将经济利益进行权利化，没有必要也不应当创设营业权，而应当通过限制侵犯营业之行为人的主观要件以及扩大现行侵权法客体范围至经济利益的方式，对营业主体进行保护，理由主要为：首先，企业的营业活动包括企业的构成部分、组织、客户、商品、劳资关系、资金供求关系等因素，这些因素经常处于变动当中，其客体难以一一进行具体化，且欠缺权利所应当具有的社会典型公开性，尤其欠缺归属及排他的功能。其次，直至现在，普通法国家尚未有统一的原则来汇集不同的经济侵权责任，尽管英美法系为了保护经济利益对"经济侵权行为"进行了定义，为在交易行为中遭受的纯粹经济损失提供了法律保护，但该领域已经逐渐被劳动法、反垄断法所覆盖。再次，由于经济利益的多样性，经济侵权行为本身也保护个别经历数百年的演进却依然无法被概括在内的侵权行为，这些侵权行为各有不同，未能形成一个以经济利益为客体的、概括性的权利。从这个角度讲，将营业利益确认为营业侵权行为的侵害客体则比较恰当，既能够涵盖营业侵权行为侵害营业权的场合，又能概括几乎全部营业侵权行为所侵害的客体，即营业活动所体现的经济利益。最后，虽然德国最高法院通过判例创设了营业权，但其从诞生之日起直到现今始终受到质疑，具体到侵害营业权行为之构成要件、营业权保护的范围等方面的认定，始终未能得到定论，甚至有德国民法学者强调应当放弃营业权的构架，将其视为具有习惯法性质的普通

---

① 郑玉波：《民法债编总论》，中国政法大学出版社 2004 年版，第 132 页。
② 史尚宽：《债法总论》，中国政法大学出版社 2000 年版，第 140 页。

权利，回归到德国民法的规范模式。① 尽管如此，需要强调的是，营业权毕竟是司法实务中为了保护主观上的营业利益所创设的，而非保护客观意义的营业，后者所具有的财产权属性早已被法律所确认和保护。而王泽鉴先生的观点是以传统侵权法理论为出发点进行分析的，但并非绝对反对营业经济利益的保护，而是不赞同这种保护通过营业权的方式进行。

台湾地区法律对于侵犯营业权行为的规制，体现在"台湾民法典"第一百八十四条的规定："因故意或者过失，不法的侵害他人之权利者，负损害赔偿之责任。故意以背于善良风俗的方法，加损害于他人者亦同。违反保护他人的法律，致损于他人者，负赔偿责任。但能证明其行为无过失的，不在此限。"视营业权为该条款所保护的、以无形财产为属性的权利的一种。从欧洲各国立法对营业权保护的功能来看，这种对营业无形财产的侵犯，以侵权行为所侵害的权利与营业正常运行的基础有着不可分割的内在联系为前提，例如采取一定的手段，阻碍潜在顾客出入某一商品经营场所就属于直接妨碍营业的行为，对营业的侵害具备直接性的要件。而在目前的台湾立法体系中，如果营业利益因他人的行为产生了减损或丧失，或者因他人的行为导致营业不能正常进行，这些损害被称为纯粹经济损失，不能认为是财产权受到了侵害，因此不能适用营业权的相关法律，只能以故意违反善良风俗作为请求权之基础，要求加害人承担赔偿责任。

三 知识产权质押融资制度下的营业保护

知识产权质押融资制度对营业权的保护作用主要体现在：当一个及时、恰当、符合法律规定程序、能够合理实现知识产权质押融资价值的项目被选择并顺利推进时，营业融资权能够以较小的时间成本和经济成本得以实现。对于中小企业而言，这笔融资甚至可能改变其命运，或产生重要的影响。

在当今世界，知识产权质押融资逐渐成为实现知识产权价值变现、提高企业融资能力、提升企业竞争实力的新型融资方式。目前我

---

① 王泽鉴：《侵权行为法》（第一册），中国政法大学出版社2001年版，第178—181页。

国知识产权质押融资业务的开展情况并不理想，尤其对具备融资条件、具有融资需求的科技型中小企业而言，知识产权质押融资制度建设的不充分状态直接导致其承受融资困难、持续发展力受限等多重压力。

（一）知识产权质押融资的基础理论

知识产权是市场经济中的属主资源，所谓"属主"是指知识产权相对于所有者以外的市场主体，具有稀缺性质，不具备稀缺性的资源便不是市场经济理论研究的对象。知识产权能够被市场主体排他性地占有是稀缺性存在的前提[1]，因此从法律的意义上说，经济概念的稀缺性和法律概念的排他性相似，前者的稀缺对于非占有的主体而言，后者的排他则针对占有者而言，本质上都是说明各类知识产权为极少数人专有的性质。这样，提及知识产权，人们往往会第一时间联想到"秘密"、"私有"、"独占"甚至是"垄断"等，将其交付给银行业金融机构等其他市场主体占有以换取资金，在十数年前的中国或许还只是天方夜谭。然而，从1999年中国工商银行山西省忻州分行办理第一例知识产权融资业务，到2008年国务院发布《国家知识产权战略纲要》[2]并由国家知识产权局首次公布第一批知识产权质押融资试点单位的名单，直至现今在全国范围内知识产权融资的总额度不断攀升却伴随着不同程度的质疑声音，知识产权能够用以融资一事早已不仅仅运筹于学说和理论之间。

众多企业在激烈的市场竞争环节中以自己独占的知识产权为代价换取资金，其实并不如看上去那样险象环生。相反，这种融资方式不但能够缓解企业对资金的需求，反过来亦可激励新技术的诞生，形成良性循环。尽管从形式上看，知识产权的垄断属性对竞争产生了一定限制，或者说知识产权垄断权与商业公平竞争权多呈对立而鲜少统一，但究其本质，知识产权在客观上依然体现出对竞争的促进作用，具有宏观意义上的一致性：知识产权的静态存在和动态发展同竞争之间存在不可割裂的内在联系，即便其具有某种垄断性质，也属于法定

---

[1] 张勤：《论知识产权之财产权的经济学基础》，《知识产权》2010年第4期。
[2] 参见《国家知识产权战略纲要》（国发〔2008〕18号）。

的垄断权利，而知识产权权利人创造作为权利客体的智慧成果之过程，往往也是商业竞争的过程或者以竞争为目的，并在竞争中形成。可以说，知识产权作为一种形式上的、合理合法的垄断权是实现知识产权制度基本目标的客观要求。以现代经济理论为视角，国家正是通过相应的法律制度解决知识产权相关产品的外部问题，赋予知识产权创造者一定的垄断权，从而避免其智慧财产被他人无偿使用，不劳而获。知识产权在接受界定和保护的同时也将受到一定的限制，正是针对知识产权的垄断权属性加以申请程序、保护时间、排他范围等方面的法律制约，使得知识产权制度具有维护社会公正的平衡功能和调节功能。① 紧随社会发展进程，知识产权蕴含的巨大经济价值使其在交易领域越发活跃，出资、许可、转让等多种交易方式并存且不限于此，发端于日本的知识产权质押融资业务使得这一新型融资方式从理论变为现实，并迅速在包括我国在内的世界各国的融资市场中得到实践，至此，知识产权质押的融资功能方得实现。

究其根本，知识产权是同个人财富增值、企业盈利发展、国家经济增长息息相关的重要无形资产，而无形资产又是当今世界上经济技术寿命最长、单项价值最高的资产，是各行各业的必备资源，其在单位总资产中所占的比重甚至有超过有形资产的趋势。② 作为企业重要的资产之一，针对知识产权无形资产属性的理论研究通常以财产和资产的关系为逻辑起点。在管理学视域内，资产被认为是企业或个人所有或控制的、能够以货币进行计量，并为所有人或控制人带来经济效益的资源，包括实体资产、无形资产、债权及其他，无形资产又包括专利权、商标权、特许经营权、土地使用权以及商业秘密和商业信誉等，即无形资产以知识产权为主，又不限于此。但是，并非所有的无形资产都如知识产权般具备成为质押担保标的物之条件。放眼国际，发达资本主义国家的大型企业、跨国公司十分重视将其所有的科学技术、品牌价值、可商业化的智慧成果等无形资产转化为知识产权优

---

① 王先林：《竞争法视野的知识产权问题论》，《中国法学》2009 年第 4 期。
② 参见蔡吉祥《无形资产学》，海天出版社 2002 年版，第 5 页。转引自吴汉东《知识产权的多元属性及研究范式》，《中国社会科学》2011 年第 5 期。

势，使自身形成在国际市场竞争中巨大且独特的优势。早在 1998 年 12 月，英国政府名为《我们竞争的未来——构筑知识经济》（*Our Competitive Future: Building the Knowledge Driven Economy*）的竞争力白皮书即指出："作为独特的、有价值的且竞争对手难以模仿的资产，我们所拥有的知识产权能否被充分利用决定了我们竞争的胜负。"在当代中国，科技、信息、知识产权等软资源也已逐步构成创造社会财富的主体资源，企业的实物资产、现金资本等有形财产的重要性已逐步呈现出向知识产权等无形资产让位的趋势。① 对于科技型中小企业而言，科学技术及相关智慧成果显然是企业最为基础的优势所在，企业需要具备将知识产权转化为其他形式优势的能力方可在激烈的市场竞争中谋求发展机遇：一定数量和价值的知识产权体现了科技型中小企业的创新能力和可持续发展能力，经由知识产权优势向营业能力优势的转化，营业能力优势向产品营销优势的转化，产品营销优势向消费者或交易相对方普遍认同并具有交易倾向的优势转化，最终形成企业的整体竞争优势，提高企业价值。而知识产权的融资功能在上述转化过程中既是一种固有价值的静态体现，又是提高企业融资力和竞争力的动态决策，能够有效盘活企业闲置资产或对无形资产加以多元化利用。然而，作为一种较新形态的融资方式，知识产权担保具体表现为权利的质押或是权利的抵押尚无法律区分或规定，一直存在学理上的分歧：

其中，根据目前我国已有的法律规则为基础进行推论，视知识产权为权利质押客体的观点占据多数。根据我国《担保法》第七十九条和第八十条规定，依据法律可以转让的知识产权包括商标专用权、专利权，以及著作权中的财产权都可以作为质押的客体，出质人与质权人采取书面形式订立合同，并以向管理部门进行出质登记为质押合同生效要件。上述权利未经协商和约定后，出质人不可擅自转让或许可他人使用，而其因转让或者许可所得的收益应当提前对质权人进行清偿，或者向质权人指定的第三人提存。《担保法》第八十一条还规定，权利质押适用动产质押的有关规定。

同时，也有学者从法学理论的角度对知识产权作为权利质押客体

---

① 吴汉东：《知识产权的多元属性及研究范式》，《中国社会科学》2011 年第 5 期。

的观点持质疑态度,认为《担保法》第八十条出质人未经质权人同意不可转让或者许可他人使用是对知识产权合理利用的限制,阻碍知识产权发挥时效性的特点,基于知识产权的自然属性和使用方式同《担保法》规定的其他权利有所区别,具体法律规则也应区别制定。因为,在经济学的理论范畴,无形资产被认为是不具有物质实体的经济资源,其价值由所有权形成的权益和未来收益所决定。[①] 换言之,利用作为无形经济资源的知识产权进行担保时,对其未来收益的估量更能体现出这种担保形式特别的价值和意义,也正是这种预期收益使知识产权的担保价值高于其质押价值。同时,知识产权的无形性质决定其不存在空间的占用,又因其潜在的公开性质有可能被共同占有或使用,与占有制度相斥;即便是在准占有的场合,也会因知识产权的可流转性、可复制性使权利推定难以有效发挥作用,而善意取得又因登记制度受到影响,或会制约知识产权担保的发展。[②]

另外,有学者认为,有别于经济学范畴的研究视角,在法律场域内的探讨不应驻足于一味地指证现行法律种种不足之处的阶段,而应当对现有法律制度的解释更加注重,通过对现行法律进行阐明和解释,达到为司法实践中的裁判活动提供更多可以合理适用的法律前提,实现法律适用、法律权威的维护等目的,认为在我国已经制定知识产权质押的相关法律规则的前提下,法律解释不仅成为可能而且十分必要,即对知识产权质押法律规则研究的重点在法律解释的环节[③],大体上和《国家知识产权战略纲要》中"加强知识产权司法解释工作……"的内容和要求相吻合。这种观点并未刻意追求法律的革新或重构,而是着眼于对既有法律规则的阐释,不指责、不评判,尊重现有制度的立法初衷,力求法之正当性和可行性发挥自身的作用,不失为针对知识产权质押融资制度的一种研究思路。但是,质押和抵押毕竟是截然不同的两个概念,理论研究方面的分歧既已存在且尚无定论更不宜忽视,况且从目前我国科技型企业知识产权融资的现实状况来

---

① 王志平:《无形资产的概念与定义初探》,《生产力研究》1997 年第 5 期。
② 姚王信、王红、苑泽明:《知识产权担保融资及其经济后果研究》,《知识产权》2012 年第 1 期。
③ 任中秀:《解释论视野下知识产权质权人权利探析》,《知识产权》2012 年第 2 期。

看，仅仅依靠法律解释维持现有知识产权融资制度的运作已略窥一斑。这样，知识产权担保是权利质押还是权利抵押不能简单择一归置，应当二者取其一，或是通过法律规定使其同动产质押、权利质押相并列，成为一种新型担保方式，仍存探讨之余地。

可以确定的是，将知识产权担保通过知识产权法做出专门规定不再是德国、法国、日本等发达国家的独创做法，已然成为国际通例，我国的《担保法》、《物权法》也对权利担保的内容进行了具体规定，但尚不可视其全面和充分，这或许和学术界对于知识产权担保理论仍存在一定分歧不无关系，其结果自然直接决定了知识产权担保融资的价值取向，需要更为明确和合理的定位。基于知识产权产生、利用和终止的特点，传统物权担保可否以特别担保的方式，同时兼顾质押和抵押的优点进行设定，使其发挥双重功效①，是知识产权融资制度理论探索进程中具有开放性的重要议题。当然，在《担保法》真正修订前，本书中出现的知识产权担保融资仍然是指以知识产权质押为主要内容的融资方式。

（二）我国知识产权融资现状

知识产权的发展需要一个积累的过程。知识产权优势一旦形成，会在相当长的时间内给中小企业等微观经济单元带来商业竞争的优势，同时为宏观经济提供发展动力。2008年的《国家知识产权战略纲要》已将知识产权战略提升到国家战略的高度。鼓励创新，以创新为原动力促进经济发展是知识产权战略的关键词和核心意义。2014年11月5日，国务院常务会议明确提出将对《国家知识产权战略纲要》深入实施，通过法治建设进一步保护知识产权市场及其文化环境。截至2013年年末，我国发明专利申请量和商标申请量分别连续第3年和第12年位居全球首位，而著作权登记、植物新品种申请量也保持着升高的态势，并创下历史新高。不过，在这样的时代背景下，同为科技型企业却可能存在不同际遇：

例如，重庆三华工业有限公司在2011年、2012年两年时间内，

---

① 张晓云、冯涛：《专利权担保融资的法定限度与合约扩充》，《知识产权》2012年第2期。

通过知识产权质押融资的方式从银行贷款近3000万元,用于扩大生产规模,整体性转变经营方向和组织方式。该企业主要从事汽车、通用汽油机、柴油机等铝合金部件的研发和制造,共拥有50多项发明专利和实用新型专利,专利产品收入占企业总收入的80%以上。三华工业的管理人员表示,企业一度担心专利申请和维护费用过高,且有技术秘密泄露的风险,致其掌握的多项技术发明长时间息于利用。2011年,时值三华工业产品转型,生产线数量增加,需要新建技术中心及厂房等基础设施,传统的不动产抵押无法满足企业迫切的融资需求,而知识产权质押融资具有贷款流程相对简单、时间较短、成本更低等优点,企业便通过重庆科技融资担保公司担保,以专利技术"新型发动机无缸套缸体"质押,向三峡银行贷款1000万元。2012年,该企业又以三项专利技术从银行贷款2000万元,推动了专利成果的转化和新产品规模化生产。

  同样是科技型企业,距离三华工业仅10公里处,位于重庆北碚区的一家企业以类似的方式向银行贷款600万元,相比之下,该企业的融资过程显得有些曲折。据企业管理人员介绍,企业在数年前即和某家国有银行洽谈过利用专利作质押贷款的事宜,最终银行惜贷,融资以失败告终。导致这种结果的重要原因在于,银行很难通过财务报表等可呈现、可比对的直观资料以外的途径了解企业的经营状况和潜在实力,而知识产权等无形资产缺乏统一估价,又很难在财务报表中具体列明,导致银行无法掌握企业知识产权的实际市场价值,最终慎于发放贷款。此后,该企业试图采取先评估后担保的方式获得贷款,通过评估机构对知识产权财产进行估值,结果依然不理想:第一次进行的专利技术估值仅为300万元,远远低于企业的预期中该专利技术的实际价值。在政府的推动和指导下,该企业再次与评估机构沟通,针对企业生产实力、专利技术市场前景等内容反复磋商,得出专利估值1000万元的结论,并实际从银行贷款融资600万元。尽管这一结果和企业的预期有所差异,但对于其掌握的40多项专利技术而言,这类融资方式的首次利用依然意义重大,全面盘活无形资产,大幅提高融资效率显然指日可待。

  若仅以个案融资金额为参照,从如上两件案例中可以看出,知识产权融资的不确定性不但体现在知识产权本身的价值估量方面,更直接导致企业获得的融资额度大相径庭,这一结果差异并不代表不同企业知识产权真实价值的差距如此悬殊,程序瑕疵同样会导致类似的后果。因此,知识产权融资法律规则所保护的不仅仅是个案的公正,更是整个知识产权融资市场的公平。仅以知识产权本身的发展前景来看,全国范围的技术市场已经具备相当的规模和潜力。我国科技部发布的《全国技术市场统计年度报告2014》显示,截至2013年12月31日,全国技术市场合同成交金额突破7000亿元,其中,电子信息、现代交通、先进制造技术位居成交额前三位,新能源与高效节能、城市建设与社会发展、环境保护与资源综合利用技术成交额紧随其后,这6个领域技术合同成交额占到了年度总成交额的80%以上。涉及各类知识产权的技术合同的成交额呈现逐年增长的趋势,仅2013年,全国涉及知识产权的技术合同成交额3793亿元,是2009年成交额的2倍,比2012年增长4.76%。在各类型知识产权合同中,技术秘密合同成交额居首位,达到2223亿元,占比58.61%;计算机软件著作权类位居第二,专利技术交易居第三位,成交额分别为658亿元和569亿元。另外,从报告多项数据比对中可见,我国企业技术转移双向主体的地位进一步凸显。报告指出,随着创新驱动发展战略的不断推进,自主创新激励机制和知识产权制度不断完善,企业技术创新活力高涨,企业输出技术占全国技术合同成交额的86.17%,吸纳技术占全国的74.95%,既是技术的最大输出方,也是技术的最大吸纳方,尤以内资企业技术交易最为活跃。[1] 综合上述数据,我国的知识产权交易市场发展势头良好,对于具有科学技术研发能力或技术运用需求的企业而言,这一发展前景既为知识产权质押融资提供了基础,也有助于融资信心和热情的催化。

以科技型中小企业为例,专利、商标等知识产权通常是其所拥有的重要资产甚至是主要资产,在当今社会经济发展的背景下,知识产权的占有和有效利用能够使企业具备内源优势,将独创性转化为可持

---

[1] 科学技术部发展计划司、中国技术市场管理促进中心:《全国技术市场统计年度报告2014》,第1、3、4、7页。

续发展的商业资源，进而提高企业竞争力。与此同时，我国知识产权资产总量的稳步上升以及市场主体或公民对知识产权的认知及重视程度不断地提升，正说明我国知识产权的经济基础和社会基础处于扩大和增强的阶段，有利于知识产权融资功能的实现和拓展。

不过，纵观我国中小企业发展历程全貌，"麦克米伦缺口"①（Macmillan Gap）从未曾消失于企业营业和融资的视野中。知识产权质押能否成为破除中小企业融资困境的利器，尚未得到充分的印证。正如上文中两项案例所呈现的差别境遇，甚至企业规模相仿、信用水平相近、知识产权的客观价值基本相同的两个企业通过同一中介机构向同一金融机构贷款，也可能得到截然不同的结果。当然，这是一种极端化的假设，现实当中鲜见经营状况和生产力要素基本一致的企业能够拥有价值相当的知识产权，且均用以质押融资活动。这种假设难以成立的根本原因无关乎概率高低，而是归结于两个重要成因：一方面，中小企业对知识产权的概念和价值没有形成足够的意识和重视，对于利用知识产权进行质押融资更为陌生，或者对知识产权融资程序和结果的认识过于简单化、理想化，在银行等金融机构"惜贷"现象尚未发生前，中小企业甚至率先出现"慎借"之态度者擢发难数；另一方面，知识产权的价值评估环节缺乏统一标准，受此影响的主体不仅包括中小企业，还包括几乎所有提供知识产权质押融资业务的金融机构，因知识产权价值不确定性造成的融资额度不确定不但令中小企业无法及时获得足够的资金支持，也将导致一旦其到期无法偿还贷款，金融机构同样无法将此类无形资产按照预期的估价金额转化成现金，挽回损失。

现代经济学中的边际效用理论（marginal utility theory）认为价值

---

① 1929年，英国政府针对大量中小企业因资金链断裂而破产的经济局面委派哈罗德·麦克米伦（Harold Macmillan）等组成金融产业委员会，对本国工商业和金融业展开调查。调查结果表明，由于中央银行制定的基准利率低于市场平均利率造成的巨大资金配置缺口正是这些中小企业纷纷倒闭的原因，这一缺口即被称为"麦克米伦缺口"（Macmillan Gap），意指资金供求差额导致严重的中小企业融资难题。参见万伦来、丁涛《麦克米伦缺口的"U"形演变趋势：理论与实证研究》，《经济学动态》2011年第12期。

由稀缺性和效用①两个呈正相关的因素决定，只有既具备稀缺性又具有效用的事物才有价值。稀缺性越大，效用越大，价值越大，稀缺性越小，边际效用忽略不计，事物也就没有价值可言。因此，在价值评估的场合，有形资产的稀缺性和效用相对稳定，占有即可为权利人带来经济效益，价值更容易确定；无形资产的稀缺性和效用不稳定，需要经过一定的程序和方式转化为生产力方能发挥作用，价值评估具有更高的难度。值得强调的是，知识产权的效用尽管客观存在，其价值则是针对需求而存在的②，作为知识产权客体的发明专利、技术产品、创作作品本身置于整个人类社会不断发展的场域内并不能成为"创新"，只有应用于生产实践且推动或直接创造出新的经济价值才是真正意义上的创新。③ 这也直接导致价值评估程序中的重要难题：特定知识产权对于所有权人、金融机构、潜在的交易相对人等市场主体而言效用当然不可能完全一致。

此外，即便知识产权的价值能够形成相对稳定的估价标准从而大幅度提升估价的准确性，估价的时效性依旧是一大难题。以商标为例，商标所标示产品的价值必须通过市场竞争得以体现，不同商标的价值与企业的市场占有能力、创新能力、可持续发展能力成正比，一旦企业的营业能力下降，利润亏损，商标贬值的速度可谓一泻千里。2012年，广药集团与加多宝集团针对"王老吉"凉茶商标之争，以加多宝集团停用该商标的仲裁结果告终，然而经过一系列商战和公众、媒体的审视与评判，"王老吉"的商标价值大幅下降，一蹶不振。与之相反，如果企业经营得当，商标的品牌效应自然具备极强的辐射能力和价值潜力。正如美国可口可乐公司前任董事长罗伯特·伍德鲁夫④（Robert Woodruff）所言："只要'可口可乐'的品牌还在，即便某一天大火将公司化为灰烬，第二天早晨，各大银行争相向'可口可乐'公司发放贷款依旧会是企业界新闻媒体的头版头条消息。"无形

---

① 效用是指物品满足需要的程度，被视为财产的度量。
② 张勤：《论知识产权之财产权的经济学基础》，《知识产权》2010年第4期。
③ [美] 熊彼特：《经济发展理论》，孔伟艳等译，北京出版社2008年版。
④ 罗伯特·伍德鲁夫于1923年接任可口可乐（Coca-Cola）公司总裁，历时十数年，使可口可乐成为世界最有价值的品牌之一。

资产的能量无疑是这份自信的来源。回归中小企业融资的场域，知识产权的能量究竟应当雪藏还是释放，答案似乎不言而喻，面临的困难也显而易见，又难以在短时间内得以解决。事实上，作为一种新型融资方式，知识产权质押的发展环境同时兼顾着挑战和际遇，需要理论探索、政策扶持、法治建设等多样化的支持，而时间成本亦不可回避，将其视为包括科技型中小企业在内的广大创新型企业资金通融的救星为时尚早，需要给予其更多的时间、耐心和更为具体的法律加以保护。之所以强调法律的重要性，不但因为市场竞争和经济活动本身会对法律的演进形成推动作用，法律的完善和发展也将提高市场竞争效率，刺激经济活力，在中小企业知识产权质押融资问题上，法律不但能够起到切实的保护作用，亦可更加直观地起到宣示和鼓励的指导意义，进而促进中小企业积极利用知识产权进行融资，同时一定程度上也将缓解并逐步改变银行业金融机构面对中小企业的贷款需求时习惯性拒绝的倾向。因此，知识产权融资法律制度的构建势在必行。

第五章 中小企业营业权保护制度完善之路

第一节 经济组织及市场规则下的保护立法

一 完善《中小企业促进法》，强化政府的法律责任

重新定性中小企业促进法的根本属性，强化政府对于推动中小企业发展方面的明确法律责任。《中小企业促进法》是我们所诠释的中小企业营业权平等保护之法理，其根本属性和立法宗旨都是要运用市场化与社会公平双重标准达到保护弱小企业平等地参与市场竞争，不受大企业的排挤与政府的歧视的目的。无论法律文件使用了何种文字进行表达，这项法律的根本属性都是强制性公法，是要明确相关部门承担保障中小企业营业权的政府责任，提供尽可能全面的行政措施，利用政府的综合协调职能，构建平等参与的市场竞争环境，打击欺行霸市的恶劣行为，纠正个别政府部门的不当行为，提供中小企业合法利益保护的途径。不过，如果中小企业促进法是这样的基本职责划分，我们就会很快发现一个十分明显的矛盾问题，即如果仅仅将其定性为经济行政法恐怕难以明确承担法律授权之重任，因为其中众多内容涉及不同的法律部门，包括经济法、商法、社会法[①]等实体法，还

---

① 现代大陆法系的国家首先提出了"社会法"的概念，比如反垄断法、反不正当竞争法、环境保护法、消费者权益保护法、金融法、计划和产业政策法、国有企业法，等等。这些现代法律主要是解决经济规划、环境保护、就业、社会保障等社会性的问题。这些法律既不是公法也不是私法，因此欧洲大陆法系国家的法学家在公法和私法之外，就有了"社会法"的提法。

涉及维护控告与请求权的程序性法律，非单一法律所能担当。故而，我们将中小企业促进法定性为带有明显综合性的经济行政法，在制度构建上必须有公法与私法的共同作用，有实体法与程序法的相互衔接，有强制主义与任意主义的合理分工，实现法律宗旨上软指标与硬任务、达到法律责任与真实目标的有机统一。这样的结论是有充分现实依据的，例如，中小企业所面临的资金方面的困难，无法以简单的方法强制商业银行为其提供信用支持，企业自身又缺乏经济支撑力，解决问题的办法就是政府财政方面的特殊扶持政策，专门基金的设立、专门向中小企业贷款的公营投资公司的设立，等等，对政府职责加以明确，并将政府工作是否履行到位置于立法机关和社会的公正评价之内。上述工作内容是依据政府机关的办事机构性质与工作职责所确定的，大量有关对中小企业给予支持的法律授权，都等于是明确的政府部门职责的重申，之所以将《中小企业促进法》定位为公法就是在这个意义上和采用这种较为合理的判断标准所得出的结论。那么，私法的部分在哪些地方能够体现呢？主要在于中小企业营业性活动必然会涉及的，与政府部门之外的相关组织和个人之间的经济关系，包括市场竞争关系、主体协调配合关系、委托—代理关系、劳动雇佣关系、合同关系、侵权关系、债权债务关系等。这些关系可能与中小企业平等保护不发生直接关系，但都介入到政府主导型的中小企业促进法的场域内，成为关系群中的重要成员。对于各种经济利益调整，往往是由私法上的等价有偿、协商一致、诚实信用和意思自治等法律原则发挥着主导作用，而其表现形式虽然多种多样，但都体现为私法规则的正当适用。例如，我国《中小企业促进法》第三十一条规定，国家鼓励积极发展科技型中小企业，绝非采用大包大揽的方式，而是通过法律规定，使用"鼓励"的方式明确外围的积极倡导和政策支持，对于真正的科技型中小企业，仍然要依照公司法和公司登记的法定条件取得营业资格，其公司章程要约定出资人的权利义务，明确规定技术出资的比例，依照相关法律规定知识产权的入股与合理使用方面的内容。促进法的这项规定的存在当然是合理和必要的，更为明确了政府的责任，不得对那些与研究机构、大专院校联合设立的科技型中小企业的营业方式和内容设置不当的障碍，而企业可以通过控告的方式维护自己的合法权利，有损失发生的情况下提出相应的行政赔偿诉讼。另外，该法律规定的中小企业合并、重组等优化资源配置的方式，实际也是企业产权交易的一种形式，尽管国家具备专门的法律加以规范，但都不是体现行政权绝对化的公法上的行为，而是民商法制度下的交易规则的适用。

　　上文提到的软指标与硬任务之间关系的协调问题，将是厘清中小企业促进法根本属性的最核心技术参数。从形式上看，有关中小企业平等法律保护的规范性文件，毫无例外地表现为一种国家或地方政府经济政策的导向性宣示，均采用了号召性的语言和高度的概括与原则，仅仅提出宏大的发展方向、目标和任务，并没有具体化的措施。这样，包括政府部门和官员在内的多数群体都将其视为软指标，如同保护妇女儿童合法权益的文件一样，只不过是政府的一种承诺，缺乏实际可行的评定效果之指标体系。我国的中小企业促进法贯彻现况不够理想与这种观念有着十分密切的关系，因此，增加评定指标的内容势在必行。事实上，中小企业面临的问题都是实在的、具体的，并不缺乏社会的同情心与大众的理解，迫切需要的是政府有效的行动。当然，这里提及的硬任务也不可能是体现在法律条款中的具体比例、数额、期限、利润指标或者评价体系，而是能够对于政府工作任务中可以进行量化评定部分提出的具体要求，能够通过中小企业切身体会并反映在经济效益上的客观事实，这些信息数据绝非中小企业促进法的题外之义。

　　综上得出的结论是，中小企业营业权平等保护法制建设中的首要性问题，就是要对这种法律的根本属性进行清晰、明确的阐述，即强制性地确认政府及相关职能部门的法律职责，使政府依照法律的授权切实、有效完成自己的任务，运用法律、行政、经济和综合协调手段于中小企业的生产营业，尤其是在基本法无法规定量化的指标与工作细节内容的前提之下。同时，这种职能绝不能只停留在号召性宣传的层面。中小企业促进法是综合性很强的法律，兼有公法与私法的属性，需要充分尊重私法上的意思自治与等价有偿，不能简单化地用行政强制手段代替市场行为或市场选择。

二 制定《中小企业银行法》，设立中小企业银行

2011年11月，中国经济体制改革研究会副会长樊纲在"第七届北京国际金融博览会暨2011中国金融年度论坛"上发言表示，中小企业融资不能过分依赖银行等金融机构，不应因在国内得不到良好的金融服务就将这种压力转嫁给政府，一旦银行缩紧银根，资金链立即显现出断裂的趋势。樊纲认为，股市和债市是企业直接融资的最后环节，上市则为次之环节，对于政府着力改善的方向，应当是进一步辅助中小企业发展证券市场、债权市场，充分利用股权融资的方式进行资金的积累。① 对该看法，笔者持质疑的态度。依据发达国家的实践情况，即便其他融资途径何等地创新和发展，中小企业的外源融资依然主要依靠商业银行的贷款。在美国，金融机构的贷款在中小企业全部资产中所占的比例达到25%，在其全部债务中所占比例达到53%；在英国，金融机构的贷款在中小企业外源债务的比例在近20年下降约10个百分点，但依然是中小企业偿还债务之资金来源的主要提供者。而在我国，无论是中小企业的初始创业之启动阶段，还是二次创业之扩张阶段，业主自由资金、留存收益等内源融资是企业主要的资金来源，90%以上的初始创业资本来自业主或其家族所筹集的资金，60%以上的扩张资本来自营业收益的留存。也就是说，金融机构的贷款只占我国中小企业创业资本、营业资金、发展壮大的投资很少的部分，反映出我国中小企业在金融机构贷款融资方面遇到的境遇是何等的不公。② 事实上，这也是我国中小企业融资频频陷入困境的主要原因：中小企业的融资几乎从来不能脱离金融机构的支持，即便在股权融资等方式逐渐被中小企业所认知和利用的情况下，金融机构的直接融资支持依然是把握中小企业融资环节命脉的重中之重。据相关资料统计，我国每一百家中小企业中能够获得银行资金支持的平均只有1.4家，而这个比例在美国甚至可以达到80%。除对商业银行的贷款模式进行调整外，我国应当尝试拓展多样性的、多层次的银行体系，

---

① 中国经济网：《樊纲：中小企业融资不能过分依赖银行》，http：//www.ce.cn/xwzx/gnsz/zg/201111/04/t20111104_22812637.shtml，2011年11月4日。

② 周蕾：《中小企业银行融资问题分析和对策》，《财经界》（学术版）2010年第11期。

以满足中小企业庞大的融资需求。加入 WTO 后，基于国民待遇原则，外国企业进入我国市场后加剧了同行业之间的竞争，如果金融机构不对中小企业给予融资方面的支持，仅靠内源融资作为资金积累主要方式的中小企业会面临更加危急的生存困境。

中小企业不被商业银行等金融机构所青睐，很大程度上在于中小企业的融资结构和商业银行的营业目标具有本质上的矛盾。商业银行的营业理念固然是保证资金的安全性、流动性，同时追求资本积累和盈利的最大化，而中小企业因其规模导致的抵押财产缺乏、营业状态不稳定、信息不对称等因素，使得传统的商业银行无法在自身的营业目标和中小企业的融资目标之间找到合适的平衡点。事实上，全球范围内的中小企业都面临着同样的问题。

传统商业银行之所以将安全性作为首要原则，主要是因为银行并非自身拥有大量的资金，其借贷给他人的资金几乎全部来自储户的存款，不但储户对资金的安全性有所追求，银行亦有同样的要求。一般来说，解决我国中小企业贷款融资困境的一种思路是通过中介机构对中小企业的信息进行筛选和过滤，将符合条件的中小企业及其项目呈交给银行进行贷款的申请，这样一来，银行可以节约大量的时间和成本，同时承担较小的风险，中介机构虽然承担较大的风险，但可以获取风险收益，至于中小企业，则可以较短的时间、较小的成本获取用来营业的关键资金。例如，通过中介性质的担保机构，即可完成上述中小企业在银行方面的信用组建和资金通融。但是，归根结底，通过中介机构只是中小企业融资环节的一种选择，如果能够直接获取银行的贷款，对于规模小、资本少的中小企业来说自然是首选之途径，中小企业银行的设立呼之欲出。从当前世界各国在该方面的经验来看，建立专门服务于中小企业的银行，不失为一种有效解决中小企业融资困难的途径。中小企业银行在某些国家也成为科技银行，并非供以普通公民进行存款储蓄，而是以吸纳风险资本为主要特征，通过承担一定的风险但持有企业一定的股权以获取收益的方式，主要对中小企业提供贷款融资服务，同时也服务于少数个人大客户及部分风险投资机构。

以法国 1997 年成立的中小企业发展银行为例，其注册资本达 3

亿欧元，一半以上的股权为国家财政部所有，40%的股权为国家信托银行所有，剩余的股权分属法国人民银行和国家发展署。正因为国家控制了中小企业银行的半数股权，并每年为其提供1亿欧元以上的经费支持，使得该银行能够更好地执行政府的经济政策，更好地开展政府委托的中小企业业务。法国中小企业发展银行还为中小企业提供担保服务，在企业创建初期的担保服务费用低于一般的商业银行，一旦企业获得盈利，则再收取一定的费用用以帮助企业从商业银行获得贷款。而当被担保的中小企业面临破产清算时，中小企业发展银行还将承担50%的损失，通过担保的方式为企业分散贷款和担保的风险。另外，该银行的利息也低于同期商业银行的贷款利息，对中小企业融资压力起到一定的缓解作用。①

再如，韩国于1961年颁布了《中小企业银行法》，并于同年建立了企业银行②（Industrial Bank of Korea），核心宗旨即是保证中小企业的融资，扶持中小企业的发展，不但在该国大型国有银行中占有重要的地位，也为中小企业提供了优质的金融服务，并为本国经济的稳定和发展做出了重大贡献。从效率的角度来看，中小企业银行可以说是最为有效和直接的融资渠道，不仅能够解决中小企业对融资的迫切需求，还有利于降低不良贷款的比例，起到控制金融风险、稳定金融秩序、积极增加盈利等作用，为包括众多民营企业在内的中小企业群体提供良好的服务。③

我国可以通过对国外成功经验的借鉴，一方面通过政府的政策性担保使对中小企业提供贷款的风险被控制在商业银行可以接受的范围之内；另一方面通过制定《中小企业银行法》以及在中央和地方政府的指导下成立类似法国模式的中小企业银行，负责为中小企业提供贷款担保和低息贷款。中小企业银行在运营的过程中，对中小企业进行

---

① 李增福：《中小企业银行模式的国际比较及其历史经验批判——兼论我国科技银行的设立》，《经济经纬》2010年第2期。
② 又名韩国中小企业银行，是韩国第四大国有银行，由韩国政府投资成立，专门为中小企业提供金融服务。
③ 姜秀昶：《国外中小企业融资的经验做法及对我国的启示》，《山东经济》2004年第1期。

政策性的资格审查，不进行商业性质的判断，通过将审查标准的公开化对银行的裁量行为进行约束，从而保证中小企业银行将中小企业的融资和政府的政策良好地结合，并由中小企业银行法对风险防范、鼓励机制、约束机制等内容进行规范，对随之产生的新形态纠纷进行规制，保证中小企业能够安全、及时地获取营业资金，促进中小企业的发展。

三 创新社会服务体系的法律保障

中小企业的营业需要社会服务体系的支持。中小企业因其自身的弱小根本无力承担配套性的营业服务项目，例如，小型企业缺乏培训自己数量有限的企业员工的能力，小型企业缺乏承担高薪雇用权威技术顾问的资金条件，中小企业难以获得同政府相关部门直接、平等地对话的机会，而对于企业产品的创新同样具有各种各样桎梏的存在。当这些问题无法依靠自己的力量寻求出路时，只有政府通过政策引导和综合协调才能帮助它们实现这样的愿望。

社会服务有广义和狭义的区别：广义的社会服务主要指中小企业生产经营中使得各种营业目的之间产生联系并为此提供便利的国家机关、事业单位、中介机构、各种类型的企业，以及它们所给予的配合与支持；狭义的社会服务则不包括政府机构在内。本书采用的是狭义的解释方法。依照《中华人民共和国中小企业促进法》第六章的规定，社会服务主要来自从事创业辅导、企业诊断、信息咨询、市场营销、投资融资、贷款担保、产权交易、技术支持、人才引进、人员培训、对外合作、展览展销、法律咨询等服务的社会中介机构。显而易见，《中小企业促进法》固定了社会服务主体范围，但并未列举全相应的组织，在其他条款中出现的科研机构、大专院校、行业协会理应属于同类的性质。

社会服务体系构建了中小企业生存与发展精密化的外部网络，对企业提供有效的技术、智力及创新方面的支持，体现出现代社会高度分工协作的时代特征。中小企业促进法将社会服务体系构建列为政府的重要职责之一，具有极强的针对性，直面中国的现实情况。

从制度建设以及对法律授权性职责明确划分的角度而言，健全中小企业社会服务体系应当是相关政府主管部门的基本职责。日本2004

年设立的日本中小企业基盘整备机构就是承担中小企业社会服务的独立行政法人，受日本经济产业省领导，工作职责被确定为五项：促进中小企业创业及新产品开发，强化经营基础，应对经营环境变化，提供工业用地以及为企业提供贴身式服务。[1] 除此之外，日本中小企业公共社会服务机构还有日本中小企业团体中央会、日本贸易振兴会、日本商工会与商工会议所，以及日本中小企业综合研究机构。通过对比和借鉴，我国政府在建立中小企业社会服务体系时，应当采用行政化、社会化和商业化相结合的方式去建立制度体系，分清不同机构的性质与责任，从而达到法定目标的实现。

行政化社会服务是由政府下设的事业单位所提供的，拥有政府部分授权的管理与服务职能，具有专门的行政资源与工作任务。这部分组织直接由政府领导，在专项支持中小企业方面拥有独特的优势。

社会化社会服务是非营利的社会组织，例如国外设有的技术推广中心、退休职业经理人服务团、小企业学院等都属于社会化社会服务。以公益性为目的通常是这类机构的典型特征，而政府的监管任务使其活动名副其实，通过登记机关的审查和社会监督保证他们依法提供服务，防止其利用服务变相敛财。商会组织亦属此类。

商业化社会服务同前两类相比则有明显的不同，相关的机构、公司、企业以营利为目的而提供服务。我国《中小企业促进法》中提到的中介机构多属于这种性质。例如，向中小企业提供融资的金融机构所附带的管理咨询服务就属此类，在职人员专门技术培训的机构也承担着类似性质的工作。主管部门的重要职责之一就是强化他们的服务质量并制定合理的收费标准，因为在缺乏竞争情况下，其提供服务所收取的费用确有对中小企业造成负担甚至是损失的可能。

四 强化政府的财政支持

坚持政府财政支持的合法性、效益性与透明性对于中小企业营业权的保护是十分重要的。中小企业营业中遇到的困难不可能经由政府全部解决，很多基于项目选择、产品性能、经营管理不善、内部治理

---

[1] 中小企业服务机构发展状况及扶持政策研究课题组：《美国、日本、韩国和中国台湾、中国香港地区的中小企业服务机构》，《中国中小企业》2011年第3期。

不规范以及公然违反法律和违背商业道德方面的问题，应当由其自身和市场选择去解决，政府没有能力也不应当承担相应责任，而经营者和投资人要对自己行为或市场变化的利润下降承担不利的后果，是市场的基本法则。

对中小企业给予扶持的经济政策进行强调实际上是要求赋予政府一种行政责任，要求政府培育公平竞争的市场环境，在承认大型企业集团对国家财政、社会发展乃至国家安全的重要影响的前提下，通过制度设计与法律强制要求为中小企业自由营业、参与竞争、提高生产经营效益、生存发展等方面提供公平的机会，不允许大企业利用垄断与经济实力优势侵害中小企业的合法利益。政府运用公共财政与行政权力对中小企业进行扶持，本质上也是为社会稳定和繁荣营造良好的秩序，缺乏这样的秩序，大型企业亦没有扩展的空间和持续发展的未来。

合法性是政府履职最基本的前提，是市场法制最基本的要求。法律的授权经过立法机关的认可，体现在法律文件上，但具体到将其运用于扶持中小企业时，必须保证手段和内容符合法律的要求，包括采用的方式、支持的行业、使用的期限、监督检查的程序、违法行为的查处等方面。社会对于针对中小企业的政府财政税收和专项经费补贴等内容向来具有极高的关注度，希望政府做到公开、公平、合理的分配，公然违反合理性、合法性的行为是不被容许的。其中，合法性也蕴含着程序的合法，既要杜绝长官意志，避免随意性，又要给予中小企业的经济利益的保护与扶持，以公正的方式惠及相当的企业，避免厚此薄彼行为的发生。当然，这种惠及并不一定涵盖同类的所有企业，即使涵盖了所有企业也会因资产和规模不同而导致利益的额度有所区别。

效益性是指政府对中小企业的支持应达到促进被支持企业之投入产出和技术提高方面最大化发展的标准，使其提高政府支持资金的使用效能，最终达到预期的利润和成效指标。在现实中，这个指标实际上是一个相当难以衡量的经济问题，毕竟企业效率和效益的提高受到诸多因素的影响。例如，原材料价格上涨、电力供应不足、后续资金短缺等问题都会给企业的效益评定准确性制造障碍。因此，有关效益性的问题在具体操作中常常是无法回避的。而挪用、骗取或者合谋私分政府基金的行为也必须给予有效的制裁,从侧面支持效益性的实现。

透明性也即信息公开,是指国家政策与具体项目支持都要向社会公开,接受社会的监督。有关对中小企业给予扶持的方针已经家喻户晓,但对方针的具体内容进行宣传讲解是必不可少的工作,涉及具体的资助与减免项目实施过程中,应当真正做到向社会公开,置于社会监督之下。

第二节 中小企业市场准入与资源占有权的私法保护

一 工商登记制度,市场准入权的私法保护

目前,我国已经通过制定《公司登记管理条例》、《企业法人登记管理条例》、《个人独资企业登记管理办法》、《合伙企业登记管理办法》等法律法规和相关解释,形成了商业登记的法律体系。但是,从内容上看,这些行政法规以登记机关的职责、商业登记的程序以及相关的处罚规则为主要内容,强调国家对于营业准入的管理和规制,对保护中小企业等市场主体的交易安全和公众利益方面有所忽视,带有明显的公法性质,法律规范的私法属性不足。[1] 商业登记制度在外在表现方面强调商业公告的功能,信息公告是商业登记的核心内容,能够揭示企业营业的真实状况。目前,随着电子信息技术的广泛应用,

---

[1] 在商业登记的属性上,多数学者认为商业登记法属于公法或者行政法,少数学者认为商业登记法是单纯的私法规范,还有部分学者主张商业登记法兼具私法和公法的双重属性。其中,"公法论"是对我国商业登记法律现状的客观描述,却没有揭示商业登记法应有的实质内容;"私法论"观点深受国外商法理论的影响,却忽视了我国采用民商合一的私法体系的基本事实;"折中论"试图综合不同观点,却没有科学表达商业登记法的法律性质和功能。叶林教授认为,商业登记法主要是私法规范,同时兼有部分公法规范。我国商业登记法过分偏重于公法属性,没有顾及商业登记法应有的私法属性。未来的商业登记法应在兼顾商业登记的公法属性基础上,高度关注其私法性质。叶林:《试论商业登记的法律性质》,《中国工商管理研究》2011年第11期。

世界各国在坚持商业公告传统规则的同时，亦不断对信息公开手段进行调整，扩大信息公开的范围。反观我国立法，多集中于对登记机关的职能、登记的程序等方面的强调，相关的信息公开规则缺乏明确的规定，容易诱发社会和法律的问题，无法满足商业实践的客观要求。因此，我国的商业登记制度，应当对规范的私法属性进行重构，重视对企业营业准入权的保护，对于中小企业的发展而言，主要包括以下作用：

首先，强调商业登记制度的私法属性，有利于保护中小企业的商业信誉。商业信誉作为复合型的市场客体，是中小企业重要的无形资产之一，资本又是企业形象中首要和基本的构成，商业登记制度的完善无疑对商业信誉和资本形象的明确和公示起到了至关重要的作用。一方面，良好的商业信誉可以减少中小企业为实现交易支付的信息费用、交易费用以及产生纠纷后的诉讼费用等，节约营业支出，加快资金周转；另一方面，良好的商业信誉可以增强中小企业的竞争能力。无论是消费者还是市场交易的主体，在对商品、产品进行选择时，商家或品牌所依附的市场信誉往往是首先被加以考量的要素，在众多市场交易的场合，市场竞争一定程度上转化为商品信誉或商业信誉的竞争，良好的信誉必将增强中小企业的竞争能力。

其次，强调商业登记制度的私法属性，有利于保障中小企业的交易安全。交易安全作为法律的价值目标之一，无论对于市场经济中的个体还是整体而言均具有十分重要的意义，它既是市场经济个体和群体自身的要求，又是自由、平等等价值目标得以实现和存续的前提。[①]商业登记立法应当对必须进行登记的申请人申报材料的具体事项作出明确规定，并通过公示主义维护交易的安全。公示主义要求营业主体将与交易有关的重要事实、自身的营业和财产状况，以法定的形式和程序予以公开，防止与其交易的其他市场主体的经济利益遭受损害，其中，部分营业事实必须经过登记和公示，才能发生法律上的效力。包括德国、日本等，很多国家的商业登记法均对商业登记的公告内容

[①] 王新泉：《商业登记法律制度研究》，硕士学位论文，中国社会科学院研究生院，2002年。

进行具体的规定，要求登记内容必须公告，否则不得对抗第三人的善意。

最后，强调商业登记制度的私法属性，有利于增进中小企业的交易效率，保障经济秩序的稳定。一方面，商业登记要求中小企业等营业主体在从事营业活动前需履行必要的登记手续，且需要达到登记的标准，一定程度上增加了中小企业的营业支出，但从本质上来说，通过商业登记和商业公告，中小企业的相关信息对于市场经济的交易方而言则意味着交易成本的降低，避免信息不对称现象带来额外的支出，提高了市场交易的效率和质量。同时，如果中小企业的营业信息没有进行登记和公告，包括材料供应商、产品购销商、银行等融资机构以及消费者在内的市场交易方需要投入更多的成本对该信息进行调查，或采取风险防范机制，大大增加了交易成本。因此，尽管中小企业需要为登记有所支出，但对于整体的营业而言利大于弊。另一方面，商业登记能够促进社会经济整体效率的提高。我国中小企业数量众多，无论是企业规模、发展潜能、管理理念、管理人员的素质良莠不齐，其对营利的根本追求导致部分中小企业采取隐瞒或欺骗的手段进行交易活动，严重影响市场竞争的秩序。商业登记要求营业主体及时、准确地更新营业信息，不仅保证个别交易的安全，更为整个市场经济的稳定和秩序创造了条件，起到干预和监督的作用，维护社会经济的整体效率和秩序。

2013年3月，党的十八届二中全会和十二届全国人大一次会议审议通过了《国务院机构改革和职能转变方案》，2013年完成目标第十四条列明："将注册资本实缴登记制改为认缴登记制等放宽工商登记条件、实行'宽进严管'[①] 的方案，提出修改相关法律、行政法规和国务院决定的建议。"即对工商登记制度进行改革：对按照法律、行政法规及国务院决定需要取得前置许可的事项，除涉及国家安全和公

---

① 商事登记制度改革是对现行登记、审批、监管制度的重构，核心就是"宽进、严管"，以及信息化的支撑。"宽进"，包括市场准入条件、登记服务方式和行政审批制度的革新，从体制机制的层面最大限度地为市场主体松绑，释放市场竞争活力，这是改革的出发点，也是能否得到公众认可的关键。"严管"，即厘清部门职责，理顺监管体系，提高监管效能。

民生命财产安全等外，不再实行先进行主管部门审批，再进行工商登记的制度，商事主体向工商部门申请登记者，取得营业执照即可从事一般的生产和经营活动；对从事需要许可的生产和经营活动者，持营业执照及有关材料向主管部门申请许可。将注册资本实缴登记制改为认缴登记制，并放宽工商登记的其他条件。这项改革措施无疑有助于作为整个市场经济基层细胞的中小企业的发展，为其创业初期的经营和发展争取了时间，并将自主营业权回归给中小企业，使整个市场经济更加活跃。

二 竞业禁止制度，资源占有权的私法保护

当因法律或约定而负有竞业禁止义务的雇员以积极的方式从事了竞业行为，违反了不作为的义务，即构成违约。违反竞业禁止义务的民事责任救济方式有以下几种：

第一，停止侵害请求权。停止侵害的目的是为阻止尚未发生的损害，而不是对已经产生的损害进行救济。[1] 当雇员的竞业行为使所供职的营业主体的商业秘密或者营业利益受到侵害时，后者为了保护自身的竞争利益可以依法请求该雇员停止权利的侵害行为，避免继续遭受损失，并提起违约之诉。不过，停止侵害是为了防止损害的继续发生，并不能对已经造成的损害进行充分的补偿，且请求的前提必须是被侵害的权利正在遭受侵害，或是存在遭受侵害危险的可能，或是明显造成营业主体行使该权利之妨碍。因此，停止侵害的适用必须具备两个条件：其一，必须是"民事权利正在遭受侵害，或者存在遭受侵害的危险，或者已然妨碍权利人行使权利"[2]；其二，停止侵害须经权利人进行申请。另外，停止侵害本就是侵权责任发生时一种常见的民事责任救济类型，也是知识产权侵权、竞业禁止纠纷中重要的救济方式，主要为一种不作为的请求权。也正是由于这个原因，世界各国和地区的公司法律立法鲜有在规定竞业禁止义务时对停止侵害进行明确的规定，在司法实践中更多的是援引侵权责任法、知识产权法等法律对此加以判定。

---

[1] 张广良：《知识产权侵权民事救济》，法律出版社2003年版，第101页。
[2] 江平：《民法学》，中国政法大学出版社2000年版，第87页。

第二，营业主体享有的违约金请求权。竞业禁止的违约金是按照合同约定，当雇员方出现不实际履行或不完全履行竞业禁止合同义务时，向营业主体方支付的金额。在劳动关系存续期间，按照营业主体和雇员之间的竞业禁止协议，只要雇员实施了违反竞业禁止义务的行为，即可认为其主观上存在过错，对雇主的商业秘密或者营业利益存在现实的或可能的侵害。如果说停止侵害是针对已经发生或者可能发生的侵害，违约金支付的前提除了上述两种外，还包括只要雇员以积极的形式作为协议禁止的内容，不论是否存在现实的或者可能的侵害，都应当认定为雇员实施了违约行为，适用劳动合同或者竞业禁止协议中关于违约责任的约定。对于雇员的违约行为，雇主可以同时提出停止侵害和支付违约金的请求，如果协议约定的竞业禁止期限仍然有效，雇员在支付违约金之后依然应当承担竞业禁止之义务，也就是说，支付违约金并非竞业禁止义务的解除条件。这是因为从法理上讲，竞业禁止义务是在约定的竞业禁止期限内作为整体存在的不作为义务，而违约行为只能视为该雇员的单一违约行为，但违约金请求权应当是一次性的权利，以请求一次为限。如果雇员再次违反竞业禁止之约定，雇主不能再次请求支付违约金，但可以请求停止侵害，或者请求针对损害进行赔偿。至于违约金的数额限度我国法律并未作出明确约定，但违约金约定畸高者，法院在审判的过程中可以依当事人申请或者依职权酌情减至合理的数额。可见，竞业禁止协议的违约金在预防的作用以外，突出了惩罚的功能，能够更进一步地约束雇员不予从事竞业行为。

第三，营业主体享有的归入权。归入权是指营业主体将违反竞业禁止义务的雇员从事竞业行为所得收入纳为己有的权利。综观各国立法，归入权通常是法定竞业禁止权利人才享有的权利，行使的主体只能是商事主体，例如在公司法中，归入权由公司享有。我国公司法规定，归入权的享有主体只能是公司，即依法登记设立的、以营利为目的的企业法人。其他诸如合伙企业、个人独资企业等形态的营业主体因不具有公司的法人资格，亦没有独立财产，不能享有公司法之公司归入权。归入权产生于雇员违反法定竞业禁止义务的情形，故约定竞业禁止的权利人不能享有归入权。另外，归入权产生的前提必须是雇员因违反了法定的竞业禁止义务且实际获得了收益,即如果行为人未获得收益,权利人也不享有归入权。当然,雇主有可能在雇员的竞业行为中获得了一定的收益,但归入权行使的前提是雇员获得了收益,雇主是否获得收益,或者营业主体是否遭受了实际损害并不作要求,况且预期收益的减少对于营业主体同样是一种损害。雇员从事的侵害雇主利益的竞业行为既可能是未尽到谨慎投资等义务,也可能是能够导致营业损失的违反注意义务的行为,其所得的收益通常是现实取得的金钱、物品或是有价证券,甚至是交易机会等财产性权益。因此,归入权的实质是营业主体内部人员违反忠实义务时,法律赋予雇主的一项特别救济手段。在我国,归入权体现在公司法第六十一条关于董事、经理违反法定竞业禁止义务时,其供职公司享有的权利,并且必须依照法定的程序进行行使。

第四,营业主体享有获得损害赔偿的权利。我国《公司法》第一百五十条规定:"董事、监事或高级管理人员在执行公司职务时违反法律、行政法规或公司章程的规定,给公司造成损失的,应承担赔偿责任。"此处所指的法律也包括公司法有关竞业禁止的规定。损害赔偿是营业主体在雇员违反竞业禁止义务并因此遭受损害时享有的请求权。损害赔偿成立的前提是确有实际损害的发生。和归入权有所区别的是,归入权行使的前提是违反约定的雇员从事竞业活动并因此获得收益,而损害赔偿不以违反约定的雇员获得收益为前提,只要其从事了竞业行为并给营业主体造成损失,都应当承担损害赔偿的责任。对于营业主体因雇员违约行为遭受的损失,包括直接损失和间接损失。直接损失是财产的直接减少,包括营业主体为恢复营业、减少损害、调查损失状况等相关事项而支出的必要费用。间接损失是营业主体正常营业预期可得的利益的丧失,例如交易机会、长期合作客户的丧失。但因预期利益在绝大多数情况下都是潜在而难以计算的,导致营业主体在提出损害赔偿请求时很难举证损害的大小,在没有相关法律规定的前提下,更多时候倚赖法官根据具体情况进行裁量。

另外,在行使损害赔偿请求权的问题上,还存在一个和归入权竞合的问题,两者相互独立却又相互渗透,发生竞合又不可避免。从各国和地区的立法来看,解决损害赔偿请求权和归入权竞合主要有"择一"、"单一"以及"重叠"三种模式。德国是择一模式的典型代表，其法律将损害赔偿请求权和归入权同时赋予公司，使公司可以依据自身的情况和意愿选择行使损害赔偿请求权或选择行使归入权。我国台湾地区是单一模式的典型代表，当董事或经理违反竞业禁止之义务，公司可以依法获得该行为之所得，纳入公司所得的范畴；当公司负责人违反竞业禁止之义务，公司可以依法获得该行为之所得，作为损害赔偿。瑞士和日本则是重叠模式的典型代表。依照瑞士法律的有关规定，当损害赔偿请求权和归入权竞合时，公司可以重叠行使这两种权利，若公司在行使归入权后，依然存在损害，即可行使损害赔偿请求权。综观各国立法，重叠模式应当是解决损害赔偿请求权和归入权竞合的上佳途径。即当两种权利竞合时，权利人只有在行使归入权且损失仍不能弥补的前提下方可行使损害赔偿请求权，赔偿的数额不包含权利人因归入权取得的收益。重叠模式能够最大限度地保护权利人的合法权益，同时又符合公平正义的法律原则。[1]

第三节 中小企业市场环境营造与主体的行业约束

一 发展隐名合伙，吸纳社会闲置资金

隐名合伙是社会经济发展到一定阶段的产物，作为历史上由来已久的制度，主要存在于大陆法系的国家或地区的民商事法律体系中。例如，《德国商法典》第230条规定："作为隐名合伙人以财产的出资加入他人经营的营业人，应以出资移转于营业的所有人的财产的方式缴纳出资；所有人因在营业中成立的交易单独享有权利和承担义务。"[2] 该法典第三章对隐名合伙的概念、性质、双方当事人的权利义务、合伙的终止清算、所有人的破产等内容进行了一般性规定[3]，明

---

[1] 杨立新、蔡颖雯：《论违反竞业禁止的侵权行为》，《法律适用》2004年第11期。
[2] 《德国民法典》，杜景林、卢谌译，中国政法大学出版社1999年版，第67页。
[3] 江平：《西方国家民商法概要》，法律出版社1984年版，第243页。

确界定隐名合伙是出资者和经营者之间的一种契约,根据契约的具体约定提供资金,参与营利分配,分担营业风险。① 与德国不同,尽管在司法实践中承认隐名合伙这一形式,法国立法者基于"隐名合伙是民事合同"且不具备法人资格的认定,不但将其排斥在商法典之外,甚至连民法典也没有对其作出具体的规定。直至 1978 年《法国民法典》修订后,隐名合伙才正式出现在民法典中,以专门的章节对其特征、设立、解散等内容进行规定,该法典第 1871 条规定,"合伙人得约定不进行注册登记。"这种情况下的合伙依然不具备法人资格,也无须登记。日本将隐名合伙定义为商事合同,根据《日本商法典》第 535 条规定,"隐名合伙契约,由当事人约定,一方为相对方的营业出资,并分配因营业产生的收益而发生效力",通过合同关系约束相关的商行为。

我国台湾地区"民法"第 700 条规定:"称隐名合伙者,谓当事人约定,一方对于他方所经营之事业出资,而分享其营业所生之利益,及分担其所生损失之契约。"视隐名合伙为一种独立的有名合同。我国澳门地区的《商法典》第 551 条规定:"隐名合伙合同系指:一人与由他人经营之商业企业合伙,而前者分享后者因经营商业企业所生之盈余及分担其所生之亏损之合同;分享盈余为合同之要素,但分担亏损得在合同中免除。"

从现今世界众多发达国家以及我国台湾、澳门地区立法来看,隐名合伙相关法律规制的构建情况比较完善,尽管具体规定不尽相同,并不影响法律在维护隐名合伙各方当事人以及交易相对方利益、提高交易效率、降低交易风险、促进社会经济发展方面起到的作用,对此,我国大陆地区立法显得冷淡许多,然而隐名合伙制度只有通过法律的确认才能真正地得以确立和推行,除前述意义外,其对我国广大

---

① 《德国商法典》对普通合伙、有限合伙和隐名合伙依次进行了规定。根据该法规定,隐名合伙是作为出资人的隐名合伙人同商事企业之间的一种契约,根据隐名合伙契约,隐名合伙人无须进行登记,负责向商事企业投入一定的资金,参与企业营利的分配,分担企业营业的亏损。可见,《德国商法典》对隐名合伙形式持有肯定的态度,但这种肯定限定于它的契约形式范围之内。参见江平、曹冬岩《论有限合伙》,《中国法学》2000 年第 4 期。

中小企业起到的意义亦是重要原因之一。

　　需要特别指出的是，隐名合伙同隐名股东是两个不同的概念。所谓隐名股东，是指在公司中由隐名投资人实际认购出资，公司章程、股东名册以及其他工商登记材料中记载投资人为其他显名投资人的投资形式。实际投资人将自己的出资以第三人，即显名投资人的名义投入公司，使该第三人获得股东身份。在这种投资方式中，实际投资人，即隐名股东通过该第三人参与公司的经营，获得收益分配的权利。从外在形态上看，这些特征和隐名合伙十分类似，但又是不同的法律概念。两者的相同点体现为：隐名合伙和隐名股东都存在隐藏显名的入伙或入股要求，都要求在投资过程中不对外披露自己的身份；隐名合伙和隐名股东都不直接参与事务的管理和企业的运营，都追求企业的营利、以利润的分配为出资目的，并承担有限责任。两者的不同点体现为：隐名合伙和隐名股东获得收益的原因并不相同，在隐名合伙中，隐名合伙人和出名营业人之间营业收益的分配通过合约进行约定，企业通常由出名营业人独自经营。而在隐名投资中，即便是显名的股东也有可能从隐名股东处获得部分利益，这种利益的获得并非基于对公司的管理和经营，而是隐名股东基于借用名义或委托他人投资等事项给予其的对价或报酬。此外，隐名合伙和隐名股东的出资形式不同。根据我国《公司法》的规定，股东可以用货币进行出资，也可以用实物、知识产权或土地使用权等，可用货币估价并可依法转让的非货币财产作价出资，并应按期足额缴纳章程规定的认缴出资额，以非货币出资的，应依法办理相关财产权的移转手续。[①] 可见，以实物、知识产权等非货币财产进行出资的，必须依法办理财产权的转移手续，而隐名股东隐名的目的就在于进行投资和营利的同时防止个人信息的披露，产权转移登记的程序显然会和这一目的产生冲突。因此，隐名股东大多选择货币出资的方式进行投资。在出资形式方面，

---

① 《公司法》第二十七条第一款规定："股东可以用货币出资，也可以用实物、知识产权、土地使用权等可以用货币估价并可以依法转让的非货币财产作价出资。"第二十八条第一款规定："股东应当按期足额缴纳公司章程中规定的各自所认缴的出资额。股东以货币出资的，应当将货币出资足额存入有限责任公司在银行的账户；以非货币出资的，应当依法办理其财产权的移转手续。"

隐名合伙人的出资形式比较广泛，包括货币、动产、不动产以及各种财产权等，更重要的是，隐名合伙人的出资并非转移给合伙企业本身①，而是转移给与其签订合约的出名营业人，产权的转移亦不会必然导致隐名合伙人身份的显名。

我国现行法律并未规定隐名合伙必须以某种特定的形式成立和生效，双方当事人意思表示一致即可成立，也不以隐名合伙人实际出资为合同要件，和其他合伙形式相比，其设立成本极低的同时风险也随之增加。根据《民通意见》第46条规定："公民按照协议提供资金或实物，并约定参与合伙盈余分配，但不参与合伙经营、劳动的，或提供技术性劳务而不提供资金、实物，但约定参与盈余分配的，视为合伙人。"② 将该条司法解释视为我国立法对隐名合伙给予肯定并进行了规定的学者一度不在少数，然而，尽管该解释中利益的分配方式、经营活动的分担模式等内容与隐名合伙的外部特征相似，且部分吻合，其所认定的合伙人需要承担的依然是无限连带责任，而非隐名合伙人所应承担的、以出资额为限的有限责任，即便在司法实践中曾经出现通过援引该解释裁判具有隐名合伙性质案件的先例，也不宜因此简单认定其对隐名合伙具有作出正式法律规定的效果。

依据现行法律，隐名合伙，是指一方当事人对另一方当事人出资，不参与实际的生产、经营活动，分享营业利益，且以出资额为限承担责任的合伙形式。出资的一方成为隐名合伙人，接受并利用该出资，以自己的名义进行生产和经营等经济活动的一方成为出名营业人。同其他合伙形式相比，隐名合伙具有以下特征：首先，隐名合伙中，隐名合伙人与出名营业人之间是一种合同关系，隐名合伙人依照合同约定，对出名营业人的营业进行投资，享有利润分配的权利，承担有限度的风险。出名营业人依照合同约定，将隐名合伙人的出资以自己的名义投入营业活动，是企业的实名管理者。隐名合伙只能由隐名合伙人以及出名营业人两方当事人组成，其中一方当事人可以是一

---

① 徐媛媛：《隐名合伙制度研究》，硕士学位论文，华东政法大学，2009年，第19页。
② 参见最高人民法院《关于贯彻〈中华人民共和国民法通则〉若干问题的意见（试行）》第46条。

人也可以是数人。其次，隐名合伙合同是有偿合同、双务合同。隐名合伙人负有出资的义务，出名营业人负有管理营业和分配利润的义务，双方互负义务，任何一方均不可无偿获取利益，不承担相应的责任。最后，隐名合伙合同为诺成合同、不要式合同。

换言之，隐名合伙只需当事人双方意思表示一致即可成立，并不以隐名合伙人的实际出资为合同成立的要件，而我国现行法律亦没有对隐名合伙合同的成立和生效进行必须以某种特定形式成立的要求和规定。根据最高人民法院《关于贯彻〈中华人民共和国民法通则〉若干问题的意见（试行）》第46条规定："公民按照协议提供资金或实物，并约定参与合伙盈余分配，但不参与合伙经营劳动，或提供技术性劳务而不提供资金、实物，但约定参与盈余分配，视为合伙人。"该条款即符合隐名合伙的外部特征，但对隐名合伙人的有限责任并未作具体的规定。

因此，对于中小企业而言，隐名合伙可以为持有资金，不愿直接参与管理和经营，不愿承担无限连带责任的股东提供理想的投资途径，同时可以为中小企业提供快捷、灵活的资金来源，能够将闲置资金更有效地利用，并有效缓解中小企业营业和融资方面的困难，具体表现为：

（一）充分利用社会闲置资金资源

根据国际货币基金组织公布的数据，从20世纪70年代至今，我国的公民储蓄率一直位居世界前列：90年代初，我国的公民储蓄约占我国GDP的35%；2005年，我国的公民储蓄约占我国GDP的51%，而同期的全球平均储蓄率仅为19.7%；2009年，我国的公民储蓄余额超过18万亿元，人均储蓄超过1万元，公民储蓄率为全球之首；2013年，我国公民储蓄余额已经超过40万亿元，人均储蓄超过3万元，为历史最高，并显示出存款定期化的明显趋势。过去十年间我国公民储蓄加速增长，从2003年的10万亿元到2013年的40万亿元，每突破一个10万亿元所用的时间不断缩短。目前，我国50%以上的公民储蓄率远超世界平均水平，成为全球储蓄金额最多、储蓄率最高的国家。除了房价大幅攀升、物价屡屡上涨、公民的消费观念和消费习惯较为保守、公民社会保障体系不够健全等原因外，利用闲置储蓄资金进行小额投资的渠道狭窄、投资方式单一也是导致储蓄规模持续加速增长的重要原因之一。在我国当前的经济形势下，储蓄规模和投资结构严重失衡，在世界范围内超过50%的公民储蓄率也是绝无仅有的。相比不断增长的公民储蓄余额和储蓄率，我国公民的消费意愿和投资意愿并没有显著增加。中国人民银行2014年第一季度城镇储户问卷调查报告显示：倾向于"更多储蓄"的公民占44.2%；倾向于"更多消费"的公民占17.6%；倾向于"更多投资"的公民占38.2%。公民偏爱的前三位投资方式依次为"基金及理财产品"、"房地产投资"和"购买债券"，选择这三种投资方式的公民占比分别为31.8%、16.2%和13.7%。[①] 可见，资金闲置、资金浪费、资金重复建设等问题和我国如此之高的储蓄率形成了鲜明对比，一方面是过度储蓄，另一方面是消费不足，这种失衡状态严重影响了我国社会资本的流动和市场经济的发展，即便GDP总量的增长态势稳定，但资本的增殖被过度储蓄深深桎梏，使银行等金融机构被迫接受大量社会投资风险的转嫁，在自身不堪重负的情况下更无暇惠及众多中小企业的融资需求，并最终导致经济发展的动力不足。

不过，从另一个角度来看，前述数据同样说明我国目前存在大量的储蓄存款，这些社会闲置资金被相当数量的公民所掌握，具备投资的实力，也具备足够充分的投资空间。资本市场恰恰是资本流通并实现生产要素优化配置的场所，对于闲置资金持有人而言，其对增值的愿望同以追求营利最大化为营业目标的中小企业不谋而合，具备利用闲置资金进行投资的可能性和可行性。正如波斯纳所说："在按照自愿交易转移资源的地方，我们才有理由坚信这种转移包含着效率的增长。如果当事人双方都无法预期交易能使他们境况更好，那么它就不可能发生。这表明，转移了的资源在它们新的所有者手中将具有更大的价值。"隐名合伙契约形式显然符合资金持有人和中小企业双方的需求，以出资额为限承担责任的方式大幅降低资金持有人对于承担过

---

① 中国人民银行：《2014年第一季度城镇储户问卷调查报告》，http://www.pbc.gov.cn/publish/goutongjiaoliu/524/2014/20140321155354438570770/20140321155354438570770_.html，2014年3月21日。

高风险的投资顾虑，按照自己的意愿选择投资的领域和对象，仅需承担有限的风险和责任即可对闲置资金加以充分利用，并有理由相信这种社会闲置资源的转移和流动能够帮助接受投资的中小企业一定程度上缓解融资困难的问题，提高企业融资和经营效率并促进效益的增长，使社会资金资源得到更好的利用，创造更多的价值，最终获得资金和利益的回馈，也将吸引更多的资金持有人通过隐名合伙的方式对中小企业进行投资，符合多方在利益追求方面的最终目标。

（二）调动投资积极性，缓解融资压力

在现实经济生活中，创意、计划、技术、经验和资金分别由不同主体掌握的情况并不罕见，其中，资金显然是中小企业进行生产、经营等经济活动中最基本的要素，具有举足轻重的作用。我国中小企业在融资方面遭遇到重重困境，真正能够按时按需从金融机构获取贷款的比例不高，而民间借贷、风险投资等融资方式具有很强的不确定性，难以被营业主体广泛接受和采用。同时，现行法律对股票发行作出了严格的规定，即便创业板的开设旨在为中小企业提供服务，也并不意味着所有对资金有大量需求的中小企业都能通过发行股票进行融资，仅"企业最近一期末净资产不少于2000万元"一项要求就已经将99%以上的中小企业拒之于创业板门外。[①] 即便对于股份有限公司，从最初的申请直至股票最终上市也需要达到极高的标准并经过严格的程序，经济实力弱小的大多数中小企业无疑只能望而却步。因此，直接向金融机构申请贷款的间接融资方式依然是我国众多中小企业最主要的融资渠道，以中小企业数量众多的珠江三角洲地区为例，银行贷款的融资方式在该地区中小企业融资结构中所占的比例超过50%，而在经济欠发达地区，由于金融业发展较为缓慢以及融资渠道创新能力不足，中小企业对于间接融资方式的依赖更为明显。

在具体的融资活动中，不论是对资金有所需求的中小企业，还是对资金进行通融和供给的金融机构而言，关注的焦点往往集中于投入

[①] 参照创业板上市标准，能够符合在创业板上市的中小企业大约为5000家，而我国中小企业的企业总数已经超过4000万家，1∶8000的悬殊比例证明只有极少数的中小企业才有可能在创业板上市，99.9%的中小企业依然被拒之门外。

成本和获得收益之间的平衡。那么，法律对于减少上述成本究竟能发挥怎样的作用？法律经济学认为：法律是为减少交易成本而产生，最好的法律正是将交易成本降低到最小的法律。

针对上述问题，隐名合伙制度的法律建设具有很强的可行性和现实意义。对遍布全国又数量众多的中小企业而言，隐名合伙显然为其拓展融资渠道提供了简便、直接、迅捷的新思路，面向中小企业投资的积极性因有限的责任和义务而被充分调动，有利于最大限度地吸纳社会闲置资金投入中小企业的营业活动中。尤其对于公民身份的隐名合伙人而言，隐名合伙最重要的优势在于，其在承担有限责任的同时无须登记注册或参与管理和经营，身份得以不被披露，一方面有利于降低投资和交易的风险，另一方面也有利于个人隐私的保护，能够有效促进合伙人间的信任关系趋于稳定。对于出名营业人而言，隐名合伙亦是具有互利效果的融资选择。因此，隐名合伙制度的建立能够为不适宜或不愿意作为一般合伙人显名参与营业的资金持有人提供新的投资方式，客观上又可为中小企业提供有效的融资途径。

二　加强金融合作、行业协作

市场经济对中小企业发展有着优胜劣汰自然规律的制约，企业之间最根本的互动依然是竞争。正因市场经济竞争的激烈才催生出企业集群这种新的经济现象。面对残酷的竞争，中小企业应当根据自身的行业特点和营业状况，改变单独对抗来自大型企业、国有企业和其他企业竞争的模式，将资本、技术甚至是风险等因素在特定的经济领域和经济区域内实现联合，使其在该区域内形成强有力的竞争基础。

我国中小企业的产业集群随着我国经济体制的建立和健全，正处于不断发展壮大的进程中。面对激烈的市场竞争和来自大型企业强大的生存空间挤压，中小企业在特定的条件下应当改变以个体力量对抗竞争的局面，通过风险分担的办法，寻找协力共济的手段，建立相应的金融合作社和行业协会，共同化解风险、解决纠纷、共济困难，在形成良好的协作秩序的同时加强自身的竞争实力。

（一）中小企业金融合作社

金融合作社为缓解中小企业的融资压力、营业困难，为能够集中中小企业闲散资金，以共济的方式将空闲资金交由急需贷款企业使用而设立。其联合方式经过人民银行批准设立，以所在地在一定区域内的中小企业为主要出资人的合作性金融机构，其管理方式通常为民主管理，主要为社员提供金融方面的服务。

从一般意义上来说，金融合作社是以合作原则为营业准则的金融服务形式，专门为经济实力普遍弱小的中小企业设立，以改善社员的营业条件和融资条件为目标，不以营利为唯一目的，实现中小企业资金实力的联合和互助，具有自愿性、非营利性、民主管理性、共济互助性等特点。事实上，我国目前的中小企业金融合作社属于融资类金融中介机构中的一种，具有独立的法人地位，以其全部财产对债务承担责任。金融合作社以实现资本的共济和增殖为目标，以组织中小企业货币的结算、资金的互助，反映和指导区域经济发展为主要的功能。

在我国中小企业金融合作社的集群模式建设过程中，需要注意以下几个问题：首先，中小企业金融合作社具有一定的地域性，社员的选择也具有相应的区域性，尽管这种选择方式能够比较充分地利用当地的信息收集和分析，比较容易获取该地区特定中小企业的经营状况，但存在信息不对称的现象，在吸纳社员的过程中或社员入社后引起不必要的纠纷。金融合作社的初衷毕竟是为缓解中小企业的融资压力，充分利用空闲资金进行共济互助而设立，如不慎吸纳缺乏诚信、信用较差的企业入社，恐将导致金融合作社自身信用的降低，合作秩序的破坏。此外，金融合作社应当建立和完善自身的风险控制体系，培养管理团队的风险控制意识，使金融合作社能够真正惠及普遍处于融资困境的中小企业。其次，中小企业金融合作社应当起到优化地方金融生态的作用，加强对中小企业作用意识的宣传和普及，完善符合中小企业特点的区域性信用认证和担保系统，协助地区性信用信息共享机制的建立，减少信息不对称，对于金融合作社自身运营风险的降低也将起到至关重要的作用。最后，中小企业金融合作社由于具有较强的区域性和自发性，经营体制不够完善，需要政府提供一定的优惠政策和保障机制，加强合作社的资金管理环境，在财政税收、资金扶持、法律政策等方面给予支持。① 仅 2012 年，我国就有多家专门面向中小企业的金融合作社正式成立：2012 年 6 月 8 日，上海市静安区小微企业金融服务合作社正式成立；2012 年 6 月 13 日，由武汉市人民政府与中国民生银行合作创建的小微企业金融合作社正式成立；2012 年 8 月 16 日，中国民生银行小微企业金融合作社武湖分社正式成立；2012 年 10 月 18 日，陕西省创业促进会与中国民生银行西安分行联合筹建的小微企业金融合作社正式成立。这些都属于我国中小企业金融合作社形式确立和发展的阶段性成果，而其稳定经营和持续发展自然离不开当地政府的政策支持和法律、法规的保障。

中小企业金融合作社是一种商事组织，从营业活动的角度来看，和其他商事组织的内容并无本质上的差别，交易活动也分为同社员的交易与同非社员之间的交易两种，在同非社员之间交易时，金融合作社也必须追求营利的最大化。即便是同社员之间的交易，金融合作社也应当按照市场价格进行。这种潜在要求的原因就在于，中小企业金融合作社成立的目的就在于为其社员的融资利益提供最大限度的服务，如果其自身营业活动不能实现营利的目标，为入社中小企业提供融资的目的也就无法实现。因此，传统的金融合作社在制度设计方面，以追求服务效率和经济效益的双重目标为宗旨，但往往过分强调为社员提供服务的效率，忽视了对营利目标的追求，导致中小企业金融合作社被误认为是非营利的商业组织。事实上，营利对于中小企业金融合作社来说并非目的，而是一种手段，最终目的是能够为社员提供更好的融资服务。② 而将营业利益放在次要目标的位置，会导致金融合作社成为一种高成本、低效率的商业组织。

当国内外经济环境发生变动时，传统合作社的生产和发展就会陷入新的危机。这时，对金融合作社等融资途径进行规制和扶持的新制度即呼之欲出。在金融合作社相关法律建设方面，我国尚未作出反应。随着中小企业融资困境日益加剧，金融合作社的法律建设对我国

---

① 王崇：《融资模式的创新研究——金融合作社的运行模式研究》，《西华大学学报》（哲学社会科学版）2009 年第 3 期。

② 郭富青：《合作社公司化发展趋向：合作社的终结或是制度创新？》，《公司法评论》2006 年第 3 期。

整个中小企业促进法律体系而言有着重要的意义。比照和参考国外相关法律的内容和实践经验，对我国中小企业金融合作社立法可以考虑设立以下条款，使金融合作社兼具公司制度的优势：通过立法，确认中小企业金融合作社是以互助为最终目标的组织形式；金融合作社的章程可以授权股东大会或股东会，将全部或部分的管理权交由一位或多位董事或经理行使，且该董事或经理可以为非金融合作社社员；金融合作社的章程或协议可以取消社员退社的权利，但应当限定具体的年限；允许中小企业通过合同转让成员资格，有利于保证金融合作社的活力和资金储备。总之，发展中小企业金融合作社，要求政府必须做出同我国市场经济的客观需要相适应的立法模式，同时做出符合我国中小企业发展现状的路径选择。

（二）中小企业行业协会

商会[①]是市场主体维护整体利益的重要组织形式，经历了近千年的发展，其重要作用在市场经济环境下得到了充分的体现，其社会价值和经济价值都是无法估量的。传统商会的内部自理活动并不能被认为是独立于官方的自治性行为，这种民间组织自理活动的正当性并非由民间力量迫使国家做出的让步，而是国家不愿意使用自己的司法制度和司法资源去负担大量琐碎的民间事务，但又对民间组织活动产生的结果和带来的影响十分重视。这样，放任自理和超强干预同时影响着传统商会的自理活动。早在清朝年间，我国晚清政府就颁布了《商会简明章程》，对历代封建统治者对于民间成立独立的社会组织的一贯严格限制或禁止的做法作出改变，倡导和鼓励商人设立新型的商办民间团体，并允许这些团体享有独立权和自治权，是我国历史上第一次赋予商会以法人地位。[②]

对于中小企业而言，单薄的经济实力，稀缺的社会资源，难以长期维持的企业经济支撑能力等特点，使得其对于险恶的市场行情变化

[①] 商会是典型的行业组织，是和我们上文提及的行业协会有所区别的概念。广义上的商会包括行业协会，后者是商会的一种同业组织的形态，而狭义的商会不包括行业协会，属于不对行业进行区分的、综合性和地域性较强的组织。

[②] 李学兰：《明清以来江南地区商人团体习惯法的演化》，博士学位论文，山东大学，2007年。

只能消极地应对，反映自己意志与正当要求的呼声甚是微弱。对于这样弱小又数量众多的群体，依靠团体的力量，建立利益共同体，增强整体实力是解决问题的明智选择。

这里需要强调的是，如上文所述，行业协会是代表会员协调利益关系的社会团体，其对共同利益达成共识，倡导会员之间的平等协商，建立行业自律守则，调处会员之间的纠纷，化解矛盾，为会员提供咨询、信息交换、行业发展预测、业务培训、公共关系协调等方面的服务，制定行业的生产经营或商业服务的行业标准，与政府部门沟通，反映会员的正当要求，参与相关政府规范性文件与政策法规制定与讨论等职能对于数量和实力较为分散的中小企业而言，具有极其重要的意义。在其中有两项职能如果能够得到充分发挥，就可能从根本上达到对于会员企业整体利益的维护：其一，建立行业自律守则，恪守商业伦理道德，树立良好的行业形象，弘扬诚实经商、诚信营业的思想，从提升行业素质角度去加强教育与惩戒，有可能比严酷的法律制裁更为有效；其二，尽管纯市场风险应当由投资人自己承担，与政府没有直接关系，但及时与政府进行对话沟通，反映广大中小企业在营业过程中遇到的制度性问题，提出改进的措施，使政府帮助企业的行为最大限度地解决实际问题则是十分必要的。以法律形式重申商业协会性质和职能，支持其依法履行职权，是加强对中小企业平等保护法制建设的重要战略性选择。

中小企业行业协会是按照自愿的原则，自下而上组建的民间组织，以同行业共同的利益为目标，以政府监督下的自主行为为运营模式，为同行业中小企业提供各种服务的非营利、非官方机构。在不同的国家或地区，行业协会也有不同的称谓。例如，在日本，依照《关于禁止私人垄断及确保公平交易的法律》的规定，行业协会被称为"事业者团体"；在德国，依照《反对限制竞争法》的规定，行业协会被称为"企业协会"；在美国，通过判例确认的行业协会名称为通常的"行业协会"和"职业协会"；在我国，台湾地区根据工业和商业进行区分，依照"公平交易法"，分别称之为"工业同业公会"和"商业同业公会"，大陆则采用普通的"行业协会"名称对其进行概括和描述。①

综观世界范围内市场经济较为发达的国家，私营经济同样是以数量众多、经营分散为主要特点，中小企业的竞争激烈且残酷，需要以组织化的形式协调企业之间的关系，向政府反映和申诉意见和需求；反之，政府也需要通过行业协会获取特定行业或集群的各类信息，并将政府的政策规划、法律法规更加及时和有效地进行传递。我国的中小企业同样迫切需要这样的组织形式来加强自身的经济实力和营业实力，需要专门的中小企业介于政府和企业之间，介于商品、服务生产者和经营者之间，为中小企业提供咨询服务、沟通服务、协调服务等。2006年12月11日，由国家发展和改革委员会主管的中国中小企业协会在北京成立，是我国中小企业、企业经营者和中小企业服务机构自愿组成的全国性、综合性、非营利性的社会团体，目前会员数量已达到15万名。

从我国目前中小企业的发展状况来看，仅依靠中小企业协会这样全国性的中小企业组织并不能充分地发挥全国各地各行业中小企业的集群力量，还需要更多的中小企业行业协会建立和发展，正如同中小企业自身规模小、经营方式灵活的特征，中小企业行业协会也无须限定特定的规模和规则，只要该地区或该行业的中小企业存在信息收集、资金筹集、扩大营业、自主技术开发能力和现代化能力等方面的困难，都可以利用行业协会起到信息沟通、资源共享、技术开发合作化、产业资源集中化等作用，对创立初期的中小企业提供服务，对面临营业困境的中小企业进行扶持，并为所有协会内的中小企业提供多方面的服务和帮助，起到改善中小企业生产和营业条件、加强贸易往来、促进销售渠道的拓宽、强化行业信息的收集和交流、提高同行业中小企业的技术开发实力、加速中小企业生产和经营现代化水平的作用，同时能够更好地确立行业规则，维护行业秩序，并同政府及时进行沟通，反映中小企业的意见，为《中小企业促进法》等中小企业相关法律法规在法制建设的进程中有所体现提供信息和需求，促进中小企业的共同发展。

---

① 梁上上：《论行业协会的反竞争行为》，《法学研究》1998年第4期。

此外，从法治建设的角度来看，中小企业行业协会作为一种自治性质的民间社会组织，主要通过行业规则进行自律管理。中小企业行业协会是典型的内部规则组织，主要具备服务、代表、沟通与协调及自律功能。其中，自律是所有功能中最能代表我国市场经济条件下法治建设理念的功能，是在对行业或协会内各个企业权利进行协调、平衡过程中，通过协商的方式达成各种项目和服务的共识，并由所有成员共同遵守。著名学者哈耶克认为，法治是指政府和人民的所有行为都受到事前制定规则的约束，即依照规则治理[1]，认为规则分为内部规则和外部规则，而包括习惯、集团规则在内的内部规则正是以国家制定的法律为表现的外部规则形成的基础[2]，而规则形成了秩序，如果规则并非建立在社会认同和自觉遵守的基础上，是不会得以确立的，秩序也无法长久维持。换言之，中小企业尽管会为了实现特定的目的组织起来，但行业协会同独立的中小企业所从事活动之间的协调，是由自发的、来源于秩序的力量所促成的。这种秩序的力量不同于国家法律制度建立的强制性法律秩序，主要是指行业协会内部的规则和中小企业的自律，是国家法律秩序的基础和补充。因此，相对于国家法律建立的秩序，当国家法律存在滞后性和局限性时，中小企业行业协会所建立的各种规则就成为一种民间的秩序，通过自律的功能实现对经济秩序的自我调控[3]，是促进我国中小企业健康发展和维护市场经济秩序的重要组织形式。

三 重视营业重整，破解倒闭困局

（一）我国现行的营业重整制度

我国的重整制度来自制度移植，理论储备并不丰富，实务经验相对欠缺，法律应用的时间也较短。2001年1月出台的新破产法草案《中华人民共和国企业破产与重整法（草案）》是我国立法者逐步对重整制度加以重视的证明。该草案在第十章设计了重整的程序，赋予

---

[1] [英] 哈耶克：《通往奴役之路》，王明毅译，中国社会科学出版社1997年版，第73页。

[2] [英] 哈耶克：《法律、立法与自由》（第一卷），邓正来等译，中国大百科全书出版社2000年版，第34页。

[3] 吴碧林、眭鸿明：《行业协会的功能及其法治价值》，《江海学刊》2007年第6期。

破产法积极的营业挽救功能。2007年6月开始实施的新《破产法》改变了之前《企业破产法》在破产重整制度方面的缺失，并符合国际通行惯例地对管理人制度以及重整计划制度进行引入，进一步完善了我国破产重整法律体系。新《破产法》在重整程序方面，将企业挽救的任务交由重整企业和专业管理人进行，规定了为保护企业继续运营同时防止程序滥用的系列措施，并注重加强债权人在重整程序过程中的参与权、监督权以及决议权等，使得营业重整制度更为科学，具有可操作性。

　　重整制度是我国新《破产法》的重要内容，是现代破产制度的重要组成部分，又名"重组""司法康复"等，是指经由债权人的申请，在法院的主持下以及债权人等利害关系人的参与下，对具有破产原因或破产之虞却又存在再生希望的债务人进行营业之整顿和债权债务关系之清理，使其摆脱营业困境，重新获得经营能力的法律程序。重整制度本质上是破产预防体系的一部分[1]，为陷入困境的营业主体提供了一种有别于清算或和解的营业挽救路径。重整制度既然以营业保护为宗旨，自然要设法维持营业主体的营业，可以说，营业是保留营业主体的运行价值，维系投资者的利益和关系，实现市场经济所追求的效率和公平价值的唯一途径。但是，挽救营业主体的营业并非营业重整制度的唯一目的，债权债务的公平清理也是该制度所要承担的重要目标之一，而这两个目标之间又存在对立统一的关系：一方面，债权人的利益不应受到不合理的侵害，营业资产因不合理的继续营业而产生流失和损耗都会导致债权人的清偿请求无法实现，严重影响债权人的利益；另一方面，为了实现营业之挽救，使得营业财产能够继续用于营业，缓解营业主体因债务、诉讼以及执行程序带来的负担，需要采取一定的措施限制债权人行使权利。公平兼顾效率是法律追求的永恒主题。因此，保护营业主体继续营业自然有利于保障营业的运行价值，也使得债权人的清偿请求能够更大限度地满足，但同时，也应当注重对债权人的监督，对债权人行使权利做出合理的限制，寻求利益关系的平衡，从而促进营业重整的实现。

---

[1] 程春华：《破产救济研究》，法律出版社2006年版，第255页。

（二）营业重整制度的立法目标和适用主体

不论规模大小，每个营业主体都是各种利益交织的集合体，可能存在股东的权益、职工的权益、债权人的权益，乃至国家的、社会的公共利益。一旦营业主体破产或停业，视其营业规模而定，可能会涉及千百万人的利益，因此造成的社会财产价值总量的损失是巨大的，带来的影响和破坏也是巨大的。[1] 从立法的角度上讲，法律应当实现保护目标的多样化，在注重公共利益之保护的同时，也兼顾债权人利益的保护。当营业主体破产或停业成为社会的常态现象，政府对经济复苏的追求、营业主体对企业重整的需求显然要比保护个别债权人的利益更为重要；但债权人的利益也不应受到不合理的对待，同样需要重整制度对其进行重要的考量。于是，在重整操作的层面上产生了两个基本目标：一是营业活动的维持。显而易见，处于困境中的营业主体需要法律特殊设计的保护措施才有可能将现有的、已经遭受破坏的信用制度加以修复，同时以最低限度的代价将可分配的剩余财产加以变现，以赢取资金用以维持日常的经营。二是营业的重建。营业的重建是指重整计划制订并实施，法院裁定营业重整结束后，营业主体进入执行重整计划的阶段。第一目标，即营业活动的维持目标是第二目标实现的前提条件，只有营业有效的维持才能真正实现重整计划，理顺债权人、债务人、股东、职工等利益相关方的关系，营业主体才能在真正意义上重新开始，恢复元气，实现复兴。[2] 重整制度对于营业的恢复、经济的复苏、创业活动的开展、就业的维持以及风险基金的获得都是至关重要的。重整制度能否有效地发挥作用，直接影响营业主体能否在资本市场获得融资，以贷款为目的而对这种制度进行比较和分析变得愈加普遍和重要，任何经济发展水平的国家都与该制度具有关系。[3]

在适用主体的问题上，各国和地区的规定也不尽相同：我国台湾地区的重整制度仅适用于股份有限公司中的上市公司，即公开发行股

---

[1] 谢怀栻：《外国民商法精要》，法律出版社2002年版，第40页。
[2] 王福强：《重整制度营业保护机制研究》，博士学位论文，中国政法大学，2009年。
[3] Well, Gotshal & Manges L. L. P., Reorganizing Failing Businesses (revised edition), ABA 2006 Volume I, pp. 5 – 1.

份的股份有限公司或者公开发行公司债的股份有限公司；日本的重整制度适用于股份有限公司；而美国的重整制度之适用范围相对广泛。可见，大部分国家和地区的立法仍以股份有限公司为重点重整对象，这也是由重整制度的社会目标所决定的：营业重整制度主要是为克服传统破产法的片面性而产生和发展的，其基本目的在于防患于未然，挽救营业主体于面临破产之境地，避免大型企业破产对社会造成不良影响。预防破产、维持营业是营业重整制度的首要目标，维护社会经济利益的稳定是其最终目标和价值体系。谈及营业重整制度的适用主体，有一点可以明确：通常来说，只有大型企业和部分中型企业才可能具有较大的社会影响力，中小型的个别破产引起社会经济波动的可能性相对较小。这并不是说中小企业的破产对社会经济绝对不会产生巨大的影响，相反，例如2011年9月温州中小企业的"破产潮"引发了国内的广泛关注和强烈的社会影响，尽管国家有关部门和温州当地政府相继出台了一系列措施试图缓解这种现象的蔓延，从当前中小企业的特点和制度体系来看似乎难以寻获能在短时间内奏效的调控手段。但是，重整程序较为复杂，聘请律师、会计师等人员的费用较高，和利益相关人的交涉、营业基本的运行都需要花费一定的资金，而中小企业资金储备有限，难以承受也没有必要承受耗资巨大、旷日持久的重整程序亦是客观事实。同时，银行债权人和其他债权人对待大型企业和中小型企业重整的态度也有所不同。各大银行往往是较大型企业的银行债权人，它们出于对自身利益的考量，会对较大型企业提供更多的资金，以避免自身更为惨重的损失，使得中小型企业难以具备外部资金援力的倾斜。因此，不论是大型企业、中型企业，还是数量众多的小型企业都是营业重整制度的适用和保护主体，不应当把可能采取重整出路的中小企业排除在立法保护之外，但从立法理念和实践角度来看，中小型企业适用营业转让制度的概率远远超过适用营业重整制度的概率。

（三）营业重整制度的保护机制

营业重整制度的保护机制可以分为三个主要方面：首先是营业授权（authorization to operate business），涉及重整期间维持营业的机构以及和营业活动相关的一些特殊权利；其次是自动中止（automatic stay），涉及限制债权人或第三人权利的行使；最后是充分保护（adequate protection），涉及对营业行为进行限制和监督，保障债权人的利益。其中，营业授权处于核心地位，自动中止和充分保护可以视为对营业授权的保障和补充。①

1. 营业授权原则

综观当今各国和地区的重整法制建设，关于重整期间继续营业之主持机构，目前大致分为三种立法体例：首先，是以美国为代表的，债务人或托管人的选择制。重整程序期间，债务人被称为经管债务人，对营业事务继续经营和管理。经管债务人与其他程序中的破产托管人具有相近的职能和法律地位，既不是普通的债务人，也不完全等同于破产托管人，而是重整程序中特殊的主体，可以评估自身的资产、追偿相关债务，其代表人通常是原来企业管理层转换而来的。而托管人是在案件开始后到重整方案批准前，经由债权人等利害关系人的申请由法院任命的。通常来说托管人取代原有企业管理层的法律地位，享有经营企业的职责，但同时托管人还被赋予一定的监督职能，在经营的同时还负责调查企业的财务和经营状况，甚至还曾被最高法院承认其控制律师及委托人之特权的判例。② 选择制的优点是能够最大限度地提高重整的效率，提高营业恢复的成功率，但在公平清偿的保障方面存在一定的风险。其次，是以法国为代表的，债务人和管理人并存的并列制。法国的破产管理人包括司法管理人和司法代理人两种专业人员，前者负责管理破产财产或者协助债务人维持营业；后者代表债权人的利益，负责清理债务人的财产。破产管理人在不同的程序中扮演的角色也不同，但其主要职责依然是代表债权人的利益清理财产，以及协助债务人，致力于挽救企业的营业。并列制的方案相对折中，在保证灵活性的同时能够较好地兼顾公平与效率，是相对稳妥的立法体例。最后，以英国为代表的，禁止债务人在重整期间参与营业的单一制。英国立法者认为企业陷入困境的主要原因在于公司管理

---

① 王卫国：《论重整企业的营业授权制度》，《比较法研究》1998年第1期，第73页。
② ［美］大卫·G. 爱泼斯坦等：《美国破产法》，韩长印等译，中国政法大学出版社2003年版，第746页。

者决策的疏忽、失误或者不称职，因此认定重整企业的权利不应归于债务人，而应赋予具备专业知识和能力、独立于债务人和债权人之外的第三方人员，即破产管理人。单一制较为保守，尽管其有利于保证清偿的公平性，但恢复和复兴营业的效率较低，缺乏灵活性。

我国《破产法》采取的是选择制的立法体例，如该法第七十三条规定："在重整期间，经债务人申请，人民法院批准，债务人可在管理人的监督下自行管理财产及营业事务。有前款规定的情形，依照本法规定已经接管债务人财产和营业事务的管理人应向债务人移交财产和营业事务，本法规定的管理人之职权由债务人行使。"不但将管理人接管营业事务的权利作为确定重整期间营业控制主体的基本原则，还一定程度地加强了债务人在营业困境时申请重整的参与度和积极性。但是，这种规定也存在一定的隐患，使得重整期间的经营状况难以确定，主要体现在控制权变更时间的不确定、控制权主体变更的不确定以及影响公司营业的连续性三个方面，容易导致利益相关人对重整企业的信任度逐步降低，致使债务人的财产进一步损失。另外，该条款尽管确定了债务人罢免管理人和法院替换管理人的权利，但尚未对何种情况下法院可以终止管理人的营业控制权且恢复债务人的控制权作出明确规定，产生了将营业之控制权纳入没有具体限制的、法官自由裁量的范畴之内，容易引起司法权力滥用的后果。当然，从另一方面讲，这样的规定有助于司法力量通过间接手段对重整企业的营业进行干预，对重整程序的顺利进行也起到了一定的正面作用。

我们在营业权的视域中强调重整期间继续营业的特别权利是有很强的现实意义的。既然意欲重整，说明企业等营业主体依然有存续的必要和可能，而继续营业对于营业主体而言是整个重整程序的核心和最终目标，它既能够在营业财产受到债权人等利益相关人集体追索且商业信用较低、贷款融资较难的情况下拯救营业主体于破产的边缘，又能保全债权人的利益，清理相关的债权债务，做到债权人和债务人利益的兼顾和平衡。对于依据我国《破产法》进行重组的营业主体继续之营业，法律应当给予更为积极的扶持，这种扶持主要体现在以下三个方面：

第一，重整之融资。处于重整程序中的营业主体面临的重要问题之一就是如何获取继续经营以及重振营业所需要的大量资金。从广义上来讲，重整融资可以通过使用现金担保物、非营业必备财产变现、金融机构借贷等几个方式进行，而在狭义上，重整融资仅指营业主体通过信贷方式获取资金。本部分的讨论使用的是狭义的概念。处于重整程序中的营业主体获取资金显然要比正常营业中的营业主体困难许多。尽管重整中的营业主体可以通过增资、处分财产、贷款等广义重整融资方式获取新资金，但在实践中，其主要资金来源依然是狭义的重整融资路径，即具有充足、高效等特点的信贷融资。然而，已然陷入困境的财务状况连带信贷信用的低下，不论是原有股东的认股还是金融机构的贷款都会对这样的信用缺乏信心，不敢贸然投入或提供资金，营业处于亏损或微利的状态。此时重整中的营业主体在信用安排上面临很大的困难，一方面现有的资产往往大部分或全部设定了担保，另一方面新贷款人和老贷款人之间存在必然的利益竞争关系，后者不仅在重整营业主体旧有的资产上享有担保权益，对重整过程中取得的收益同样具有清偿的期待。重整融资权正是在如此严重的资金短缺情况下作为法律为解决这一系列问题和矛盾而作出的制度安排，通过对其的法律确认，采取必要的干预手段，给予重整中营业主体贷款融资的权利同时给予新贷款债权人充分的法律保障。

以法国立法为例，其《困境企业司法重整及清算法》第四十条规定，企业经营活动继续进行时合法发生的债权，到期随时给予偿还；如在营业继续进行期间或者经营活动终止之时未得到偿还，则在企业清算或全部转让之时，优先于劳动债权之外的、包括享有优先权或担保权的其他所有债权优先受偿。日本《民事再生法》第一百一十九条规定，重整债权人为共同利益而产生的诉讼费用之请求权，重整程序开始后重整债务人因业务和财产管理、处分等相关事宜产生的费用之请求权，执行重整计划费用之请求权，均为共同利益债权。① 可见，重整债务人于重整程序开始后依资金贷入等行为所产生的请求权为共益债权，立法通过对共益债权的确认，赋予重整程序开始后新贷款的

---

① 《民事再生法》，http://law.e-gov.go.jp/htmldata/H11/H11HO225.html（平成十一年十二月二十二日法律第二百二十五号）。

优先受偿权。我国台湾地区"公司法"第三百一十二条规定，维持公司业务继续营运所发生的债务，以及进行重整程序所发生之费用，为公司之重整债务，并优先于重整债权而为清偿。该优先受偿权之效力不因裁定终止重整而受到影响。这些国家和地区相关规定的共同之处都是将重整中的营业主体为筹集新的融资来源而产生的债权视为共益债权，具有优先受偿的效力。这种立法体例有利于提高金融机构等新贷款人对重整中的营业主体提供资金的意愿，增加重整成功的可能性，体现了法律在保障新资金获取的前提下，更好地平衡现有担保权利人和新债权人的利益冲突。

另外，我国《破产法》对担保物权进行了一定的限制，该法第七十五条规定："在重整期间，对债务人特定财产享有的担保权暂停行使。但担保物有损坏或价值明显减少的可能，足以危害担保权人权利的，担保权人可向人民法院请求恢复行使担保权。在重整期间，债务人或管理人为继续营业而借款的，可为该借款设定担保。"该条款限制了重整期间别除权的行使，只有在别除权标的物可能损坏或价值减少的情况下，别除权人方可向法院请求恢复行使权利。根据《破产法》第七十八条的规定，别除权人按照重整计划草案获得足额清偿，但其因延期清偿受到的损失并非优先清偿，而是公平清偿，将别除权因延期遭受的损失纳入普通债权的清偿范围，进一步限制了别除权的行使。这些规定使得新债权人的利益得到平衡，对重整程序中营业主体获得新的融资来源提供间接的帮助。

第二，财产之处分。重整债务人占有的财产是重整营业进行的物质基础，财产的使用、处分也是营业的基本手段之一，赋予重整管理人或债务人管理、使用、清理、处分财产的权利自然是继续营业的前提。对营业财产的清理主要包括积极财产的清理和消极财产的清理两个方面：积极财产包括有形财产、无形财产以及债权；消极财产是指债务人的负债。① 重整管理人或债务人对财产的处分权具有三方面重要的意义：首先，管理人或债务人对财产的管理是对债务人财产的一种保全措施，通过管理人或债务人的管理可以避免财产遭受人为或意

---

① 李永军：《破产重整制度研究》，中国人民公安大学出版社1996年版，第105页。

外的减损,从而丧失继续营业的物质属性。其次,在由管理人控制重整营业的情况下,管理人对债务人财产的管理有助于其对债务人财产的情况更为真实和具体地掌握,亦是制订重整计划和继续营业计划的重要前提。最后,如果因管理人或债务人的过错造成财产损失或灭失,管理人或债务人应当承担赔偿责任。

目前世界各国普遍采用的立法政策是赋予管理人或债务人在日常营业范围之内充分的自主权。英国破产法规定管理人可做出公司事务、财产管理和营业等一切必要的事情;日本新破产法规定,在破产程序开始后,管理和处分属于破产财团的财产之权利由法院选任的破产财产管理人专属享有;法国则规定特派法官可以准许企业业主或司法管理人实施企业经营范围外的处分行为。可见,各国的立法政策是在保证债权人的基本利益不受侵害的前提下适当限制其权利行使,赋予管理人或有管理权的债权人更多的控制权。诸如此类的立法政策实际上是授权制度安排的延伸。尽管赋予管理人较大的自由控制权有可能造成债权人承担因继续营业过程中管理不善而产生的财产减损、灭失和营业继续失败等后果带来的巨大风险,但反言之,过多的限制亦容易造成继续营业效率的降低和营业复苏可能性的降低,而其带来的不利后果依然要由债权人和整体的社会经济来承担。

应当注意的是,关于管理人或债务人对重整财产的处分权是指依照法律可由管理人或债务人自主决定对特定财产进行处分的权利,并不包括处分对重整事务和其他债权人利益有重大影响之重要财产的处分权利。我国《破产法》第六十九条规定,管理人实施涉及土地、房屋等不动产权益的转让,探矿权、采矿权、知识产权等财产权的转让,全部库存或营业的转让,借款,设定财产担保,债权和有价证券的转让,履行债务人和对方当事人均未履行完毕的合同,放弃权利,担保物的取回这九种行为以及其他对债权人利益有重大影响的其他财产处分行为,应及时报告债权人委员会,未设立债权人委员会的,应及时报告人民法院。

第三,合同之处分。交易费用经济学认为,交易是通过成文或不成文的契约进行的,任何经济问题都可以还原为契约的问题:人们之间的关系是契约的关系,企业则是契约的集合。英国经济学家科斯认为，企业是要素所有者为了节约成本和费用达成的契约，本质上是有助于契约安排的选择。① 对于营业主体来说，无论是在正常营业的过程中，还是在营业重整的程序中，合同对于营业的维持之重要性不言而喻。为了重整的顺利进行，为了赢得更多的合同利益以维持营业，重整企业往往需要支付相当大的成本，因而对重整中合同的处理自然需要法律加以特别的授权进行规范。

营业重整进程中主要涉及待履行的合同和新缔结的合同两个方面。

通说认为，立法应当限制管理人或债务人缔结新的合同，除非这些合同属于正常营业范畴之内的，或者例如借款、贷款等融资合同的签订是营业重整所必须缔结的。例如《德国破产法》第 234 条规定，在债务人自行管理重整事务的情况下，未经监督人同意，超出日常营业范围的债务，债务人不得缔结；即便该债务属于日常营业的范围，如果监督人表示反对，债务人依然不得缔结。换言之，如果监督人不加以反对，债务人对于日常营业范围内的合同有较为自由的缔结权利，而财产监督人也可以通过这样的授权控制往来财物的受领和给付，而对债权人利益有影响行为的撤销权，也只能由财产监督人行使。②

待履行的合同指营业重整程序开始前成立但尚未履行或者尚未履行完毕的合同。一方面，从重整债务人的经济状况来看，开始履行或继续履行这些合同可能造成营业的沉重负担，为了维持营业或者营业计划有所调整还可能对一部分合同采取解除的处理，例如解除客户的订单以取消供货，退出合作投资项目以缓解资金的外流，或者解除重整程序开始前合理订立，但在营业重整之后显著不利、会给营业带来较大损失的合同。显然，如果允许合同相对人在这种情况下主张合同的履行会给重整中的营业主体带来很大负担，甚至可能造成其不堪重负从而造成重整失败的后果。另一方面，继续营业可能需要一些特定合同的履行才能够顺利进行，例如原材料的供应合同、产品的销售合

---

① ［英］科斯：《企业、市场与法律》，上海三联书店 1990 年版，第 207 页。
② 同上。

同、营业场所的租赁合同等，都是维持当前营业所不可或缺的合同。如果允许合同相对人因预期或已经发生的违约可能为理由主张合同的中止或拒绝履行，更会对重整中的营业主体造成严重后果。各国和地区的立法较为一致地确认管理人对程序开始时已成立但未履行的合同有权予以履行或拒绝履行。如果合同相对人拒绝履行，只能以合同不履行产生的赔偿请求作为破产债权加以求偿。

根据美国学者康特里曼的定义，待履行合同成立的前提是破产人的合同义务和合同相对人的合同义务均未履行，而任何一方的不完全履行都会造成实质性的违约，对方当事人可以据此拒绝履行其合同义务。也就是说，只有合同双方都未完全履行合同义务的情况下才构成待履行合同，无论债务人方还是非债务人方已经完成履行的合同均不能构成待履行合同。在重整程序中，待履行合同的定义关键是管理人享有履行合同或者拒绝履行合同的选择权。[①] 我国《破产法》实际上也是采纳了如上界定方式，该法第十八条规定，法院受理破产申请后，管理人对破产申请受理前成立但债务人和对方当事人均未履行完毕的合同有权决定解除或继续履行，并通知对方当事人。如管理人自破产申请受理之日起两个月内未通知对方当事人，或自收到对方当事人催告之日起 30 日内未予答复的，则视为解除合同。管理人决定继续履行合同的，对方当事人应履行；但对方当事人有权要求管理人提供担保。管理人不提供担保的，则视为解除合同。

2. 自动中止原则

上文提到，营业重整制度的保护机制的重要方面之一即是自动中止程序，它决定着重整的申请能否自动引发债权人追索权利的中止。在这个问题上，各国和地区的破产法主要存在两种立法体例：裁定中止制度和自动中止制度。日本是裁定中止制度的代表，其《会社更生法》（即日本的企业重建法）第三十七条规定，法院在接到重整申请且认为有必要时，根据利害关系人的申请或者依据职权，在裁定重整程序开始前，责令中止破产程序、整理程序、和解程序、特别清算程

[①] [美] 大卫·G. 爱泼斯坦等：《美国破产法》，韩长印等译，中国政法大学出版社 2003 年版，第 232 页。

序、强制程序、假扣押和处分、重整的债权或者担保权对企业财产进行的强制执行程序、临时冻结程序、临时处分程序、履行担保权的拍卖程序或者企业担保权的履行程序、企业财产关系的诉讼程序等。如果可能使债权人或者拍卖申请人承受不当之损失则不在此限。① 日本的《民事再生法》中规定，法院在认为符合重整债权人一般利益，且不会对拍卖申请人产生不当损害的前提下，可以依利害关系人的申请或依职权，中止对重整债务人之担保权行使的拍卖程序，以防止中止的自动发生给债务人提供程序滥用的可能。美国是自动中止制度的代表，其破产法第三百六十二条规定，无论是自愿还是强制的申请，破产申请一经提出，任何影响破产财产的行为都被暂时中止。美国破产法第七章主要是清算程序相关的内容，自动中止程序首见于此。该法规定，债务人一经申请自动中止程序即生效，起到暂时阻止债权人向债务人进行债务的追索的作用，该程序适用于清算程序、重整程序以及个人债务的调整，针对财团财产的创设或者担保权的执行等行为也包括在其中。② 在财产范围上，凡属于破产财产的任何法律上或衡平上的利益，均受制于自动中止程序。一旦自动中止程序生效，债权人对债务人的追索行为即为无效行为，债权人对债务人实施拨打电话、书写信件等行为都被禁止，破产法庭甚至还可以对债权人的追索行为进行制裁，不但要求其赔偿债务人或其他利益相关人的实际损失，特定情况下还可能被判处带有惩罚性的赔偿，使得实务中很少有债权人违反自动中止的规定。③ 由此可见，自动中止程序是美国破产法法系中相当强力的一种规定，通过自动中止程序达到保护债务人营业重整的目的：自动中止为债务人提供了缓冲的空间以免受债权人的追索，阻止了任何对债务人实施的个别追索行为、侵扰行为以及取消担保回赎权的行为，允许债务人和债权人达成新的清偿方案或者重整方案，

---

① 转引自王文宇《我国公司重整法制之检讨与建议》，载《公司与企业法制》，元照出版公司2000年版，第225页。

② ［美］大卫·G. 爱泼斯坦等：《美国破产法》，韩长印等译，中国政法大学出版社2003年版，第60页。

③ LoPucki et al., supra note 14, p. 100.

使债务人从驱使其走向破产的财务压力中解放。① 从债权人和债务人之间的关系的角度讲,自动中止程序固定了债务人和债权人间的财产关系,使债务人的财产免受个别债权人意图实现其债权的行为之伤害,使债务人的财产能够得到公平化、秩序化的管理。从债权人之间的关系讲,自动中止程序冻结了债权人之间的关系,将其权利义务和受偿顺序加以确定,避免个别债权人将其债权利益凌驾于其他债权之上。这样一来,自动中止程序可以有效地阻止债权人同一时间向法院申请清偿从而消耗债务人所剩无几的财产。该程序将随破产程序的终止而终止。但是,美国破产法也规定,具有担保权益的债权人如果能够证明担保物的价值正大幅减损且债权人未采取有效措施加以保护,可以在破产程序终结前向法庭申请解除自动中止程序,令债权人重新占有担保物。

我国《破产法》采用的是自动中止的立法体例,该法第十六条规定:"人民法院受理破产申请之后,债务人对个别债权人的债务清偿无效。"除此之外,我国破产法还规定,法院受理破产申请后,相关债务人财产的保全措施应予解除,执行程序应予中止;已经开始且尚未终结的相关债务人的民事诉讼或仲裁应予中止,在管理人接管债务人财产之后,该诉讼或仲裁方可继续进行;有关债务人的民事诉讼,只可向受理破产申请的法院提起。② 但客观来看,我国破产法对自动中止程序的相关立法比较有限,对自动中止使用范围的规定更是较为模糊,大多是原则性的规定,并无较为完整的制度可言:破产法对自动中止之适用情况的规定过于简单,缺乏可操作性,在司法实务中容易产生争议。加之当前我国案件审理水平和审理类似案件的经验有限,使立法瑕疵更为扩大化,造成司法成本的提高。另外,破产法对自动中止适用情况的例外缺乏具体的规定。而相比之下,美国破产法

---

① H. R. Rep. No. 595, 95th Cong., 1st Sess, reprinted in 1978 U. S. Code Cong. & Admin. News 5963, 6296.
② 分别对应《中华人民共和国企业破产法》第十九条、第二十条、第二十一条。

规定了自动中止的生效、自动中止的解除、豁免财产①等 20 余种相关情形，我国破产法对自动中止适用之例外情形缺乏具体规定，容易造成个体正当利益和公共利益的损失。如果说美国破产法对债务人财产的保护容易造成利益相对方之利益的此消彼长，美国国内发达的诚信机制和严明的惩罚制度则是这种担忧的有力回击。因此，在我国法院和各方当事人整体能力和素养有待提高的前提下，法律的建设应当先行一步，为社会和经济的发展佐以重要的扶持。据此，比照外国的先进立法，破产法的修订应当注意以下几个方面：禁止债务人处置对继续营业有重要意义的财产，或设置债务人处置这类财产前需要征得管理人或法院的同意；限制营业主体特定业务的进行；禁止有股东之营业主体的股东任意转让其持有的记名股票；对营业主体各部门的负责人进行调查，必要时对其财产进行保全；等等。②

3. 充分保护原则

充分保护的概念来源于对债权人担保权和担保利益的保护，但其范围并不局限于此，美国破产法并未对充分保护的概念进行定义，但不论是破产法的条款还是美国宪法都对充分保护的内容进行了法律上的确认。当债权人因自动中止程序而被迫停止行使权利，其担保财产却因债务人的过错发生价值的减损时，充分保护的原则和具体规定得以适用。营业重整制度的首要目的自然是要保障营业主体的营业能够继续，争取时间、资金、资源恢复和重振，但营业的重整是一个漫长又复杂的过程，如果缺乏利益相关方的配合，自然无法保证营业的正常运作，营业的存在和继续本身就是建立在利益相关方的利益集合之上的。对一个营业主体重整具有最直接利益关系的权利主体既是债权人，也是少数无法直接参与和控制重整程序的利益相关人。从债权人的重整目标来看，其参与重整最基本的目标自然是自身利益的维护和

---

① 美国破产法规定，债务人申请破产时可保留一定数额的豁免财产，具体数额各州的地方立法有所不同，有的州规定债务人的房屋、汽车为豁免财产。例如，美国纽约州规定动产以 25000 美元为限，不动产以 10000 美元为限。美国破产立法认为，诚实的债务人遭受破产宣告已是不幸，债权人应当宽容对待债务人，允许其保留一定的财产以维持基本生活，否则破产的债务人需要依赖社会的救济，更会加重社会的负担。

② 费国平、万磊、徐家力：《公司重整》，中国时代经济出版社 2005 年版，第 79 页。

最大化，而并非营业主体能够重新恢复营业这件事。其中非担保债权人和担保债权人对待营业重整的初衷又存在一定的差别。对于非担保债权人来说，在清算过程中他们得到的清偿十分有限甚至完全没有，而营业重整的成功可能会提高他们得到清偿的数额，因此非担保债权人对重整的态度往往更为积极；对于有担保的债权人来说，其参与重整带有法律强制的色彩，更多的是因破产法自动中止或其他的原因阻碍其行使自己的权利才被动地参与到重整程序中。但不论是非担保债权人，还是担保债权人，营业重整若对权利人的行使权利加以过多的限制，都是对私权的严重干涉，如对这种干涉不加以限制会导致权利人的正当权利遭受不合理也不合法的侵犯。因此，营业重整的过程中债权人的利益自然不能忽视。

以德国为例，关于破产宣告后担保债权的利息损失，德国法律规定别除权人可就担保物获得利息清偿，且在担保物变价前开始定期进行支付。《德国破产法》第 169 条规定，在一个标的物未被变价的期间，以破产管理人依据第 166 条的规定有权变价标的物为限，应自报告期日起由破产财团向债权人持续性地支付利息。债权人在破产程序开始前因第 21 条的命令而在标的物变价方面受到阻碍的，最迟应当自该命令作出后 3 个月内支付所负担的利息。[①] 另以美国为例，充分保护原则的概念来源于其宪法第五修正案关于保护财产利益的内容[②]，又不仅仅是严格限于宪法之保护的。美国立法者认为，担保债权人不应当被剥夺交易的权利，在破产法中可能存在如下情况：赋予担保债权人进行交易以绝对的权利是不可能或不合法的，因此法律承认担保债权人可以通过利益替换的方式增加充分保护的适用性。尽管债权人有不接受实物交易的可能，但该条文的立法目的依然是确保担保债权人在实质上能够得到与其预期的交易价值相符的利益。立法之沿革表明，对于担保债权人应当做到充分保护的程度，在破产程序中做到让债权人得到与在该程序之外同样程度的保护，尽管保护的种类和方式

[①] 《德国支付不能法》，法律出版社 2002 年版，第 90 页。
[②] Marcia L. Goldstein & Victoria Vron, Current Issues in Debtor in Possession Financing, ALI – ABA, p. 25.

同当事人最初商定的交易类型可能有出入。① 同时，根据营业重整制度的法理，只有法官判定债权人权利被侵害的情形明显不合理时，方能适用充分保护的原则，并非所有可能减损债权人利益的行为都可以启动充分保护的有关条款。事实上，从法律实务的角度来看，充分保护是一个不确定性很强的估量或判断，而其保护的利益又是应当被法律调整和救济的。② 当然，充分保护并不能在绝对意义上充分地保护债权人的利益，有时债权人的利益依然会遭受一定的损失。美国破产法对此也进行了一定的司法补救，赋予当充分保护原则适用出现瑕疵之时产生的损失和管理费用以超优先权的追偿方式：美国破产法第十一章第507条（b）款规定，如果破产托管人根据本法第362条、第363条或第364条，对债务人财产上存在抵押权的担保债权人之利益给予充分保护，并且，如果尽管有前述保护，债权人根据分款（a）(1)仍有正当的请求权，且该请求权的产生基于本法第362条财产冻结行为，或本法第363条使用、出售或者出租担保财产，或者本法第364（d）款批准的抵押权，则债权人的该请求权优于其他所有基于这些条款产生的正当请求权。这种优先权的清偿以营业财产中有资金支付的可能为前提，给予因自动中止等程序而遭受或可能遭受损害的债权人提供了一定的救济措施。

我国当前的重整立法多表现为对美国立法体例的借鉴，但具体条文比较单薄。我国《破产法》第七十五条规定："重整期间，对债务人特定财产享有的担保权暂停行使。但担保物有损坏或价值明显减少的可能，足以危害担保权人的权利的，担保权人可向法院请求恢复行使担保权。重整期间，债务人或管理人为继续营业借款的，可为该借款设定担保。"但如上文所述，该条款既可以视为对担保债权人行使权利的法律确认，又可视为对担保债权人别除权行使的限制，只有在别除权标的物可能损坏或价值减少的情况下，别除权人方可向法院请求恢复行使权利。可见，在我国立法承认并规定了自动中止原则的前提下，充分保护原则并没有相应的完备规制。这也是营业重整法律体

---

① 32 B. R. 930（Bankr. E. D. Pa. 1983）.
② 王福强：《重整制度营业保护机制研究》，博士学位论文，中国政法大学，2009年。

系建设应当重视的重要问题。

第四节 中小企业受侵害的相应法律救济手段

一 侵害营业权的救济手段

侵害营业权的具体类型在以往侵权法研究中较少涉及，随着经济的发展，这种侵权行为的发生显著增多。综合对比关于侵害营业权行为的形式，主要有以下几种类型和救济方式：

（一）营业妨害的救济手段

营业妨害是行为人出于故意，以违法或违背公序良俗的手段，对他人的营业活动进行妨害，使其营业权和营业利益受到损害的行为，本质上属于侵权行为。和物权法概念上的妨害有所不同，营业妨害的成立前提要求妨害行为必须具有违法性，即妨害营业的行为违反了法定义务、保护他人之法律或违背了公序良俗。对于妨害的救济，美国立法有以下几种做法值得借鉴：第一，颁发禁令。法院在受理原告的请求后，对颁发禁令后行为人可能受到的损失或限制以及被侵害人所得的利益进行权衡，颁发永久性禁令。该禁令赋予了被侵害人强制行为人除去妨害的法定权利，是否行使取决于被侵害人的意志。当然，这种妨害的禁止并不意味着行为人要停止全部可能对被侵害人造成影响的活动，而是停止和禁止会对被侵害人利益产生直接影响、造成具体妨害的行为。第二，损害赔偿。法院经过对双方当事人利益的衡量，判决责令行为人对造成的实际损失进行赔偿。例如 Boomer 诉 Atlantic Cement Co. 一案，被告的公司是位于纽约州奥尔巴尼附近的一家水泥工厂，与其相邻土地的所有人宣称该水泥厂排放的污染物体、污染气体以及噪声污染对其造成了损害，美国法院经过审理，认为虽然该行为构成妨害，但颁发禁令会导致该水泥工厂遭受巨大损失，故判决双方在损害赔偿的基础上进行调解。[①] 可见，和禁令的权利属性不同，损害赔偿不取决于受侵害人的意志，由法院进行的判决决定。

---

① Boomer v. Atlantic Cement Co., 26 N. Y. 2d 219 (1970).

第三，颁发禁令，且行为人对被侵害人赔偿损失。如果消除妨害对被侵害人乃至对社会确有必要，但没有得到被侵害人的同意，或者不能以放弃强制行为人消除妨害之法定权利作为代价从而获得行为人的赔偿，而强制行为人消除妨害又会使其遭受巨大损失，法院将作出颁布禁令的判决，赋予被侵害人强制行为人消除妨害的法定权利，同时责令行为人进行损害赔偿，以此方式对社会资源和实际损害在当事人之间进行合理的再分配。[1] 第四，自力救济。又称私力救济，是指营业主体在没有法院等中立第三人介入的情况下，依靠自身解决营业纠纷，排除妨害，实现营业权。营业主体自我保护的方式是多样的，例如依法采取正当防卫、紧急避险、留置、拒收拒付或者利用劝说、告诫等方式维护自己合法的营业权益。我国目前法律规定了正当防卫和紧急避险两种自力救济方式，在营业权保护的范畴，还应当包括自助行为的救济方式。自助行为是除上述两种方式外的救济方式的统称，目前我国法律对自助行为尚未有具体的规定。

（二）联合抵制的救济手段

联合抵制是指两个或两个以上具有竞争关系的营业主体进行联合，出于抵制、惩罚或某种经济利益，拒绝从事某种营业活动或与特定供应商或者客户进行交易，造成被抵制营业主体营业权受到损害的侵权行为。联合抵制可划分为商业性的抵制和非商业性的抵制，主要包括两个构成要件，一是主体要件，即包括两个或两个以上具有竞争关系的营业主体，其中，行业协会是特殊主体；二是行为要件，即表现为联合抵制的协议、营业团体的决议或者营业主体之间的协同行为，并且是营业主体之间相互协调、相互约束的共同行为。按照我国台湾地区"公平交易法"第七条规定，所称联合行为，是指事业以契约、协议或者其他方式的合意，与有竞争关系的他事业共同决定商品或者服务的价格，或者限制数量、技术、产品、设备、交易的对象、交易的地区等事项，相互约束事业活动的行为。正如亚当·斯密在《国富论》中所言："从事相同贸易的人们即便是为了娱乐和消遣，也很少集会在一起。聚会的结果，往往不是阴谋对付公众，就是筹谋

---

[1] *Gilbert Law Summaries Property*, Thomson Business, 2002, p. 366.

抬高价格。"联合抵制的行为往往比单独抵制的行为具有更大的危害性，对该行为的规制也一直是各国反垄断法的重要内容。

不过，联合抵制行为并非都是侵权行为。美国的波斯纳法官认为："联合抵制案件中被人忽略的教训是，排挤竞争者的一致行动……也可能是理性行为。"[①] 经济学家从交易成本经济学的角度出发，认为联合的协调行为能够带来效率，竞争者之间的合同以及非竞争者之间的协议能够产生一个更有效率的组织形式。营业主体不但要解决技术生产的问题，还要致力于减少组织活动和经济管理活动的成本，正因削减成本对利润的提高是非常重要的，故改良经济活动的组织形式可以转变为真正的成本[②]，有助于营业费用的降低，因此具有正当性。如果联合抵制交易行为是通过恶意拒绝与供应商或者客户进行交易，或者通过迫使供应商或者客户停止与竞争对手进行交易的方式实施，使得竞争对手在市场竞争中陷入不利的地位，显然是有碍于正常的市场竞争，构成恶意联合抵制；如果诸如中小企业在内的一些小型营业主体为争取有利的竞争地位，或者对抗市场中占据支配地位的竞争者而实施的联合抵制行为，且能够使这些小型竞争者在与规模竞争者竞争时具备更高效、更合理的对抗能力时，这种联合抵制是被法律和市场规则所允许的。正如我国《反垄断法》第十三条规定："禁止具有竞争关系的经营者达成下列垄断协议：……（五）联合抵制交易……"第十五条规定："经营者能证明所达成协议属于下列情形之一的，不适用本法第十三条……的规定：……（三）为提高中小经营者经营效率，增强中小经营者竞争力的；（四）为实现节约能源、保护环境、救灾救助等社会公共利益的……"可见，为了实现公共利益或者中小企业等中小型营业主体实现正当的经济利益的联合抵制行为并不是违法行为。

（三）非法罢工的救济手段

罢工是指一定数量的劳动者为争取经济利益或政治权利集体停止

---

① [美] 波斯纳：《反托拉斯法》，中国政法大学出版社2001年版，第288页。

② Oliver E. Willamson, Transaction Cost Economics, The Handbook of Industrial Organization Economics Vol. 1, 1989, p. 136.

工作的行为，包括经济性罢工和政治性罢工。世界各国立法大多对政治性罢工采取禁止的态度，对经济性罢工则从目的、程序层面采取限制性保护。从法律的角度来讲，罢工分为合法罢工和非法罢工，一些国家的法律对合法罢工赋予一定的民事、刑事豁免权，依据法律行使罢工权进行罢工，是不构成侵权的合法行为。对于营业主体的营业活动而言，侵权损害多来自非法罢工行为。

目前，我国宪法等法律并未对罢工进行明确的规定。我国《工会法》第二十七条规定："企业、事业单位发生停工、怠工事件，工会应代表职工同企业、事业单位或有关方面协商，反映职工的意见及要求，提出解决意见。对于职工的合理要求，企业、事业单位应予以解决，工会协助企业、事业单位做好工作，尽量恢复生产、工作秩序。"有学者认为其中"停工"、"怠工"就是罢工的含义[①]，试图在我国现有法律中找到与罢工及罢工权相关的法律依据，但笔者并不赞同这种说法，因为停止工作或消极怠工的行为不可能完全等同于罢工，实际上是个别劳动者消极履行劳动合同义务的行为，且不具备罢工的集体性、正面对抗性和明确的罢工目的。

由于我国立法尚未对罢工行为相关要件进行具体的规定，本书对此不做过多的论述。不过，尽管法律规定有所缺失，但罢工行为又确实存在对营业主体正当营业权和营业利益造成损害的客观事实，对罢工行为进行一定的规范确有必要，应当规定在罢工期间因消极不作为而导致营业主体正当权利和营业利益遭受损失时，如果营业主体能够采取行为避免损失发生的，可不视为违法；如果在罢工期间因消极不作为或其他侵权行为导致营业主体无法正常营业，造成财产和利益的损失，罢工人员应当承担损害赔偿的责任。

二　破除融资困境的救济手段

对于任何企业而言，资金储备充足、利率和风险较小的银行贷款都是它们在选择融资途径时的首选。而我国的现状显示，贡献率不足30%的国有企业却占用了70%的银行信贷，相反，以民营企业为主的

[①] 史探径：《中国劳动争议情况分析和罢工立法问题探讨》，《法学研究》1999年第6期。

中小企业仅仅占用了30%的贷款资源，却为国民生产总值的新增部分贡献了60%以上的价值。①自上一次金融危机爆发以后，银行一方面强化了贷款审批的力度，另一方面对信贷业务整体进行收缩，规定了更多较为严苛的条件，使中小企业从银行方面直接进行融资的机会变得更为有限，同其自身的发展速度以及应对危机的需求不相适应。《中小企业促进法》的颁行固然是对我国中小企业法律体系的充实，但内容的框架化直接导致其难以作为标准的法律规范而被直接援引和利用，难以对中小企业融资起到直接的扶持作用。笔者认为，为扶持我国中小企业发展，在保障中小企业融资权利的同时赋予其合理的融资能力和充分的融资环境，应当紧扣两个方面进行相关立法：以保护为原则，以平等为追求，利用建立和完善《中小企业融资服务法》给予中小企业融资最大的支持和保护。主要包括私募股权合法化、资金拆借合法化以及民间借贷合法化三个方面。

（一）私募股权合法化

私募股权（Private Equity）是指对非上市的股权进行投资，或者上市公司非公开性进行股权交易的一种投资方式，是解决中小企业融资困境的新途径。私募股权最早产生于美国，20世纪80年代进入迅速发展的阶段，近些年在亚洲也有一定程度的发展。在国内A股市场发行条件较高、通过发行企业债券或者通过银行进行信贷难以顺利得到融资的情况下，我国中小企业选择私募股权的方式进行融资是相当理性的选择。在各种融资方式中，发行股票或债券对企业本身的资质要求较高，通常只有大型企业能够满足，并不适合中小规模的企业。而私募股权的融资方式对企业的要求相对较低，尤其是风险投资，投资者奉行高风险、高收益的理念，通过对可能获取的高收益来弥补项目风险带来的成本增加，适合那些具有成长潜力的中小企业。具体来说，针对我国中小企业的融资问题，私募股权的优势在于：首先，在私募股权融资中，企业的股权并非由众多中小投资者分散掌握，而是被具有丰富投资经验和监督能力的机构投资者持有，能够更好地对股

---

① 中国中小企业融资网：《中小企业成功融资必读》，中华工商联合出版社2005年版，第102页。

权进行管理和使用。同时，通过股票市场进行融资容易导致企业的股权被分散、股权所有人对经营者的约束相对弱化，而私募股权融资可以帮助中小企业避免这种内部人控制局面的形成，投资者对企业的投资通常以企业营业业绩为标准，将这一投资原则充分体现在投资策略、追加投资的激励机制方面。这样，私募股权的投资者可以通过调整股权或追加投资控制企业的投资，通过给予中小企业以压力，增加其营业活动的积极程度，起到一定的促进作用和控制作用。其次，中小企业的董事会或管理人员可由私募股权投资者选派的成员参与或掌控，有利于规范中小企业的内部治理结构。同一般的股权投资不同，私募股权的投资者尽管是外部董事或者非执行董事，但通常在企业中形成一种内部投资者的关系模式，因企业的盈亏直接关系到该投资者的投资回报，故其在企业中具有重大的经济利益，使其在企业营业管理活动中相对主动和活跃，具有充分的理由和动力积极了解企业的真实营业状况和财务状况，为企业提供人事、经营、融资等方面的咨询和支持。这种私募股权投资者和企业之间的特殊关系，以及投资者所提供咨询和支持之有效性、增值性已被实践所证明。最后，私募股权的投资者注重同中小企业建立长期的合作关系，能够充分了解企业的发展历程，掌握有效的内部信息。投资者通过对自身投资利益的衡量以及对中小企业营业活动的监督和干预，可以有效达到消除所有者同经营者之间信息不对称的目的，有利于防止逆向选择和道德风险。[1]投资者可以帮助中小企业的治理和财务结构进行优化，通过技术应用、市场信息掌控等专业能力的运用，对前景良好、清晰具体的商业模式进行设计，并与企业管理者达成一致的目标，同企业建立稳定的互动关系，以能够被企业信任和接受的方式对自身的经验、信息加以运用，共同为企业解决债务危机、加强融资的力度、创造企业价值。

即便在美国、日本、欧盟等发达国家和地区，私募股权融资业务同样被视为帮助中小企业渡过融资难关的重要途径，政府通过立法等手段对私募股权融资市场的发展进行保护。例如，日本于1951年颁

---

[1] 吴建军、夏二宏、李芳：《中小民营企业私募股权融资优势及风险控制》，《财会通讯》2008年第1期。

布的《证券投资信托法》，以及英国于 2000 年颁布的《金融服务和市场法》都是针对本国私募股权融资而特别制定的。[①] 我国为了中小企业私募股权投资业的发展，首先应当明确政府的作用，将加强相应扶持性法律建设视为重点，保证中小企业相关政策同国家经济发展总体步调保持一致；应当将私募股权投资的内容纳入我国经济发展的总体规划之中，给予私募股权投资基金优惠的税收政策，对所得税进行适当的减免，确保私募股权投资公司和基金在组建运作规范的过程中能够克服立法滞后性带来的不良后果。

(二) 资金拆借合法化

资金拆借是指商业银行以及非银行金融机构之间短期的资金借贷形式。在我国，民间非银行金融机构的拆借融资似乎处于法制的边缘，但无论以何种心态对待民间拆借市场，在不进行宏观经济层面、法律层面评判之前提下，这确为一种普遍又迅捷的融资方式。通常情况下，拆借适用于金融机构间短期的资金往来，但从期限、利率、实际用途等表现形式上看，这种民间资金流动的方式已经具备了融资的特点。正因其在中小企业发展过程中发挥了不可忽视的拾遗补阙之作用，资金拆借不失为中小企业融资众多途径中的一种。

我国从 20 世纪 80 年代到现在，已经有十几部法规、规章涉及资金拆借和拆借市场的内容，但由于多种原因，这些规定不甚连续，定义模糊，甚至还存在一定的矛盾之处，且缺乏法律层面的具体规定：对资金拆借的法律规定仅仅散见于央行等金融管理机构的部门规章以及部分司法解释当中，缺乏法律和行政法规的规范。而在法院审理案件时，规章并不能作为审判的依据，导致实践中法院只能依据《关于企业相互借贷的合同出借方尚未取得约定利息人民法院应当如何裁决问题的解答》、《关于对企业借贷合同借款方逾期不归还借款的应如何处理的批复》等若干相关的司法解释，对包括中小企业在内的企业资金拆借问题无法进行准确、统一的判定。事实上，拆借资金是对金融机构暂时性的资金余缺的一种调剂，最大的优势是简单快捷，同时也

---

① 石飞：《私募股权：解决中小企业融资难的有效途径》，《内蒙古师范大学学报》2007 年第 6 期。

具有资金数额有限的缺点，是一种救急性质的闲置资金运用方式。目前我国法律和央行对拆借资金的来源和用途之定义和规定均显得不够确切，仅仅规定拆借资金是限制资金，但怎样的资金状况视为限制和具体的标准，均未作出明确规定。而对于拆借资金的使用亦没有明确规定，不利于对金融机构违规使用拆借资金进行监督和管理。

另外，企业之间的资金拆借向来是个敏感的话题。根据央行《关于对企业间借贷问题的答复》以及《关于对银行职工参与企业非法借贷有关法律问题的答复》的内容，借贷属于金融业务的一种，包括企业在内的非金融机构之间不得相互进行借贷，因此，企业间订立的借款合同违反国家政策的规定，应当认定为无效。在新《公司法》出台前，上述规定无论是在理论界还是司法实务中，并不存在太多争议，但是，《公司法》第一百四十九条第三款规定，董事、高级管理人不得违反公司章程的规定，在未经股东会、股东大会或董事会同意的情况下，将公司的资金借贷给他人。这条规定显然属于法律强制性规定，违反该规定的内容将会导致借贷行为无效。但通过这一条款的规定，对比前述司法解释和央行的有关规定即产生了一种悖论：公司的董事、高级管理人员如果将公司的资金借贷给他人，必须经过股东会、股东大会或董事会的同意，换言之，只要经过了这样的法定程序，公司即存在将资金借贷给他人的可能。当然，如果该条款中所称"他人"不包括企业，仅指自然人，则可以视为该条款只是对公司将资金借贷给个人必须符合法定的程序、符合公司的章程，即此规定同上述司法解释、金融规范并不存在冲突。但是，最高人民法院《关于如何理解刑法第二百七十二条规定的"挪用本单位资金归个人使用或者借贷给他人"问题的批复》认为，"公司、企业或其他单位的非国家工作人员，利用职务便利……以个人名义将挪用资金借给其他自然人和单位，构成犯罪的，依照刑法第二百七十二条第一款定罪处罚"，即在没有相反解释的前提下，应当视为该条款中的他人包括公司、企业等营业机构。

从宏观经济发展的角度来看，当前我国货币市场发展的总体思路是，既要建立全国统一、层次分明、面向所有金融机构的市场，又要保证中央银行同公开市场构成货币市场的核心，使具有良好信用的商业银行成为信用拆借市场的主要组成部分,保证中小金融机构之间以及其与商业银行之间的交易通过代理业务、债券回购等交易形式链接和进行。在这一思路下,央行对全国银行间的同业拆借市场之电子交易信息系统进行了扩大,从为中小金融机构的融资创造便利条件的角度出发,对商业银行开展融资代理业务进行鼓励和扶持,并对符合条件的证券投资基金、证券公司进行吸收,使其进入银行间同业拆借市场,开展符合法律和央行规定的资金拆借及其他相关业务。因此,资金拆借对中小企业的融资提供便利确实存在政策上的优势和可能性。事实上,我国立法者将民间借贷纳入法律保护的范围,主要原因在于这类借贷方式的规模较小、数额较少,对社会经济发展不会造成太大影响,可谓利大于弊,但对于企业之间的资金拆借,基于其规模、数额较大以及社会影响较大等原因,如果不对其进行限制,会导致整个金融市场乃至社会经济生活的混乱。因此,我国立法和政策规划层面一直对企业之间的资金拆借抱以谨慎和严厉的态度,但是,从资本逐利的本质属性出发,实践中确有很多企业存在资金闲置的状况,与此同时众多中小企业却严重缺乏经营资金,又因企业规模、商业信用方面的桎梏无法及时从金融机构获取资金,这在商业机会瞬息万变的市场当中,对中小企业带来的影响是极其重大的,甚至关乎企业的命运。[①] 在这样的融资压力下,中小企业往往会采取一些变通的手段进行融资,与其对企业之间的借贷彻底限制,不如通过法律的手段对其进行管理和规制,为中小企业开辟新的融资途径。

值得一提的是,短期的资金拆借几乎适用于所有类型的中小企业,尤其是部分无法及时从银行融资途径获取资金的企业,只要提供合理的融资项目和可以抵押的财产,对到期还款提供保障,都可以利用短期拆借的方式进行融资。当然,这种形式的融资依然应当纳入规范性法律规制的范畴之内,快捷、灵活的特点同样导致其容易对融资市场的正规性、稳定性产生干扰,因此值得法律更多地关注和约束。

(三) 民间借贷合法化

从法律意义上讲,民间借贷指的是自然人之间、自然人同包括企

[①] 贾清林:《企业资金拆借法律认定的规范冲突》,《学理论》2011年第4期。

业在内的其他组织之间，一方将一定数量的资金转移给另一方，另一方在到期后返还借款并依照合同的约定支付利息的法律行为。民间借贷是社会经济发展到一定阶段，公民以及营业主体的财富和资本逐渐累积，产业资本朝金融资本的方向转化，而正规金融机构无法满足全部社会需求时等多种因素综合产生的结果，具有一定的必然性。同正规金融机构的融资途径相比，民间借贷的融资方式具有自身的特点和优势，在一定程度上解决了相当数量的社会融资需求，增强市场经济的自我调节能力和适应能力，是正规金融途径有益和必要的补充，有利于形成多层次的信贷市场。同时，民间借贷很大程度上直面着诸如中小企业等企业群体中的弱势群体以及整个社会的融资弱势群体，尤其对于中小企业，在风险可以控制的前提下，应当对民间信贷业务的经营者赋予正当的政策和法律支持。例如，目前在正在试点中的小额贷款公司所经营的业务中，相当一部分均是国有商业银行不愿介入或主动撤离的融资服务领域。这些领域风险较大，利润很小，我国又尚未设立相关法律对中小企业的融资进行专门的规制和监管，仅仅是在《公司法》第五条中强调包括金融机构在内的所有公司之社会责任，显然极度缺乏可操作性，不足以保护中小企业的融资利益。

随着我国中小企业的发展，以及专门针对这些企业融资需求的小额贷款公司等机构的发展，应当将民间借贷融资赋予制度层面的合法性。换言之，只要没有违反法律的强制性规定，民间借贷关系均应当受到法律的保护。但是，同其他经济活动一样，民间借贷同样会伴生一些违法、违规甚至是犯罪行为，现阶段我国民间借贷定位模糊，市场混乱，导致很多非法吸收公众存款、高利转贷、集资诈骗等违法犯罪行为以民间借贷的名义进行着，给企业和经济发展均带来严重的负面影响。2008年8月，央行在《货币政策执行报告》中首次对民间借贷对经济发展起到的作用加以肯定，指出秩序化、规范化的民间借贷，利于打破商业银行等正规金融机构对市场垄断的格局，利于多层次信贷市场的形成及发展。显然，民间借贷合法化是未来我国金融市场发展的必然趋势。

在强调民间借贷对中小企业融资起到重要且积极的作用的同时，在现实的经济生活中，自主、自发发展的民间借贷往往从无息或低息的形式逐渐发展为有偿甚至高利贷的形式，大大加重了中小企业已经难以承受的经济负担，不但是对中小企业合法营业权的侵害，更会影响到我国整体经济发展的健康，产生新的社会分配不公现象。是否应当制定专门的法律对民间借贷的问题进行规制且如何选择民间借贷的立法路径和模式，不但是理论界的争议话题，也一直是我国立法者悬而未决的疑思。理论上的民间借贷有多种划分方式，其中，在公民生活中较多发生的是不以营利为目的，有偿或者无偿转让资金的行为，本质上属于民事行为。但是，一旦该行为以收取利息为目的，使货币进入流通领域，则具备了融资的功能，具有商行为的性质。当这种具有营利性的行为反复地作为一种经营活动发生时，应当视为商事行为。因此，民间借贷性质的多重性决定了其立法的复杂性，同时也是选择规制路径的依据。①

在现行法律层面，《民法通则》第九十条规定"合法的借贷关系受到法律保护"，是民间借贷合法化的基本法律依据。但是该条款仅仅强调这种融资途径的合法性，并未对主体、行为等要件进行具体的规定。《合同法》仅对自然人之间借贷合同的生效时间、借贷利率等内容进行了规定，并未涉及企业等其他主体。最高人民法院在《关于如何确定公民与企业之间借贷行为效力问题的批复》中规定，公民与非金融企业之间的借贷属于民间借贷的范畴，只要双方意思表示真实即可认定为有效，但企业以借贷名义向职工或社会进行非法集资、向社会公众发放贷款及其他违法、违反行政法规的行为，应当认定为无效；最高人民法院在《民事案件案由规定》中规定，按照借贷主体的类型进行划分，借款合同纠纷分为金融借款合同纠纷、同业拆借纠纷、企业借贷纠纷以及民间借贷纠纷四种。根据上述文件，合法的民间借贷包括自然人之间、自然人同法人或其他组织之间的借贷。从国外立法经验来看，商事性质的民间借贷能够较为有效地克服国家信用的各种弊端，应当对其合理性和合法性赋予法律的肯定。②

从金融制度变迁的规律来看，当前我国的民间借贷市场正处于从

---

① 岳彩申:《民间借贷规制的重点及立法建议》,《中国法学》2011 年第 5 期。
② 王曙光:《经济转型中的金融制度演进》,北京大学出版社 2007 年版,第 74 页。

显性信用阶段逐渐转化为合法信用的阶段，但是，并非所有民间融资方式都能够纳入法律的体系加以规制，部分地区的规模较小的民间借贷组织保持当前的存在形式，满足不同人群的融资需求其实更为适合。① 从世界范围来看，鲜有国家针对民间借贷建立了专门的立法体系，更多的是根据借贷主体、借贷行为、借贷目的的不同，采用普通法律、专门法律、特殊主体法律等相结合的方式对民间借贷进行具体的、有分别的规制模式。从维护和促进我国中小企业融资的角度来说，当前我国规范民间借贷的立法建设和现有法律的运用，应当对以营利为目的、专门从事借贷业务的个人或组织进行的商性质借贷加以规范，而对于中小企业等营业主体不涉及的民事民间借贷，由民法、合同法加以规范，无须专门的法律亦无须过度地讨论。

(四) 知识产权质押融资方式的探索和尝试

如前所述，目前我国知识产权质押融资业务的开展情况并不理想，知识产权质押融资制度建设的不充分状态直接导致中小企业承受融资困难、持续发展力受限等多重压力。在法治国家建设的时代背景下，以国家力量为主导，通过强化价值评估体系、政府补贴方式多元化、建立风险防范机制等手段促进知识产权质押融资制度的构建和完善，是我国科学技术和市场经济发展的客观要求。

遵循我国目前企业知识产权融资现状揭示的矛盾和问题，知识产权融资法律制度的构建分为以下三个维度：

1. 知识产权融资的价值评估体系维度

知识产权价值评估标准难以统一、结论误差较大以及和企业预期结果不一致的问题是知识产权质押融资起步和发展的首要桎梏，寻求最大可能消解理论误差和心理落差的评价标准和程序，也是知识产权质押融资面临的难题。事实上，即便是知识产权的所有人，也缺乏绝对准确、客观的衡量方式认定自己所有的智慧成果到底价值几何，并且也无法确定处于市场经营动态的时间线上，其价值是否会发生变化，变化幅度将会达到何种程度。因此，以缩减该不确定性为目的的评估标准、评估程序、相关评估机构的优化或设立，既是重点和难

---

① 王曙光：《经济转型中的金融制度演进》，北京大学出版社 2007 年版，第 78 页。

点，也是知识产权价值评估体系建设的意义所在。在保护和促进企业融资权利的法律制度层面，需要通过知识产权价值评估体系确认的内容主要包含以下三个方面：

首先，知识产权的权属关系是否清晰是其用于质押融资的前提，非质押人所有的知识产权不可进行质押。现阶段，职务发明是企业专利权的重要来源，尤其对于科技型中小企业而言，即便处于非融资的场合，职务发明也是其营业活动中十分重要的无形资产，以独特性为基础形成把握企业命脉的竞争优势。通常情况下，科技型中小企业普通雇员的职务发明多以企业优先为权属政策，专利技术归企业所有，职务发明人享有分配知识产权实施或利用时产生的收益之权利。但是，在特定情况下，职务发明也可能通过合同约定等方式，归属于职务发明人，企业只享有实施权，不可用其进行质押融资。

其次，知识产权的保护范围、保护地域是影响知识产权价值的两个因素。以专利权为例，拟制空间层次中，专利权的保护范围显然会影响价值评估的结果，通常保护范围越大，专利权的价值越高；现实空间层次中，专利权受到保护的地域范围越广，意味着其产业化后带来的经济效益越高，在不同地域的市场以技术占有率为基础具备较强的竞争能力和盈利能力。

最后，知识产权的剩余保护期限是确定知识产权价值的重要因素。以《专利法》第四十二条、《商标法》第三十九条、《著作权法》第二十一条为依据，在时间层次中，知识产权在受法律保护的剩余期限内能够为企业带来的预期收益与剩余时间成正比，保护的时间越长，可能带来的收益越大。值得强调的是，知识产权的剩余保护期限看似直观，但在科学技术革新发展和市场经济情势变化双重作用下，知识产权的经济效益寿命往往远少于它的法定寿命[1]，单纯的减法并不能满足评估的需求，运用金融学、统计学、经济学等学科的知识去平衡可能发生的价值波动成为必然。

可见，知识产权的价值是由市场决定的，价值评估程序不但要对

---

[1] 苑泽明、李海英、孙浩亮、王红：《知识产权质押融资价值评估：收益分成率研究》，《科学学研究》2012年第6期。

法定内容进行搜集、核对、确认并最终以金融机构能够充分信赖和利用的方式呈现出来,还可能产生大量的演算计算及市场调研活动,无形当中大幅度提高了评估的时间成本和费用,致使部分中小微型企业畏葸不前。以科技型中小企业为例,用以融资的知识产权往往汇集了企业几乎全部的研发力量并投入大量的时间和资源,冗长繁复的价值评估程序无法在短时间内提供足额的贷款,不但会大大降低企业的经营效率,甚至会危及企业最低限度的营业活动。一旦评估结果不符合企业预期或金融机构发放贷款的要求,企业额外负担高昂的评估费用和生产延误的后果,无疑是雪上加霜。因此,法律规则及经其确认的各项权利义务是价值评估体系的依据,知识产权战略所推行的法治建设也是规范评估程序、降低评估成本的重要途径。同时,尽管知识产权战略是一项国家战略,但知识产权本质上是创造行为的市场化之果,企业作为市场的主体才是知识产权战略的主体①,法治的重点在于规范和扶持,促进包括科技型中小企业在内的市场主体能够通过准确、高效的知识产权价值评估体系通融资金,而非过分干涉和限制,反而置之于停业边缘。

2. 知识产权融资的政府补贴维度

近年来,地方政府对科技型中小企业等企业融资财政支持政策的设置逐渐从单一政策目标向多种政策目标转变。其中,在大部分经济欠发达地区,早期出台政策的支持力度相对较弱,新出台政策在支持力度、模式创新、严密程度等方面都有所加强,但是依然以降低企业融资成本为单一的财政支持政策目标;在北京、上海、广州等经济发达地区,政府出台政策的支持力度相对较强,具体政策的类型多样化,往往可以做到兼顾降低企业融资成本和银行业金融机构以及相关中介机构融资业务风险的双重政策目标。②

事实上,由地方政府主导对中小企业融资进行补偿既可以视为国家对数量庞大的中小企业生存和发展前景的重视,背后也流露出面对

---

① 李琛:《知识产权法基本功能之重解》,《知识产权》2014年第7期。
② 陶丽琴、魏晨雨、李青:《知识产权质押融资中政府支持政策的实施和完善》,《法学杂志》2011年第10期。

目前中小企业融资困境给经济发展带来不良影响时的无奈情绪。中小企业融资难是长久以来的经济社会热点问题，也是难点问题，可谓老生常谈又不得不谈：中小企业融资难不仅仅是中小企业自身的问题，同时还暴露出我国金融市场结构、资金通融和供求结构乃至整体经济结构的多种矛盾，成为历经数十年仍然无法从根源化解的经济症结。然而，短期内无法解决并不表明国家和地方政府主导扶持制度建设的思路有误，相反，正是由于公权力的介入中小企业融资活动及结果才能有今日之改善，强调地方政府的财政支持也并非要求中小企业融资促进政策脱离金融体制整体改革的方向，而是作为重要的环节加以维护和完善，财政补贴正是在这样的市场经济运行环境下针对知识产权质押融资的发展状态而被采用的扶持方式。

其中，面向银行业金融机构的风险补偿金是财政补贴的重要组成，也是地方政府普遍使用的风险补偿模式。早在 2005 年，浙江省率先开展小企业贷款风险的补偿工作，推行由政府专项扶持资金，针对那些因新增中小企业贷款业务而承担相应风险的银行业金融机构进行补偿。此后，各类风险补偿办法也相继在江苏、广东等省市出台，由各地方政府出资，以中小企业贷款余额年度净增额为基准设定相应的百分比，为辖区内的金融机构进行风险补偿。① 仅 2014 年度，即有多项财政补贴办法在全国各地开始施行。例如，2014 年 5 月，威海市人民政府发布《威海市区小微企业贷款风险补偿基金使用管理办法》，规定当小微企业贷款发生逾期，试点银行应使用该企业保证金先行偿还贷款本金和利息，追偿后仍不足的部分，由风险补偿基金与试点银行按照比例分担②；2014 年 8 月，天津市财政局发布《天津市科技型中小企业信用贷款风险补偿金实施细则》，由市、区两级财政预算拨款，专项用于弥补银行以信用贷款方式为科技型中小企业提供贷款时因企业未能按合同约定向银行偿还本金造成的贷款净损失。③

---

① 王山杉：《中小企业贷款风险补偿机制有待改善》，《银行家》2014 年第 1 期。
② 参见《威海市区小微企业贷款风险补偿基金使用管理办法》（威政发〔2014〕19 号）第九条、第十条。
③ 参见《天津市科技型中小企业信用贷款风险补偿金实施细则》（津科金〔2014〕108 号）第五条。

此外，作为财政补贴的一种，面向企业的贷款财政贴息能够有效形塑社会和市场经济，以贴息的方式支持企业融资，一方面可以避免政府直接介入微观经济活动，避免过度干预致使市场在资源配置中的作用受到压制；另一方面可以充分发挥经济杠杆的作用，以协调和引导的方式间接影响其他投资主体的行为。财政贴息通常来自政府预算内资金，通过政策性优惠弥补融资可能带来的风险和损失，作为企业融资和发展的优良资助，财政贴息与其目的保持适当的比例性并追求以最少的资助实现最大的经济效果，具有较强的公共性。[①] 以长沙经开区为例，该区的中小微企业融资财政贴息办法规定，贴息对象范围集中于"中小微工业企业"，并着重突出"成长性好的高新技术企业"，贴息标准则根据不同的授信方式和贷款资金的实际额度，分为多种方式执行，其中，对通过知识产权质押融资的企业，按年以不超过3%的比例给予贴息。[②]

3. 知识产权融资的风险防范维度

包括科技型中小企业在内的市场主体将知识产权交付中介机构进行价值评估固然表明其利用知识产权进行融资的意愿，综合我国各类企业融资现状来看，这种意愿和知识产权的自身属性相类似，甚为稀缺。造成此现象的重要原因在于，面对具有融资需求却经济实力单薄、信用状况不明的中小企业，金融机构不愿承担巨大的风险：知识产权法律状态带来的风险相对容易确认，它的经济价值则较难评估，金融机构的拒绝并未超过经济运行的基本逻辑范畴。换言之，高风险之下融资失败的最终结局显然比知识产权的未来价值更容易被预测，这一点充当拒绝者的金融机构清楚，被拒绝的企业亦清楚，若供求双方身份对换，理性权衡后的决策恐怕不会改变。正因如此，针对风险进行控制和防范对于知识产权质押融资业务的拓展意义非凡。前文所述的知识产权权属关系、保护范围及保护地域、剩余保护期限等状态之法律确认着眼于知识产权价值评估结果公正的微观结构，强调个案

[①] 张红：《财政贴息的行政法思考》，《行政法学研究》2012年第4期。

[②] 参见《长沙经济技术开发区中小微企业融资财政贴息办法》（现行有效）第五条、第七条。

程序上的高效和评估结果的精准，而知识产权质押融资风险防范机制着眼于维护多方参与主体的基本权利，综合运用法律规范、金融监管、行业协调和政策扶持等手段进行宏观调控，以期最大限度地防控风险。

在目前全国范围内的知识产权质押融资实践中，不论是地方政府、金融机构还是企业自身，都对风险防控进行了多种尝试。例如，部分银行在开展知识产权质押贷款业务时，采取质押人、中介评估机构、律师事务所三方联合的担保模式，由中介评估机构对知识产权的价值评估结果进行担保，由律师事务所对知识产权的法律状态结果进行担保。再如，一定数量的中小企业通过股权投资或签订协议的方式组成企业联盟，利用团体贷款、集群担保、集合债券等方式聚合各种信息资源，加强沟通和相互帮扶，以降低融资成本，提高融资成功率。尽管这些尝试对破除企业融资困局有所助益，但对于知识产权质押融资业务拓展起到的促进作用仍有限，集腋成裘的效率也不及国家干预手段强健和高效。因此，针对处于起步阶段的知识产权质押融资业务，应当由国家主导设立融资担保体系，以化解金融机构在业务中可能承受的诸多风险，提高企业融资的信心和积极性。

国家主导建设的知识产权质押融资担保体系，通过设立政策性保险机构并针对已经开展知识产权质押融资业务的金融机构之贷款风险进行承保的方式发挥作用，当企业无法按期偿还债务，处分质押标的物又不能充分实现债权的情况下，由该政策性保险机构以未实现债权的部分为限进行补充偿还。知识产权质押融资业务的开展是一个循序渐进的过程，全国的业务数量由少及多需要一定时间，由国家主导和监管全国范围内的保险能够发挥"大数法则"[①]的作用，有利于保险机构的市场化存续，有效降低融资的商业风险。当然，政策性保险机

---

① "大数法则"分为"数学上的大数法则"与"统计学上的大数法则"。在保险理论的探讨范畴通常是指因保险所承担的风险具有偶然性，根据个案风险状态很难总结出规律并对可能发生的危险进行预测，但如果对同种类事物施以固定的、长期的观察，统计出的危险发生频率可以达到接近正确的程度，本质上是基于"统计学上的大数法则"，通过分保手段分散风险的方式。本书选取国家主导担保机构建设，强调风险分散及风险共同分担双重含义。

构承担风险,并不意味数量众多的企业将融资的风险负担全部转移给政府,政策性保险机构应当按照适当的比例对金融机构进行偿付,谨防金融机构在开展知识产权质押融资业务时违反谨慎原则,引发道德风险。①

另外,设立上述保险机构和保险机制既是经济发展的需求,也是法治国家建设的客观要求。在单纯依靠市场调节和市场主体自主选择无法解决融资困境的前提下,国家主导进行调节从时效性和有效性双重意义上来说都是可行且必要的。"中国经济成功的关键不在于任何一个具体的改革措施,而在于……国家能够在国家主义式或自由主义式政策的负面因素凸显时突破利益集团和意识形态的捆绑,出台新的对策"②,之所以强调国家主导,正是出于国家能够在知识产权质押融资的理念传播、推广实践进程中起到其他区域扶持政策或民间互助模式所无法比拟的强大力量,能够迅速调动资源并作出正确决策,无论对我国经济发展还是法治建设而言都是简单却有效的动力逻辑。

三 维护营业权的诉讼救济手段

中小企业利益遭受的侵害,主要来源于缺乏如同大企业的平等对待,基于歧视性待遇而遭到不公正。这些不公平待遇体现为没有给予中小企业正当合法的主体身份和享有公共资源或服务的资格,同时加重其不必要的经济负担,排斥其通过营业获取利益的市场机会,等等。上述结果的发生都构成了对于中小企业促进法的公然违反,应当为其厘清相应的救济手段。在我国,来自党组织、各级政府、人大、政协和其他社会团体的监督固然能够使大量严重的歧视性违法行为得以揭露,在政府督导下得以纠正,但真正清楚体会到这种违法侵害的当然是中小企业自身。因此,设计一种中小企业以营业主体身份拥有的,以自我保护为目的的法律救济渠道是极其重要的。依照我国现行法律体系的设计,企业对于来自政府机关、事业单位、社会团体、企业和公民个人的侵权行为都有依照法律进行检举和控告的权利,这种

---

① 宋伟、胡海洋:《知识产权质押贷款风险分散机制研究》,《知识产权》2009 年第 4 期。

② 杨宏星、赵鼎新:《绩效合法性与中国经济奇迹》,《学海》2013 年第 3 期。

权利受到宪法保护，同时又有各类程序性法律、行政性法规提供保障。

从法律救济手段的性质不同，至少可以有以下三个基本渠道。

（一）对于相关政府部门没有履职的消极行政行为提出诉讼

该渠道的实现方式显然是进行行政诉讼与复议的程序。国家制定中小企业促进法，明确地授权相关政府部门要承担职责，切实为中小企业服务，运用政府的权力健全对中小企业给予支持的制度。当政府主管部门不作为、不完全作为、不合理作为等消极履职行为发生，或严重失职造成企业损失的，当事人企业应当有权向应承担责任的部门或机关提出行政诉讼。在地方政府公布的带有硬性指标的优待中小企业的项目没有切实地落实，或出现明显的徇私行为、违反法律和法规情节，都将成为受损害中小企业提出诉讼的事由。在实践中，地方政府既未出台具体措施，也没有规范性文件落实扶持政策，使中小企业促进法所要求的政府职责仅仅流于形式往往是最常出现的问题，尽管并不缺乏合理的理由，但中小企业却缺乏合法提出行政控告的依据。在中小企业申请某项营业主体资格，进入某些营业领域，获得经营性稀缺资源，请求政府专项经费支持，控告大企业违法请求之纠正的过程中，政府相关部门未能及时地进行受理，确实造成了中小企业受到不公正待遇，甚至遭受到损失时，企业当事人应当拥有控告政府及国家工作人员的权利，并可就直接的经济利益损失请求国家赔偿。例如，国务院在2010年发布的《关于鼓励和引导民间投资健康发展的若干意见》中，明确提出鼓励和引导民间资本进入金融服务领域，允许设立村镇银行、贷款公司、农村资金互助社等金融机构。如果相关金融监督管理部门对于中小企业投资者的申请拒绝受理和批准，后者当然有权提出控告。《中小企业促进法》第六条第二款规定："任何单位不得违反法律法规对中小企业收费和罚款，不得向中小企业摊派财物。中小企业对违反上述规定的行为有权拒绝、举报、控告。"这也是中小企业营业权平等保护基本法中关于中小企业对于政府行为拥有控告权的最明确的规定。

（二）对于大企业利用优势地位进行的商业垄断行为提出控告

如前文所述中已经反复强调的问题是，国家建立中小企业特殊保护制度的起因，很大程度上是要限制大型企业对营业资源和财政支持的独占，基于公平公正的原则建立平等竞争的市场环境。在现实的经济运行中，大企业集团利用其产品及市场占有的优势，有可能直接或间接地以非市场化手段为中小企业营业设置障碍，而在我国相关法律明确提到了中小企业拥有的，与营业权相关联的三个基本权利与自由，即依法参与、公平竞争和公平交易，并且要禁止附加不平等的交易条件。[①] 而这种情况实际经济生活中是大量存在的。例如，中国石油和中国石化两家大型国有控股企业，为了维护其行业垄断利润，在全国范围内降低零售价，但对批发价不作出任何调整，甚至以零售价向民营加油站供货，造成民营企业对进货的忌惮，进而严重威胁到民营加油站的生存，实际上就是向后者施加不平等的交易条件。再比如大型跨国营业的超级市场，对商品进驻收取不正当的高额费用，以固定客流的保障为理由不适当地向供货商、生产厂家施加品牌的影响，迫使供货商们屈服特定的品牌或渠道导致营业成本的大幅增加，而且提升了零售商品的价格。以上这类来自大型企业的做法在本质上都具有违法性质。更多时候，完全倚赖于监管部门全程的监督和执法并不现实，唯有授权中小企业拥有控告的权利才能从根本上解决。至于提出控告是适用反垄断法抑或适用反不正当竞争法为依据，还是采用行政机关受理而进行行政处罚，或者由人民法院受理提起的民事起诉，只是具体程序性协调的问题。

（三）对于中小企业内部治理结构纠纷的司法救济制度

中小企业因采用组织形式的不同，承担民事责任的方式亦有差别，包括有限责任、无限责任和连带责任等。由于中小企业多以私营经济为根本特质，且以有限责任公司、独资企业、合伙企业为主，故通常企业内部的权力机关设置相对简单，制约机制不够严密，决策的科学性也因企业主素质不同而具有差异，管理的水平与效果都有待提高。这些方面与公共公司性质的大型企业，特别是上市公司自然是无

---

① 《中华人民共和国中小企业促进法》第七条的规定，从法条的文字上可以看到，明确给行政管理部门提出的工作职责的要求，用上述权利宣告的方式，暗含侵害的主体是其他企业，最主要应当是大型企业，是对立法要旨具体贯彻的法律措施。

法比拟的。但是，中小企业又是吸纳劳动力最多的社会组织，关乎到社会的安定与和谐，在整体上对于国民经济的影响绝对不可小觑，因此，保持中小企业健康发展对我国的经济和社会发展十分重要。换言之，当营业者与出资人之间意见不一致或者发生了利益冲突时，特别是由于市场环境的急剧变化导致了企业效益的下降，危及企业生存时，为了维护经济的稳定，不能放任其自然地破产倒闭，而是采取一系列相应的保护措施进行救助。我国可以借鉴外国的先进经验，建立中小企业破产救助基金，专门用于对其扶持与救助，通过法律确认为特定企业类型的破产前置程序，作出非经此程序法院不接受其破产申请的规定。对于因经营理念不同，营业者与投资人之间的矛盾引发的企业僵局情形，亦可运用司法程序去加以调处，避免简单的破产清算大量发生。

结　语

面对经济发展过程中出现的各种问题，经济学家们通过对企业效益与生存条件的逆向变化的观察，往往呼吁对中小企业采用大幅度的扶持政策和制度手段。然而，经济政策转变为固定化的制度，应当借助于法律的强制力与综合约束力方能达到确定的目标。由于中小企业问题在法学领域内并非属于传统意义上的关注内容，既不是简单的主体不明确，也不是营业行为违反市场秩序需要进行规范，而是要调动综合的法律资源加以整体扶持，故而超出一般性法学研究的视线。但是，对中小企业问题给予充分的解决具有重大的现实意义，中小企业经营的成败不仅是企业自身或投资者的问题，还将牵涉到社会大众的利益。包括中小企业在内的营业权之主体，基于商业运作必须符合可持续发展的原则，在营业时不但要考虑自身的财政和经营状况，也需要对其所处的社会以及自然环境所可能产生的影响作出考量。这种社会责任不仅表现在营业主体正常经营时为自身和社会带来的内部和外部利益，也表现为当营业主体遭遇困境时所产生的不利益。因此，为了扶持营业困境中的中小企业，有必要建立完善的法律保护体系，保护其作为财产的集合体、交易关系的集合体以及经济利益的集合体的存在，确保在营业危机发生之时，中小企业拥有完整的权利基础和完备的救济措施停止这种不利益状态的延续甚至是扩散，防止其不同程度地影响同行业乃至整个经济体制的有效运转。

借鉴外国经济发展过程中遇到问题及解决矛盾的方法，我国形成了独具中国特色的、符合中国当前经济和社会发展实际情况的中小企业保护制度，向优化平等市场竞争环境，依法维护市场参与者经济利益与主体资格，形成坚持自由竞争、市场调节、风险共担、责任自负等经济原则之营业环境建设目标前进了一大步，并开始运用社会正义与公平的理念，理性地矫正市场调节失灵的弊端，利用政府介入的法定方式去保护弱者，在社会成员共同体与国家经济整体性的理论前提下，提出构建中小企业特殊法律保护制度的理念。以 2003 年 1 月 1 日《中华人民共和国中小企业促进法》的实施为标志，我国中小企业法律保护制度的建设已走过十个年头，取得了显著的成效，建立了一系列工作机制和固定的工作内容，成为各级政府行政管理与服务的重要依据，使大量中小企业得益于相关制度与政策的支持。

基于国情基础与社会制度，我国必须采用实事求是的态度和大胆实践的首创精神探索属于我们自己的改革之路。中国的法制之路是没有先例的改革创新之路，这也给我们提供其他时代的人们所无法奢望的发挥其创造性的机遇。笔者仅就中小企业营业权平等法律保护问题上的法制建设提出一些建议，希望对中小企业相关法律的应对手段与制度设计能够有所裨益。